旅游管理专业
人才培养创新研究

李洪源 ◎ 著

吉林出版集团股份有限公司

图书在版编目（CIP）数据

旅游管理专业人才培养创新研究 / 李洪源著 . — 长春 : 吉林出版集团股份有限公司，2022.7

ISBN 978-7-5731-1662-8

Ⅰ. ①旅… Ⅱ. ①李… Ⅲ. ①旅游经济－经济管理－人才培养－研究－中国 Ⅳ. ①F590-40

中国版本图书馆 CIP 数据核字 (2022) 第 111032 号

旅游管理专业人才培养创新研究

著　　者	李洪源
责任编辑	白聪响
封面设计	林　吉
开　　本	787mm×1092mm　　1/16
字　　数	300 千
印　　张	13.25
版　　次	2022 年 7 月第 1 版
印　　次	2022 年 7 月第 1 次印刷
出版发行	吉林出版集团股份有限公司
电　　话	总编办：010-63109269
	发行部：010-63109269
印　　刷	北京宝莲鸿图科技有限公司

ISBN 978-7-5731-1662-8　　　　　　　　　　定价：65.00 元

前　言

　　21 世纪以来，国与国之间的经济文化交流不断加深，我国走向世界的步伐不断加快，国人一览全球的热情空前高涨，而世界各国的游客也纷至沓来。成为旅游强国和以旅游业拉动国民经济增长一直是我国的战略目标，且我国在 2020 年，成了世界第一大旅游目的地国和第四大客源输出国。随着全球性旅游的发展和国家旅游业的兴盛，旅游教育的发展和旅游相关人才的培养越来越受到政府和社会各界的重视。旅游管理学科是与我国旅游业发展紧密相连的学科，而旅游管理专业人才的培养则与我国新时期的旅游业转型和发展密切相关。学校是旅游人才培养的主要场所，依据旅游管理专业独特的行业背景，探索适应现代旅游业发展需要的旅游人才培养模式是学校的责任所在，也是提高旅游管理专业人才培养质量的必然选择。

　　本书立足于我国旅游业的发展需要和旅游管理专业的办学情况，以培养适合时代与行业发展需要的旅游人才为宗旨，从旅游管理相关人才培养的各个方面入手，发现当前旅游管理专业教学中存在的问题，提出优化建议与革新举措。全书内容详尽，浅显易懂，观点明确。本书首先从旅游行业的背景入手，深入探究了我国旅游管理行业的特点和旅游管理人才的基本素养；其次广泛借鉴世界各国在旅游管理专业方面的教学经验，探索旅游人才培养模式的构建与旅游管理各专业人才的培养办法；再次课程体系创新和教师队伍建设两个方面入手，详细地探讨了适用于我国目前旅游业发展要求的人才培养体系；最后分别探讨了旅游管理和旅游管理人才的可持续发展以及旅游教育国际化的探索。课程体系改革是旅游管理人才培养的基础，要革新课程体系与内容设置，编选符合时代发展的高质量教科书；加强教师队伍建设是旅游管理人才培养的重点，要建设符合旅游业新时代发展需求的高修养教师队伍；要加快教学体系改革，引入新的教学理念，为我国的旅游业发展输出高质量、高水平的后备人力资源。

　　笔者在编写本书过程中，参考和借鉴了一些知名学者和专家的观点及论著，在此向他们表示深深的感谢。

　　由于笔者水平有限，书中难免会出现不足之处，希望各位读者和专家能够提出宝贵意见，以待进一步修改，使之更加完善。

目　录

第一章　旅游管理行业的特点

第一节　旅游管理的性质与特点

一、旅游管理的概念

旅游管理是现代管理的一个分支，是对整个旅游活动或旅游系统的管理。具体来讲，旅游管理是人们为了保证旅游者活动和旅游经营活动顺利而有效地进行，有意识、有目的地对旅游活动或旅游系统运行进行计划、组织、领导、协调和控制的综合性活动过程，因此正确理解旅游管理的概念必须把握好以下几点。

（一）旅游管理的主体

旅游管理是人们有意识、有目的的社会实践活动，这种实践活动是由具有一定管理知识和技能的人员来完成的，这些人员就是旅游管理的主体——旅游管理者。因此，旅游管理者就是在现代旅游系统中，组织和协调他人的活动得以实现既定目标的人员。

由于现代旅游系统的构成广泛而复杂，因此根据旅游管理者在这些活动中所处的地位和所承担的职责权力，通常可以将旅游管理者划分为不同的管理层次，如旅游企业中的高层旅游管理者（总经理、总会计师等）、中层旅游管理者（部门经理、业务经理等）和基层旅游管理者（主管、领班）等。从组织层面的角度，又可以将旅游管理者划分为宏观管理层面的管理者和微观管理层面的管理者，前者主要包括国家政府部门和行业组织，后者主要指旅游企业管理者。

（二）旅游管理的客体

旅游管理的客体或对象，是指特定的人群和他们的活动。旅游管理中的特定人群包括旅游者和旅游行业职工，其中旅游者既是旅游服务的对象，也是旅游管理的客体，如何科学地组织旅游者圆满地完成旅游活动，满足旅游者的旅游需求是旅游管理的重要内容。旅游行业职工，作为提供旅游服务的主体，也是旅游管理的对象，通过科学组织旅游行业职工有效地提供旅游服务，实现旅游企业和旅游地的旅游发展目标，同样也是旅游管理的重要内容。

旅游管理的客体，除了对人的管理外，还必须对整个旅游系统运行进行科学的管理，促使旅游活动遵循客观规律而富有效率和效果地进行。

（三）旅游管理的手段

旅游管理的目的是实现既定的目标，而实现既定目标的手段，则是通过一系列旅游管理职能来实现的，这些职能包括计划、组织、领导、协调和控制等。因此，从一定意义上来讲，旅游管理实质上就是旅游管理职能的实施过程，即通过各种旅游管理职能，把旅游管理的目标和任务具体分解到各相应的部门和人员，明确他们在什么时间做什么事情、如何做好等内容和要求，然后通过大家协调一致的活动来达到旅游管理的既定目标。

（四）旅游管理的效率和效果

任何管理活动都必须讲求效率和效果，旅游管理也不例外。旅游管理的效率和效果是既相互联系又相互区别的两个概念：效率是指旅游管理的能力和水平，即选择最有效的管理方式，实现以尽可能少的投入而获得尽可能多的产出；效果是指旅游管理的结果，即通过富有效率的旅游管理来达到预期的目标。因此，在旅游管理中，效率和效果是相互联系的，良好的旅游管理通常是高效率和高效果的，而低效率的旅游管理其效果也必然是低下的。

二、旅游管理的必要性

旅游是人类社会的一种短期性生活方式，是旅游者的旅行和暂时居留所引起的一切现象和关系的总和。随着科学技术的日益进步和社会经济的迅速发展，大众化旅游的群体规模不断扩大，促进旅游成为一种重要的社会经济活动。旅游管理同国民经济各部门的管理一样，是社会分工和协作的客观要求。旅游业作为国民经济的一个独立的经济部门，不仅与国民经济有关的其他部门或行业有着分工和协作的关系，而且旅游业内部各个业务部门和各个旅游地区以及各个旅游企业之间，也有着各种各样的分工与协作的关系。所有这些，会客观地产生和形成一系列的旅游管理活动。具体而言，旅游管理的必要性主要体现为以下几点。

（一）旅游业是一个产业化的综合性行业

旅游业具有综合性的特点，其本身包含旅行社、旅游饭店、旅游交通、旅游景区、旅游纪念品销售部等多个部门；旅游接待服务还涉及交通、海关、邮电、保险、电力、园林、商业等多个社会行业。旅游业的这种关联性和综合性，客观地要求诸多专业化社会经济部门的分工与协作，因此，只有在科学管理的基础上，这种分工与协作才能高效、有序和持续地进行。

（二）旅游业是一个国际化的服务性行业

旅游活动是一种异地性活动，作为旅游供给，旅游业务接待按业务类型划分，可分为三种类型：一是组织国内公民在本国进行的国内旅游活动；二是组织本国公民赴国外进行的出境旅游活动；三是接待国外游客到国内的入境旅游活动。其中，出境旅游和入境旅游是具有涉外性质的国际旅游活动。在全球经济一体化格局下，旅游业的产业化和国际化程度日益提高，只有实行有效的管理，才能保证国际旅游和国内旅游的持续、稳定、协调发展。

（三）旅游业是一个系统化的经营性行业

旅游是旅游者的一种空间跨越活动，旅游者在这种空间跨越活动中，既需要满足多样化的休闲娱乐需求，也需要满足生理性的物质享受需求。在市场经济条件下，旅游者的这种空间跨越活动实际上就是一种复杂的系列化旅游消费活动，这就客观地要求旅游业为旅游者提供吃、住、行、游、购、娱等多方面的一体化服务。因而旅游业的接待服务活动也就是一种系统的经营性旅游供给活动。显然，旅游接待服务是一个系统的社会工程，必须要有科学的决策、计划、组织、指挥、监督、调节、创新等管理活动，才能保证旅游接待服务活动的正常运作。

（四）旅游业是一个人格化的精致性行业

满足求知、求趣、求奇、求新的心理需要是旅游者进行旅游活动的动机，旅游活动就是一种满足这种心理需要的体验过程。旅游者只有通过空间移动和感受，才能实现旅游目的，旅游者的旅游消费与旅游业的接待服务具有同时性和不可转移性的特点，旅游业的接待服务质量直接关系着旅游者旅游期望的满足程度。旅游业必须提供精致的产品与精致的服务，让旅游者在人格化的消费环境氛围中体验旅游的感受。在人文主义日益深入社会生活的条件下，只有人格化的管理活动，才能保证旅游者的旅游活动在旅游业的人文关怀中达到旅游的目的。

三、旅游管理的性质

（一）二重性

马克思主义管理理论指出，管理具有自然和社会两重属性。一方面管理具有与生产力发展和社会化大生产相适应的自然属性，另一方面管理又具有同生产关系和上层建筑相联系的社会属性。

1. 旅游管理的自然属性

旅游管理的自然属性，是由旅游活动的基本特征所决定的。马克思主义管理理论认为，共同社会劳动是以分工和协作为前提的社会化大生产活动，只要存在着分工和协作的共同社会劳动客观上都需要管理。因此，旅游管理就是通过对以分工和协作为基础的旅游活动进行计划、组织、领导、协调和控制，把处于分离状态的各种系统要素有机地结合在一起，保证旅游活动的顺利进行。

随着社会生产力的发展，旅游活动的规模越来越大，范围越来越广泛，各种系统要素的社会结合程度越来越密切，从而对旅游管理的要求也越来越高。因此，旅游管理的自然属性是由生产力运动的内在要求所引起的，其与生产关系和上层建筑的性质无关，是任何社会化的旅游活动都不可缺少的重要条件，所以旅游管理具有与生产力和社会化大生产相适应的共性或一般属性。

2.旅游管理的社会属性

旅游管理的社会属性，是由旅游活动的生产关系和上层建筑的性质所决定的。马克思主义管理理论认为，在任何社会活动过程中，人们除了形成分工与协作的共同劳动关系外，还必然形成一定的经济关系或生产关系。这种经济关系或生产关系的性质不同，就决定了管理的社会属性也具有本质上的差别，即管理必须体现生产资料占有者的意志和要求，成为维护其自身利益的工具和手段。同时，建立在一定经济关系或生产关系基础上的上层建筑，如社会制度、政治法律、文化传统等也会对管理的社会属性产生重要的影响。

因此，旅游管理不仅要按照生产力发展的内在要求来组织旅游活动，还必须通过其自身的活动来体现一定的生产关系和上层建筑的要求，这种因生产关系和上层建筑的性质不同而有所不同的管理属性，就构成了旅游管理的社会属性，又称为旅游管理的特殊性。

（二）经济性

旅游管理的经济性是指旅游管理本身就是一种目的性很强的经济活动。从自然属性的角度考虑，旅游管理是推动旅游经济增长的必然选择；从社会属性的角度考虑，旅游管理的目的是要为生产数据的所有者带来经济效益。具体而言，旅游管理的经济性表现在以下几个方面。

其一，旅游管理对旅游经济效益目标的预期影响管理的效能。旅游管理的目的是实现旅游发展目标。制定旅游业发展的经济目标是旅游宏观管理的一项重要内容。经济效益目标的预期是否合理将极大地影响旅游管理的效能。经济目标预期过高，规划期内无法实现，主观上降低了旅游管理的效能；经济目标预期偏低，不能充分激发管理的积极性，导致旅游管理效能的浪费。因此，旅游管理从目标制定开始就与经济效益息息相关，不能脱离经济的范畴。

其二，衡量旅游管理水平的重要标准是旅游管理在达成旅游经济目标方面的有效性。在合理地制定了旅游发展目标后，经济效益目标能否有效实现成为衡量旅游管理水平的重要标准。因此，经济目标贯穿着旅游管理的全过程，决定了旅游管理的经济属性。

（三）关联性

旅游管理的关联性是指旅游管理并不是一个静态的、独立的活动，而是一个动态的、综合性的经济活动。一方面，旅游管理活动本身就是一个连续不断的过程，它既体现在一个过程中各个环节的连带关系方面，又说明了过程与过程之间的有机联系。另一方面，旅游管理工作所要处理和涉及的因素是众多的，这些因素间存在着一种客观的、必然的、固有的联系，旅游管理工作也必须在充分认识这些联系的基础上开展。

四、旅游管理的特点

旅游管理作为现代管理的一个分支和组成部分，既有现代管理的一般特点，又有与旅游活动相联系的特殊性。具体来讲，旅游管理的特点主要表现在以下几个方面。

（一）目的性

旅游管理是一种有意识、有目的的特殊劳动，其目的性主要表现在三个方面。

第一，旅游管理是任何旅游活动实现预期目的必不可少的条件，如果没有管理旅游活动就无法有效地进行。

第二，旅游管理具有自己明确的管理目的，其不仅决定着整个旅游管理的过程，而且直接影响着旅游管理的效率和效果。

第三，旅游管理的目的同样可以用一系列指标和标准来衡量，通过对这些指标的分析，可以评价旅游管理的质量和水平。

发展旅游业的终极目标是提升当地经济，改善人们的生活水平，提供更多的就业机会。对于旅游企业来说，其有双重目标，一个是社会目标，另一个是企业目标。两者不可偏废。要兼顾公正公平的竞争发展，不能损害公共利益，如发展当地旅游不能破坏生态环境，不能使当地居民的生活受到外来干扰。企业目标就是确保企业可持续发展。对于旅游行政组织来说，其目标就是为旅游企业提供好的宏观指导及政策咨询服务，为企业发展创造更好的环境空间。

（二）客观性

旅游管理是以旅游活动为主要对象的实践活动，因此旅游管理的客观性是由旅游管理的实践性所决定的。尽管在旅游活动过程中，客观情况的不同会使旅游活动存在千差万别，但所有的旅游活动都有一定的规律性，因此旅游管理必须遵循旅游活动的客观规律来进行管理，才能达到旅游管理的目的和要求。

（三）综合性

旅游活动是一种综合性的经济社会活动，它决定了旅游管理也具有综合性的特点。旅游活动通常包括食、住、行、游、购、娱等多种要素，涉及旅行社、饭店、交通、景区（点）、餐饮、园林、商业、文化、通信、金融、卫生、城建等多个行业和企业，从而要求旅游管理人员不仅要熟悉和掌握各个行业的知识和技术，以提供优质高效的旅游服务，而且要有效地统筹和协调旅游各行业、各企业的活动及相关方面活动，科学地配置旅游生产要素并进行综合性管理，才能有效地满足旅游者的旅游需求，保证旅游活动的顺利进行。

（四）复杂性

由于旅游业是个综合性业务，旅游业的经营活动是由各种要素组成的一个大网络，因其相互影响相互协调，所以比其他行业更具有复杂性。旅游管理是一种服务活动，同时其又有着明确的交易目的，因而其管理的价值取向具有多重性，这就使管理过程变得更加复杂化了。

（五）开放动态性

旅游管理对象复杂，有行政组织，也有旅游企业，还有各种从业人员及游客，这些组织及个人都是在社会这个大环境中相互关联的，其中的信息流、物质流、能量流等都是开放的，且是不断变化的，必然要求管理具有开放性，且要有动态性，不是一成不变的管理方式。因而，要做好旅游管理工作，必须本着开放、公正公平的原则，在变化中力求管理的效益性。

（六）效果性

旅游管理作为人们的一种有意识、有目的的活动，其本身虽然并不直接创造经济效益，但一切创造经济效益的旅游活动都离不开管理，这就是旅游管理的效果性。在旅游管理实践中，旅游管理的效果性是从以下两方面来体现的。

第一，任何创造经济效益的旅游活动都离不开旅游管理，旅游管理水平的高低直接影响着其创造经济效益的高低。

第二，旅游管理不仅是将人们组织在一起实现共同社会劳动的目标，而且是通过科学而有效的管理，创造出"整体大于部分之和"的乘数效应，这种乘数效应就是人们通常所说的"从管理要效益"。从这个意义上来讲，旅游经济效益中包含旅游管理间接创造的经济效益，因此旅游管理也是创造经济效益的重要活动。

（七）风险性

企业是市场的主角，企业离不开市场。完全市场经济靠的是市场调节手段来维持市场的正常运转。只要在市场中竞争，就有市场风险。风险和竞争是一对孪生兄弟。

旅游业是一个综合性的行业，离不开其他行业的参与，且受自然因素的影响较大，因而旅游业的发展既受主观因素的影响，同时也受客观因素的影响。旅游管理活动是一个复杂的活动，需考虑因素较多，稍有不周，后果不可设想。特别是自然因素有时难以控制，故其管理活动存在高风险性。

（八）科学性

旅游管理是一门科学，其理论和方法来自对大量旅游管理实践的科学总结和提炼。在旅游活动过程中，既涉及旅游活动组织的业务性问题，又涉及旅游活动中旅游者、旅游服务者、旅游经营者之间产生的各种关系问题，而对这些问题的处理必须按照客观规律的要求来进行。因此，要求旅游管理人员不仅要熟练运用旅游管理的职能、方法和技术，科学地组织和安排好旅游活动，还要熟悉各项法律法规和政策，掌握社会学、人类学、心理学、行为科学、领导科学等方法和技术，及时有效地处理旅游活动中发生的各种矛盾和问题，充分调动旅游行业职工的积极性，有效地满足旅游者的旅游需求，实现既定的旅游发展目标。

（九）艺术性

旅游管理不仅是科学，同时也是一门艺术。由于旅游活动的综合性和复杂性，决定了旅游管理不仅要按照客观规律进行管理，同时还必须因地、因时、因情况的不同，灵活、巧妙地运用旅游管理理论和方法处理好各种矛盾与问题。因此，要提高旅游管理的有效性和艺术性，管理人员就必须熟悉和掌握旅游管理的理论与方法，切实加强旅游管理理论的学习；只有不断积累丰富的旅游管理实践经验，培养处理各种旅游管理问题的技巧和艺术，才能不断提高旅游管理的能力和水平。

第二节　旅游管理的原则与方法

一、旅游管理的原则

旅游管理原则，是人们在旅游管理过程中观察、思考和处理各种问题时必须遵循的行为规范和准则，其不仅是确定旅游管理目标、管理制度和管理方法的基础，而且对旅游管理实践活动具有重要的指导作用。在现代旅游管理中，应遵循的基本原则主要有以下几方面。

（一）经济效益原则

提高经济效益既是旅游管理的任务，也是旅游管理必须遵循的重要原则。经济效益原则，要求一切旅游活动都必须以尽可能少的劳动消耗和劳动占用取得尽可能多的劳动成果。讲求经济效益是市场经济规律的客观要求，是社会主义基本经济规律的客观要求，也是进行旅游管理的基本出发点。

经济效益原则贯穿于旅游活动和旅游管理的各个方面。在旅游活动中，要求建立以提高经济效益为中心的旅游经营系统，通过围绕经济效益来开展各项旅游经营和服务工作，使旅游企业的经营和服务实现以收抵支、增加盈利，使旅游地增加税收，并带动相关产业的发展，从而增加更多的经济效益。在旅游管理中，要求牢固树立讲求经济效益的观念，正确处理局部与全局、近期与远期的经济效益，并统筹兼顾经济效益和社会效益、生态环境效益的关系，促进旅游业持续健康的发展。

（二）责任制原则

责任制，即通过一定的规章制度，明确规定旅游部门或旅游企业内各个单位和各个岗位的职责权限、工作范围与相应权力，做到各司其职、各负其责、责权清晰、赏罚分明的管理原则和制度。因此，遵循责任制原则，既是共同劳动的客观要求，也是旅游管理的基本原则。

在旅游管理中坚持和贯彻责任制原则，有利于把责任制和发扬民主有机结合起来，增强旅游行业职工的责任感，调动广大职工的积极性和主动性；有利于按照权责对等的要求形成正常的旅游经营和管理秩序，并对旅游经营活动进行有效监督和考核；有利于把劳动成果同物质利益、奖惩结合起来，正确贯彻落实按劳分配原则，做到赏罚分明。因此，责任制原则是旅游管理的重要原则。

（三）最优化原则

最优化原则，是指在旅游管理中，为提高旅游管理的效率和效益，通过提出配置各种旅游要素资源的多个可行方案，并采取一定的科学方法进行优化，从而选择最佳方案以实现最好的旅游经济效益的原则。

在旅游管理中遵循最优化原则，一方面必须重视对旅游管理环境进行分析和预测，并围绕旅游管理的目标来提出方案和进行方案优化；另一方面必须坚持定性研究和定量分析相结合，以定性研究指导定量分析，以定量分析支持定性研究的结论，并广泛运用现代计量模型和运筹学方法，不断增强旅游管理的科学性，提高旅游管理的效率和水平。

（四）管理动力原则

管理动力原则，是管理主体对管理客体发生作用而必须遵循的重要原则。在旅游管理中，为了有效地实现管理的目标，管理人员必须运用各种方法和手段来调动被管理者的积极性与主动性，激发其潜在的能力并使之转化为实现旅游管理目标的现实力量。

旅游管理中的动力包括吸引力、推动力和强制力。吸引力主要是以物质利益为诱因，来吸引和激发被管理者为实现旅游管理目标而努力的内在动力；推动力主要是通过精神鼓励和教育，来推动和促进被管理者积极负责地搞好工作；强制力是运用具有约束性的规章制度和纪律，来迫使被管理者约束自己的行为，以保证旅游管理目标的实现。上述三种动力以不同的方式从不同方向发生作用，从而相互结合、相互作用构成旅游管理的动力结构，成为旅游管理中必须遵循的重要原则。

（五）集权与分权相结合的原则

集权与分权相结合的原则，是分工与协作的社会化大生产的客观要求。在现代旅游活动中，一方面由于社会分工而形成相对独立的旅游行业和旅游企业，它们各自独立地完成所承担的职能和任务；另一方面各个相对独立的旅游行业和旅游企业又必须通过协作相互联系、相互作用，从而构成完整的旅游系统。

旅游系统的完整性要求实现高度的集权，以保证整个旅游系统运行的协调统一，实现旅游各要素、各环节的同步与和谐发展；而相对独立的旅游行业和旅游企业又要求适当分权，以便各子系统能够根据千差万别的具体情况灵活应变与发展。于是，在旅游管理中只有遵循集权与分权相结合的原则，才能既发挥旅游系统的整体功能，又增强旅游系统的内在活力，使整个旅游系统健康有效地运行。

二、旅游管理的方法

旅游管理方法，就是旅游管理人员为达到一定的旅游管理目的，对旅游管理对象作用的方式和方法的总称，是旅游管理人员执行旅游管理职能、协调旅游活动的各种手段和方法的总和。旅游管理方法既是管理者运用管理理论指导管理活动的桥梁，又是把管理理论和原理具体化与实际化，实现旅游管理目标的途径和手段。

（一）旅游管理方法的分类

在旅游管理中，不同管理对象、不同管理过程都具有不同的性质、矛盾和问题，因此必须用不同的管理方法才能有效地解决不同的矛盾和问题，从而就产生了各种各样的管理方法。这里主要根据旅游管理方法的适用性、性质和运用条件对旅游管理方法进行分类。

1. 按旅游管理方法的适用性分类

按旅游管理方法的适用性分类，一般可以分为基本方法和专门方法两大类。基本方法，是人们通过对各个领域、各个方面、各种条件下旅游管理实践的概括和总结，揭示出具有共同属性并可以适用于所有管理活动的旅游管理方法，如法律方法、经济方法、教育培训方法等专门方法。其是对旅游管理的某个领域、某个方面、某种条件下所适用的旅游管理方法，如目标管理方法主要是用于计划任务管理的方法，激励方法主要是用于人力资源管理的方法，计算机信息管理方法是以信息资源为主要管理对象的专门管理方法，盈亏分析方法主要是用于财务管理的方法等。

2. 按旅游管理方法的性质分类

按旅游管理方法的性质分类，可以分为定性方法和定量方法。由于任何事物都有质的规定性和量的规定性，因此从质的规定性上，分析事物及其运动状态和性质的方法就是定性方法；而从量的规定性上，分析事物内部和外部各种数量关系的方法就是定量方法。同样，在旅游管理实践中，既要从定性角度分析和估计旅游管理对象的活动状态、发展趋势和变化特点，又要从定量角度计算、评价和推导旅游管理对象的活动特征、发展趋势及相关因素的影响程度等。因此，旅游管理方法按照所使用方法的性质的不同，同样可以划分为定性方法和定量方法两大类。

3. 按旅游管理方法的运用条件分类

按旅游管理方法的运用条件分类，通常还可以划分为通用方法和具体方法。通用方法是指不论在什么条件下都可以通用的管理方法，如系统管理法、任务管理法、人本管理法、目标管理法等。这些通用管理方法对于各种不同的旅游管理活动都是适用的，也是旅游管理方法中最主要和最重要的组成部分。具体方法是指仅适用于某些方面或某些条件下的具体管理方法。例如，计算机信息方法只能运用于规范性的管理，而不能用于代替人们的决策思维，并且要求以扎实的管理基础工作为前提。因此，具体方法是根据旅游管理实际中的不同矛盾和问题，所提出的解决具体矛盾和具体问题的不同管理方法。

（二）旅游管理的基本方法

旅游管理的基本方法是普遍适用于所有旅游管理方面的根本方法，也是旅游管理中必须掌握的最基本和最重要的方法，其主要有经济方法、行政方法、法律方法、教育方法和社会心理方法等。

1. 经济方法

旅游管理的经济方法，是根据客观经济规律的要求，运用各种经济杠杆和经济手段，对旅游活动和旅游经营活动进行管理的一种方法。经济方法的核心，是正确运用物质利益原则，处理好旅游活动主体之间的相互关系，处理好国家、企业和职工之间的利益关系。

旅游管理的经济方法一般包括经济杠杆和经济手段。经济杠杆是一种旅游宏观管理的方法，包括价格、税收、利率、信贷等。经济手段是一种微观旅游管理方法，包括利润、工资、奖金及其他物质奖励等。

经济方法具有强烈的物质利益刺激作用和明显的效果，使旅游管理对象对经济方法较为敏感、接受率较高。其不足之处是容易助长金钱至上、本位主义等不良倾向。

因此，在旅游管理中使用经济方法，必须注意与其他方法有机结合，才能有效地发挥经济方法的积极作用。

2. 行政方法

旅游管理的行政方法，是指依靠行政职权，运用行政命令、指示、规定等行政手段，对旅游活动进行管理的一种方法。行政方法具有鲜明的权威性和强制性。它有利于迅速贯彻国家有关旅游发展的方针和政策，统一旅游发展的目标和行动；有利于及时解决旅游活动和旅游管理中的一些突发问题，保证旅游活动和旅游管理正常地进行。同时，它也是其他方法运用的前提和基础。不足之处是限制了下级的主动性和创造性，缺乏横向的交流和沟通，有时可能会出现不符合客观实际的情况等。因此，在旅游管理中运用行政方法，一方面必须从实际出发，按照客观规律办事，使行政命令、指示和规定尽可能地符合客观实际；另一方面要注意把行政方法与经济方法、教育方法等相结合，以提高行政方法的权威和效果。

3. 法律方法

旅游管理的法律方法，是指以各种法律、法规、规章制度来处理、调解、仲裁旅游活动中各种问题的方法，即通常所说的依法治旅、依法管理的方法。法律方法具有极大的权威性、强制性、规范性和稳定性，是有效开展旅游活动和进行旅游管理的重要依据。

在旅游管理中运用法律方法，要注意以下三点。

第一，必须对旅游者、旅游经营者和旅游行业职工加强法制教育，树立法制观念，增强依法办事的意识和行为。

第二，必须以"法制"代替"人治"，在旅游管理中认真贯彻执行各种法律法规，严格依法管理、依法办事，做到有法可依、有法必依、执法必严、违法必究。

第三，必须加强旅游行业和旅游企业的制度建设，增强各种旅游规章制度的科学性、严肃性和可操作性，以制度规范人们的行为，按制度进行科学的管理。

4. 教育方法

旅游管理的教育方法，是指运用思想政治教育和业务技术培训来解决各种旅游管理问题的方法，也是旅游管理中的基本方法之一。现代旅游是以人为主体的经济社会活动，决定了现代旅游管理也是以人为中心的管理，不仅旅游管理的主体是人，旅游管理的对象也是人。因此，对人的管理一般不能完全采用强制和压服的方法，而必须通过说服教育和激励的方法。

旅游管理的教育方法一般分为以下三个方面。

第一，通过思想政治教育，提高被管理人员的思想政治觉悟，增强责任感和职业道德，有效地提高旅游者的文明旅游意识和素质，充分调动旅游行业职工的积极性和主动性，树立文明旅游、诚信经营、诚信服务意识，切实提高旅游服务和旅游经营管理的水平。

第二，通过业务技术培训，不断提高旅游行业职工的服务技能、经营能力和管理水平，为旅游者提供高质量的旅游产品和服务，更好地满足旅游者的旅游需求。

第三，通过建设企业文化和开展丰富多彩的文体娱乐活动，为旅游行业职工创造有利于个性发展的环境和条件，增强旅游企业和旅游行业的凝聚力与向心力。

旅游管理教育方法具有非强制性、示范性、针对性、普遍性的特点，其主要是通过潜移默化的作用来达到旅游管理的目的和要求，因此往往能收到其他旅游管理方法不能达到的效果。但是，旅游管理教育方法也具有一定的局限性，因此在实际中必须与其他旅游管理方法结合使用，才能有效地发挥其应有的作用。

5.社会心理方法

旅游管理的社会心理方法，是运用社会学、心理学等学科的理论和方法，揭示旅游活动过程中人们的心理特征和心理过程的发生和发展的规律性，分析其行为方式的外部影响和内在动力的客观性，从而为旅游管理提供科学的依据和方法。

旅游管理的社会心理方法强调，人们集中在一起从事共同活动或劳动，必然会产生合作与竞争的心理影响，一方面会对旅游活动的正常进行产生作用和影响，另一方面会促进工作效率的提高。因此，运用社会心理方法对人们的心理特征和心理过程、人们的需求与动机、人们的各种行为方式进行分析和研究，并有针对性地采取合理的管理方法，有效地提高旅游管理的效率和水平。目前，社会心理方法在旅游管理中得到了广泛的应用，并日益成为现代旅游管理的重要方法。

第三节　旅游管理的职能与任务

一、旅游管理的职能

旅游管理的任务和内容，必须通过旅游管理的职能来实现。所谓旅游管理职能，是指旅游管理过程中的职责和功能，是旅游管理发生作用的主要手段和内容，其具体可划分为计划职能、组织职能、领导职能、协调职能和控制职能等。

（一）计划职能

计划，是确定目标及实现目标的一种系统化的思路及安排。计划能指出方向，减少变化的冲击，尽可能地节约避免浪费，以及设立标准以利于进行控制。在现代经济社会活动中，凡是要使集合在一起活动和劳动的人们达到预期的目标，取得有效的成果，客观上都离不开科学的计划。因此，旅游管理的计划职能就是对旅游活动进行调查和预测,确定目标和方案,进行决策和计划,制定措施并指导实施的一系列活动过程。

计划职能作为旅游管理的首要职能,其表现形式是根据旅游活动的特点和要求,运用各种科学的方法和手段,形成不同形式的计划方案,如发展战略、长期规划、中期规划、年度计划和专项计划等;而各种形式的计划方案又是由一系列的计划指标体系、行动方案和对策措施所组成的,从而形成完整的旅游计划体系。

计划的类型是多种多样的。自上而下依次来说:目的或使命表明了企业或事业单位和它们中的任何部分的基本目的、作用或任务;目标是指活动所针对的最终目标;战略是指确立企业的基本长期目标,制定行动方案和配置必需的资源以实现目标;政策是指导或沟通决策思想的全面的陈述或理解;程序也是计划,是用来处理未来活动所需的一种方法;规则阐明了具体的必须或非必须行动,没有例外的余地;规划是一个综合性的计划,包括目标、政策、程序、规则、任务分配、要采取的步骤、要使用的资源以及为完成既定行动步骤所需的其他因素;预算是一份用数字表示预期结果的报表。

正确地行使计划职能,通过对未来旅游活动和旅游发展的科学预见,把握其发展趋势和变化,有利于明确方向,做到心中有数而避免盲目行动。通过确定目标,统筹配置各种旅游资源和生产要素,为统一和协调旅游活动做出事先安排;通过科学决策选择正确合理的行动方案,以减少因缺乏科学决策而造成的失误;通过制定各种预见性的对策措施,为解决未来旅游活动中出现的问题做好思想上、组织上和技术上的准备。因此,充分发挥计划职能是科学组织旅游活动的客观要求,是实现旅游经济全面协调可持续发展的前提条件,也是提高旅游经济效益的重要保证。

(二)组织职能

组织,是根据计划职能确定的目标和方案,对实现计划目标的各项具体工作进行划分和归类,通过建立必要的机构,设置必要的职位并明确相应的职责和权力,分配给适当的人员负责实施,从而有效地实现计划目标和方案的一系列活动。因此,旅游管理的组织职能,就是使旅游活动的各要素、各环节形成相互联系和协调的整体,充分发挥各个要素、各个环节和整体的积极作用,协调一致地实现旅游计划的目标和要求。

组织职能是旅游管理的重要职能,能否正确地行使组织职能,直接关系着旅游活动的效率和效果。因此,正确地行使组织职能,通过对组织机构和职位的科学设置,把旅游活动的分工协作关系明确固定,以保证分工协作关系的连续性和稳定性;通过划分每个职位的职责和权力,对各种组织要素进行合理配置,可以使旅游计划目标和方案从组织上得到具体落实;通过对不同岗位人员的合理安排,可以把分散孤立的个人活动聚合为一个整体,从而创造出强大的集体合力,有效地实施旅游计划方案,实现既定的旅游管理目标。

组织职能具体包括组织设计、组织运用、组织条件和组织改善四个方面的内容，每个方面都有具体的形式和要求。旅游活动是一种涉及面广、综合性强的经济社会活动，因此必须根据不同旅游活动的特点和要求来行使组织职能，如观光旅游和商务旅游的组织就有明显的差别，对旅行社和旅游饭店的组织设计和职位设置也有较大的差异性。此外，由于任何旅游组织机构都是社会环境的一个组成部分，因此随着社会环境的变化，必然要求旅游组织机构进行相应的变革与发展，才能保持旅游组织机构的生命力和不断提高旅游管理的效率。

（三）领导职能

领导，是率领和引导个人或组织在一定条件下实现既定计划目标的行为过程。有效的领导是通过管理者的影响力来引导和激励个人或组织，共同为实现计划目标而努力。因此，旅游管理的领导职能，就是旅游管理人员围绕旅游者活动和旅游经营活动，通过指挥、指导和激励个人或组织有效地达到旅游管理目标的一系列活动过程。

领导职能也是旅游管理的重要职能，因为任何共同社会活动都必须由具有权威的领导者来进行统一的指挥和指导，否则共同社会活动就无法有序地进行。因此，正确地行使旅游管理的领导职能，通过拥有权威的旅游管理者进行统一的指挥，是旅游活动正常而有序进行的重要保证；通过旅游管理者运用各种科学方法和手段，指导和激励旅游行业职工努力实现既定管理目标，是保证旅游活动有效进行的重要方式；通过旅游管理者自身的影响力和独特的管理风格，影响和促进个人或组织有效地实现管理目标，是提高旅游管理效率和效果的重要因素。

在现代旅游条件下，旅游者的旅游活动复杂多样、千变万化。领导，是民主与权威、集中统一和下放权力的对立统一，既要避免各行其是的无组织、无纪律状态，又要充分发挥下级管理部门和被领导者的主观能动性。充分发挥旅游管理系统的领导职能，能够有效地完成旅游管理目标。

（四）协调职能

协调，是指采取各种科学的方法和手段，使共同社会活动中个人和组织的活动同步与和谐，从而有效地达到共同社会活动目的的行为。旅游管理中的协调职能，是围绕旅游管理的目标和要求，针对旅游活动的综合性和复杂性，通过对旅游活动涉及的各种要素、各个环节进行统筹、沟通和调节等，以保证计划目标和方案实现的全部活动。

协调职能也是旅游管理必不可少的重要职能。由于旅游活动涉及的旅游要素多、旅游过程环节复杂、相关活动影响面广，因此必须加强对旅游活动的协调，使整个旅游活动同步化与和谐化。正确行使旅游管理的协调职能，通过统筹安排旅游诸要素，使各要素按比例发展并形成合理的结构，保证旅游活动的顺利进行；通过沟通旅游活动各环节和相关领域的活动，使其相互联系、相互协作并同步而和谐地进行；通过分析和了解旅游活动过程中出现的各种矛盾和问题，及时对个人和组织、组织与组织的活动进行调节，确保有效实现既定的旅游计划目标。

（五）控制职能

控制是指监测各项活动以保证它们按计划进行并纠正各种重要偏差的过程。所有的管理者都应当承担控制的责任。一个有效的控制系统可以保证各项行动完成的方向是朝着达到组织的目的，控制系统越完善，管理者实现组织的目标就越容易。尽管计划可以制订出来，组织结构可以调整得非常有效，员工的积极性也可以调动起来，但是这仍然不能保证所有的行动都按计划执行，不能保证管理者追求的目标一定能达到，因此控制是重要的。然而，控制作用的价值依赖于它与计划和授权的关系。目标是计划的基础，目标能为管理者指明具体的方向。但是仅仅能够说明目标或者被动地接受目标，并不能保证必要的行动是可以完成的。有效的管理者应该始终督促他人，以保证应该采取的行动事实上已经在进行，保证他人应该达到的目标事实上已经达到。有效控制系统可以提供授予了权力的下属的工作绩效的信息和反馈。因此控制系统的重要性体现在管理者应该授权，同时由于管理者对下属的决策负有最终的责任，建立反馈机制是有必要的。在控制过程中，管理者必须首先根据计划阶段形成的目标制定行为标准，然后用这个标准来衡量实际的工作绩效。如果标准与实际之间有偏差，那么管理者必须根据情况选择调整实际工作，或调整标准，或什么也不调整。

控制工作常常集中在人员、财务、作业、信息和组织的整体绩效等方面中的一个。组织目标法是根据完成的结果来判定效果。如果一个组织达到了它的目标，它是有效的。而系统方法则对手段和结果都做出评价。一个有效的控制系统应该是准确的、及时的、经济的、灵活的和通俗的。它采用合理的标准，具有战略性的高度，强调例外的存在，并且能指明纠正问题的方向。当控制使人们的行为偏离组织的方向时会产生机能障碍。这种结果会在标准缺乏灵活性或不现实的情况下发生。此外，当奖励的希望变得渺茫时，某些人更可能会篡改数据使其工作绩效看起来好像不错。

旅游管理的控制职能是为了保证旅游计划目标和方案的顺利实现，对旅游活动过程及其结果进行监督、检查、调整和评价的一系列活动过程。控制职能贯穿于旅游管理的全过程，是旅游管理其他职能有效行使的重要保障。在旅游系统运行之前，通过控制职能的预先控制，可以对旅游活动过程中可能发生的问题进行预先估计，制定应变的预案和补救措施，以备问题突发时采用；在旅游系统运行过程中，通过控制职能的过程控制，密切跟踪和监督旅游活动的全过程，随时发现问题，采取有效措施加以解决，以保证旅游活动的顺利进行；在旅游活动结束之后，通过控制职能的事后控制或反馈控制，将旅游系统运行效果与原定计划目标进行比较，既对旅游系统的运行状况进行科学的评价，又进一步分析差距，找出存在的问题，在下一次旅游计划执行过程中予以纠正和改进。因此，通过控制职能可以使旅游管理的全过程和各职能形成相互联系、相互制约的闭环系统，从而提高旅游管理的效率，达到满意的效果。

二、旅游管理的任务

旅游管理的总任务就是运用管理学原理，协调解决旅游活动中各种关系的矛盾运动，充分调动各方面的积极性，从而促进旅游业实现可持续发展。具体而言，旅游管理的任务可归结为下列内容。

（一）解决旅游管理的认识问题

旅游是一种特殊的生活方式。旅游管理就是要充分认识这种特殊生活方式的广泛性与发展性，从满足人们日益增长的多样化休闲娱乐需求出发，致力于研究如何把旅游业中各种人的因素与物的因素组织起来，把旅游活动中的各个环节、各个方面有效地结合起来，认真地探索和提出正确的指导思想、科学的管理体制以及有效的管理途径与方法，不断完善旅游管理体系，将旅游业逐步培植成为国民经济的重要产业部门。

（二）合理组织旅游活动

旅游管理要遵循生产力的发展规律，按照社会化大生产的客观要求，科学合理地组织旅游活动，促进旅游者活动健康发展，保证圆满达到旅游者的旅游需求，并有效地实现旅游经营者的经营目标和旅游地的旅游发展的目的。

旅游活动是旅游管理的主要对象，要有效地满足旅游者的旅游需求，就必须分析预测旅游者的旅游动机和行为，正确判断旅游者的旅游目的和类型，统筹安排和组织旅游生产要素，科学合理地组织好旅游活动。特别是旅游活动涉及食、住、行、游、购、娱等多种旅游要素和相关服务活动，为了保证旅游活动得以顺利有效地进行，就必须加强对旅游活动过程的动态协调和控制，使旅游活动各环节、各相关服务活动之间保持合理的比例关系，促进旅游活动的有效进行，最大限度地满足旅游者的旅游目的和需求，并在此基础上实现旅游企业的经济效益目标和社会效益目标。

（三）全面提高旅游经济效益

提高经济效益，以尽可能少的劳动消耗和占用取得尽可能多的有效劳动成果，不仅是一切管理的基本目标，也是旅游管理的主要任务之一。如果旅游活动不能取得预期效益，则不仅旅游活动无法有效地进行，而且旅游经济也不可能得到健康持续的发展。因此，旅游管理必须以全面提高旅游经济效益为中心，来开展各项具体的旅游管理工作。具体要注意以下几点。

第一，全面提高旅游经济效益，必须以经济效益高低作为评价旅游管理工作的主要标准，通过科学的计划来有效地配置旅游生产要素，通过合理的组织来达到旅游活动的目标，通过正确的领导来调动各方面的积极性，通过有效的协调来统筹旅游管理的各项工作，通过及时的控制来保证旅游活动和旅游经济运行的顺利进行。

第二，全面提高旅游经济效益，还必须注重科学技术进步，依靠先进技术来不断提高旅游者的需求能力和消费水平；依靠教育培训来不断提高旅游行业员工的业务素质和能力；依靠管理创新来不断提升旅游产业的综合素质和水平，进而提高整个旅游产业的生产力水平。

第三，全面提高旅游经济效益，还应该正确处理好经济效益和环境效益、社会效益的关系，近期效益和长期效益的关系，微观效益和宏观效益的关系，把旅游者活动、旅游经营活动、旅游地活动和旅游宏观管理等，都纳入以提高旅游经济效益为中心的轨道上来，才能保证旅游活动的顺利进行，促进旅游经济持续健康的发展。

（四）维护旅游行业的整体利益

各级旅游宏观管理部门必须从国家和地方旅游全行业的利益出发，制定和贯彻行业管理的有关方针、政策、法规、条例、处罚措施等，秉公执法，正确地处理参与发展旅游业的各行各业的相互关系，维护行业的利益、形象和声誉。有关行业管理的政策、法规、条例的出台要慎重，要经过广泛调查研究和协调，照顾各方面的利益；在执行过程中，既要一视同仁，又要慎重稳妥，保持政策的连续性和稳定性。

（五）充分调动旅游行业从业人员的积极性

在旅游企业经营和旅游目的地活动中，旅游行业从业人员的劳动积极性的高低，不仅受他们自身需要、动机、行为和价值观等主观因素的影响，还受社会环境、文化传统、人际关系、群体规范等客观条件的影响和制约。因此，要充分调动旅游行业从业人员的劳动积极性和主动性，就必须通过加强旅游管理和相关学科的理论与方法，科学地设计劳动组织方式，改善工作环境，丰富工作内容，营造良好的人际关系，采用有效的激励手段，充分激发和调动旅游行业从业人员的潜力和创造性，使之成为推动旅游企业和旅游目的地发展的强大动力。

（六）制定旅游产业发展战略

旅游宏观管理部门要根据国民经济发展的要求和旅游业发展的总体趋势，结合本地区实际，制定旅游产业发展战略。旅游业是个国际化的产业，在制定旅游产业发展战略时，应该认真参照国际旅游业的发展经验，结合地区发展实际情况，制定科学的旅游产业发展战略，促进我国旅游业早日与国际旅游业同步发展；根据旅游产业发展战略，制订并组织实施产业发展计划，贯彻执行有关的法律法规与方针政策，为实现旅游产业的可持续发展提供保障。

（七）制定和颁布旅游业发展的政策法规

旅游宏观管理部门根据旅游战略规划和实际需要，制定行业管理方针政策、法规条例，以此作为行业管理的依据，并组织贯彻实施。旅游业在适度超前发展的原则下，通过旅游战略规划、旅游企业建设审批程序、行政手段和经济手段，调节各类旅游企业的比例关系，以保证旅游事业有计划、按比例地和谐发展。

（八）改革与完善旅游宏观管理体制，组织好相关产业部门的分工与协作

由于旅游业的综合性以及历史的原因，我国的旅游业涉及国民经济的许多产业部门，旅游管理体制处于条块分割的状态。在现有的管理体制下，国民经济相关产业部门之间及旅游部门内部的分工与协作都存在一定的问题，阻碍了横向经济协作及综合性旅游事业的发展。

旅游宏观管理主要体现在编制旅游产业发展战略规划、制定旅游产业发展政策、实现旅游业的行业管理与协调。旅游宏观管理部门要充分考虑旅游产业与其他产业的协调与均衡，切实搞好旅游管理部门与相关产业部门之间的分工与协作，才能发挥各方面发展旅游业的积极性，为旅游业谋求更加广阔的发展空间。改革与完善旅游管理体制的根本目的是协调好各种关系，发挥各方面发展旅游事业的积极性。

（九）建立健全旅游管理的各级领导机构，提高旅游企业的经营管理水平

旅游管理的一个重要任务就是根据地方旅游发展的实际需要，建立健全各级各类旅游管理机构，明确行业管理的职责范围，在分工合作的原则下，明确具体任务。旅游管理机构要加强同各类旅游企业的联系，协调好各方面的关系，采取具体措施，做好旅游管理的组织工作。

旅游企业要提高经营管理水平，就必须从两个方面入手：第一，旅游行政主管部门要加强对旅游企业的引导、监督与服务，从宏观管理的角度促进旅游企业管理的现代化；第二，旅游企业要加大深化改革的力度，认真学习先进的管理理论与方法，建立现代企业制度，不断提高经营管理水平。

（十）保护旅游消费者的合法权益

旅游宏观管理部门，应该根据相关法律法规与方针政策，通过实行定点、定级等管理措施，对与吃、住、行、游、购、娱有关的各级各类旅游企业和经营单位，经常组织检查、评比，维护消费者利益，保障旅游行程，提高服务质量。旅游宏观管理部门直接或会同有关部门，处理违反行业管理规定，非法阻碍旅游行程，破坏旅游秩序，敲诈旅游者或其他违法乱纪的有关单位或人员的事件，维护旅游业的整体形象。

同样，保护旅游消费者的合法权益，也应是各旅游经营企业的一项管理任务。因为旅游者是旅游活动的主体，是旅游产品的消费者，旅游企业只有不断改进服务，提高服务质量，切实保障旅游者的生命财产安全与合法权益，才能实现企业的经营目标。

（十一）不断完善旅游业生产关系

旅游活动是以人为核心的活动，在其运行过程中必然产生一定的经济关系或生产关系，因此旅游管理必然与一定的生产关系相联系，并把维护和完善一定的生产关系作为旅游管理的重要任务之一。生产关系的表现形式是经济制度，即一个社会占统治地位的生产关系的总和，它构成该社会的经济基础，是该社会的基本制度。在一定的经济制度或生产关系条件下，所采取的经济组织形式和运行方式，就构成该社会的经济体制，综合反映了该社会的所有制结构、经济运行方式和运行机制。

在社会主义市场经济中，以公有制为主体、多种所有制并存是旅游产业生产关系的基本特征，其决定了旅游管理的任务，就是要维护公有制和多种所有制财产的完整与安全，实现以公有制为主体的生产资料的合理使用和不断扩大。在旅游发展中，一定的生产关系必须与一定的生产力发展相适应，尤其是随着社会生产力的迅速发展，旅游产业的生产关系会出现部分或某种程度的不适应，从而要求旅游管理必须对生产关系不断进行调整和完善，通过改革所有制结构、经济形式、经营方式和分配形式等，合理调整各种利益关系，更好地适应生产力的发展要求，促进旅游经济充满活力地发展。

第四节　旅游管理的理论与体制

一、旅游管理的理论基础

旅游管理的有效开展离不开相关理论基础的支持。具体来说，旅游管理的理论基础主要包括学科基础和思想基础两个方面。

（一）旅游管理的学科基础

旅游管理是在众多相关学科的支持下产生并获得不断发展的。具体来说，旅游管理的学科基础主要有以下几个。

1.经济学

经济学是旅游管理的一个重要学科基础，在很多方面对旅游活动进行了解释与支持，从而促进了旅游管理的有效进行。例如，"供给与需求理论"对旅游的需求、供给、供求平衡等进行了解释；"市场结构理论"对旅游市场的细分、开拓、竞争特点等进行了解释；"商业周期理论"对旅游的影响因素、旅游产品的周期等进行了解释；"产业结构理论"对旅游产业的结构、类型、影响因素等进行了解释等。在这些理论的支持下，旅游管理便更加具有针对性，也能更有效地对旅游活动中出现的问题进行解决。

2. 社会学

社会学是从社会系统的整体角度，对社会的结构、功能、现象及其发生规律进行研究的一门综合学科。同时，社会学中的一些理论和方法，在旅游管理中有着较为广泛的运用。

3. 人类学

人类学形成于 19 世纪中叶，是与旅游学相平行的一个综合学科，但与旅游者有着十分密切的关系。而且，人类学中的一些知识和研究成果，对于旅游管理具有重要的意义，如旅游管理借助于人类学可以对旅游者、旅游文化等进行深入的分析与探究，进而更好地对旅游活动中出现的问题进行解决。

4. 地理学

通常来说，地理学可以分为三类，即自然地理学、经济地理学和人文地理学。其中，自然地理学是以土壤、大气、水、气候、生物等人类赖以生存和发展的自然环境为主要研究对象的，而这一研究对象在旅游管理中也会有所涉及；经济地理学包括区域经济地理、产业经济地理、工业地理、企业地理、商业地理、城市地理等众多领域，而旅游管理几乎对经济地理学的全部领域都有所涉及；人文地理学主要对人类与地理环境的关系进行了研究，具体包括人口与地理环境、政治活动与地理环境、经济活动与地理环境、旅游活动与地理环境等内容，而这些活动都与旅游活动有着十分密切的关系，因而会对旅游管理产生重要的影响。

5. 心理学

旅游与人们的心理活动有着密不可分的关系，而且旅游活动总是与人们的心理活动相伴随。因此，借助于心理学这一学科，便可以对旅游者的心理、旅游地居民的心理、旅游服务的心理、旅游企业的心理等进行深入的研究与分析。在此基础上，旅游管理中出现的很多问题便得以顺利解决了。另外，在进行旅游管理时，也可以对心理学中的一些方法进行运用，如借助于谈话法对被访者的心理进行了解、借助于观察法对旅游者的心理活动进行了解等。

6. 生态学

生态学产生于 19 世纪 60 年代中期，几乎是和旅游学同时产生的。而在 20 世纪 70 年代末，随着旅游业的不断繁荣，一些与旅游相关的生态、环境等问题也逐渐暴露出来。而要想合理而科学地解决这些问题，既需要借助于生态学，也需要通过旅游管理。因此，将生态学运用于旅游管理中，进而使两者有效地结合是十分有必要的。

7. 建筑学

建筑学包括建筑历史与理论、城市规划与设计、建筑设计与理论等众多的学科，而旅游活动对建筑学的学科领域几乎都有所涉及。因此，旅游管理也必然与建筑学有着十分密切的关系。其中，旅游管理和城市规划与设计的结合是最为紧密的，两者相结合所形成的旅游规划对于旅游活动的顺利开展有着非常重要的影响。

（二）旅游管理的思想基础

旅游管理的思想基础是极其丰富的，但概括来说主要有以下几个。

1. 中国古代的管理思想

中国古代的管理思想并没有形成一定的体系，但其在当时的时代却是十分先进的，因而对旅游管理具有一定的借鉴意义。例如，孔子认为在进行管理时要讲究"度"、规范和有序，要以"民"为本，要注意德治和用人为贤；老子认为，管理是不以人的意志为转移的，有着独立的发展过程，同时人是管理中的一个重要因素，对人进行管理便是管理的中心；韩非子认为，管理时要注意分权和重视制度，也要注意对经济效益进行追求，还要注意管理者旨在管人而不在管事；孙子认为，管理者要注意对危机进行预测和把握，也要注意以环境和条件的变化为依据灵活地进行管理，还要注意运用管理的策略等。

2. 西方古典管理理论

系统而科学的西方古典管理理论奠定了现代管理学的重要基础，因而对旅游管理也具有十分重要的借鉴意义。

西方古典管理理论是在早期资本主义世界发展的基础上产生的，代表性的有泰罗科学管理理论，主要包括标准化原理、定额化原理、工化原理、实施例外原则、实行有差别的计件工资制等内容；法约尔一般管理理论，主要包括经营活动六分法、管理的必备原则等内容；韦伯行政组织理论，认为任何组织都是以某种形式的权力作为基础产生的，并将权力细分为理性权力、传统权力和超凡权力三种类型等。

3. 西方行为科学管理理论

西方行为科学管理理论对旅游管理也具有十分重要的借鉴意义。它产生于 20 世纪初期，侧重于将心理学、社会学等方面的理论引入组织管理之中进行研究，因而出现了各种提高生产效率的理论。

4. 西方现代管理理论

随着经济科技的迅速发展、市场竞争的日益激烈，管理思想也得到了进一步的发展，进入了现代管理阶段。在其影响下，现代管理理论便应运而生了，包括众多的新理论和新学说，也形成了许多的学派，如管理过程学派、管理科学学派、行为科学学派、营销管理学派等。总体来说，西方现代管理理论是十分复杂的，但其中的很多理论对于旅游管理的发展有着重要的影响。

5. 管理创新思想

进入 21 世纪后，随着社会逐渐由工业化转向知识化，管理必须要进行相应的创新才能有所发展和进步，因此管理创新思想日益受到人们的重视。

管理创新就是管理者系统地利用新思维、新技术和新方法，创造一种新的更有效的资源整合方式，以促进管理系统综合效益的不断提高，达到以尽可能少的资源消耗获得尽可能多的综合效益产出的目的，具有动态反馈机制的全过程管理。在当前，旅游管理也面临着许多新的机遇和挑战，因而也必须树立起管理创新的思想。

二、旅游管理体制

（一）旅游管理体制的内涵

旅游管理体制，指国家对整个旅游经济活动和运行进行协调与管理的组织形式、机构设置、职权划分和管理制度的总和。其主要内容包括：多种经济形式和经营方式；中央和地方的关系；政府、旅游企业和旅游从业人员之间的关系；对旅游企业的管理方式与手段等。具体来讲，它包括旅游业的组织机构、组织形式、调节机制和监督方式，各种机构或组织的责任、权限和利益问题等。旅游管理体制是旅游管理的基础和核心，渗透到旅游管理的各环节、各领域和各个方面，是旅游经济活动正常开展和旅游经济有效运行的重要保障，也是实现旅游经济发展目标的重要手段。

要正确理解旅游管理体制的内涵，应把握好以下几点。

1. 所有制结构是旅游管理体制的前提基础

生产资料所有制结构是经济社会的最基本结构，不仅决定着一个国家或地区经济社会的性质特征，也决定着旅游管理体制的性质和方式，因此不同的所有制结构必然形成不同的旅游管理体制和模式。资本主义是建立在生产资料私有制基础上的基本经济制度，其旅游管理体制的性质也是以私有制为基础的，并形成以市场为主导，以国家干预为特征的旅游管理体制模式；社会主义是以生产资料公有制为主体的基本经济制度，旅游管理体制的性质必然体现以公有制为主体、多种所有制形式相结合的要求，实行"国家调控市场、市场引导企业"的旅游管理体制模式。

2. 组织形式是旅游管理体制的重要方式

旅游管理体制的组织形式，指对整个旅游经济活动进行组织和管理的主要方式。由于各国经济社会体制和旅游管理模式不同，必然会形成不同的旅游组织形式，而不同的旅游组织形式会产生不同的旅游宏观管理行为和效果。

从各国的情况来看，适应不同国家经济社会体制和旅游管理模式而形成不同的旅游组织形式，主要有以下三种基本方式：第一种是集权制的旅游组织方式，指有关对旅游经济活动和运行的管理，主要集中于政府旅游行政管理部门和相关行政管理部门；第二种是分权制的旅游组织方式，指有关对旅游经济活动和运行的管理，按照旅游宏观管理职能而分属于不同层次的旅游行政管理部门和旅游行业组织；第三种是混合制的旅游组织方式，指有关旅游经济活动和运行的主要管理职能由旅游行政管理部门负责，而其他管理职能则分别由相关行政管理部门，或者由旅游行业组织负责。

3. 机构设置是旅游管理体制的主要载体

旅游管理体制的机构设置，指在相应的旅游组织形式的基础上，建立明确的旅游管理组织机构，配备相应的旅游管理人员，具体负责旅游管理职能的实施。旅游机构设置的前提是应符合旅游组织形式的要求，其具体的设置原则包括以下几点：第一，必须依法设立，符合国家有关法律法规的规定和要求；第二，具有明确的旅游管理职能目标，能够有效地履行旅游宏观管理的基本职能；第三，必须权责统一，做到职权与责任、领导和指挥、协调和管理的统一；第四，精简高效，符合旅游宏观管理中的决策集中、协调快速、管理有效的基本要求。

4. 权责划分是旅游管理体制的核心内容

旅游管理体制的权责划分，指明确划分旅游管理机构和相关部门的管理职权与责任，是合理配置旅游管理职权和责任的主要内容，也是旅游管理体制的核心问题。权责划分通常涉及三个方面：一是明确划分旅游行政管理部门和相关行政管理部门的职权与责任；二是对各级旅游行政管理部门的管理职权和责任的划分；三是对旅游行政管理部门与旅游行业组织、旅游企业之间的管理职权和责任的划分。

权责划分不仅是旅游管理体制的核心问题，也是一个错综复杂的关键问题，如果权责划分不当或权责不清，就会造成旅游管理中集权与分权、侵权与放权等矛盾，甚至损害各方的利益和积极性，影响到整个旅游经济活动的正常开展和有效运行，从而阻碍或制约旅游经济活动健康发展和有效运行。

5. 管理制度是旅游管理体制的主要手段

管理制度作为旅游管理体制的手段，是为了保证旅游经济活动和运行过程中各个环节、各个方面协调一致地进行，实现各项管理职能而制定的有关规定和行为准则，也是实现旅游管理有效性的重要前提。

在旅游管理体制中，管理制度一般包括旅游宏观管理制度、旅游行业管理制度、旅游区域管理制度和旅游企业管理制度。旅游宏观管理制度，是国家从国民经济总体角度对旅游发展、旅游市场进行规范和管理的制度。旅游行业管理制度，是由旅游行政管理部门和旅游行业组织对旅游活动和旅游企业进行规范与管理的制度。旅游区域管理制度，是各级旅游行政管理部门和相关行政管理部门对区域旅游发展管理的有关制度。旅游企业管理制度，则是旅游企业根据自身管理的实际需要，所制定的企业内部各种综合管理制度和专业管理制度等。

（二）旅游管理体制的结构与模式

1. 旅游管理体制的结构

旅游管理体制是以国家的旅游发展战略和规划为依据，以税收、信贷等经济政策为调控手段，以旅游信息为媒介，以旅游相关法律法规为监督保证的一个完整的管理系统。该系统必须与市场机制的作用相配合，才能实现旅游资源的有效配置。根据旅游管理体制的运行规律，该运行系统由以下四个子系统组成。

（1）旅游管理决策系统

旅游管理决策就是对旅游业发展目标、旅游业管理政策和重大措施做出抉择。旅游管理决策系统的内在结构主要是正确划分决策权限和保证决策系统的科学性。旅游管理决策系统是旅游管理体制的中枢。在市场经济条件下，旅游管理决策结构是多层次的，国家旅游管理决策主要体现在宏观调控上，对微观经济活动的决策则主要体现在微观主体的自主权方面。

（2）旅游管理监控系统

旅游管理监控系统发挥监督和调控的功能。监督由各级政府和人民的全面监督，专业和综合的旅游行政管理机构的业务监督和职能监督，审计和工商行政部门的专门监督，司法机构的法律监督以及群众团体的社会监督与舆论监督组成。

通过监督为旅游管理决策系统反馈信息，提高决策的科学性，保证正确旅游决策的实施，维护正常的旅游业经济运行秩序。通过调控的作用，把宏观旅游管理决策所确定的规划目标变为各微观经济主体的行动，实现宏观旅游业发展规划。旅游管理调控主要采取间接调控的方式，如通过财政金融、税收等经济政策，引导旅游企业做出符合宏观旅游业发展总目标的决策。要协调各宏观调控部门之间的关系，使相关部门合理分工，协调配合；健全各种调控手段，如科学的税收制度、完备的经济法规等，对旅游管理活动起到综合协调的作用，使旅游管理发挥有效的调控功能。

（3）旅游管理信息系统

旅游管理信息系统是旅游管理体制中沟通各管理环节、各经济主体之间联系的媒介，通过收集、处理各有关信息，进行汇总、提炼，形成供宏观决策的旅游信息。宏观决策结果的信息通过管理信息系统传递到各旅游经济主体，为他们的决策提供指导和参考。

（4）旅游管理组织系统

旅游管理组织系统规定着旅游管理体制各子系统的职能和相应机构，并使这些子系统相互衔接、紧密配合，形成旅游管理系统整体。旅游管理组织系统并不是独立存在的，而是融于旅游管理的决策、监控和信息各子系统中。它一方面使各子系统有自身相应的组织机构，充分发挥各自的管理职能，保证旅游决策的科学性、调控的有效性、监督的严格性、信息的及时准确性；另一方面各子系统能互相沟通，围绕着统一的宏观旅游管理目标而运行，共同完成旅游管理的目标。因此，旅游管理组织系统构成旅游管理的基本框架。

2.旅游管理体制的模式

通常，不同的经济社会制度决定着不同的经济体制，而不同的经济体制下会形成不同的旅游管理体制模式。世界各国或地区旅游管理体制模式，无论其管理部门作为政府的独立部门还是隶属于商务、交通、文化、经济等有关部门，其管理体制模式主要有以下三种类型。

（1）市场主导型

市场主导型旅游管理体制模式十分强调市场机制对旅游发展的基础功能。这种模式的基本特征是让市场经济发挥最大的作用，国家一般不设专门的政府主管部门，海外市场促销、行业利益协调、信息交流、旅游市场管理都由旅游协会这样半官方的组织机构来承担。

（2）政府主导型

这种模式是将政府与市场有机地结合起来，通过政府的强制性干预，促使一国旅游业实现快速增长。它主要适应在市场发育还不完善的条件下政府通过制定、补充、修改、解释相关政策法规，对旅游企业的各种不正当竞争行为予以制止和纠正。国家设立强有力的政府主管部门，如旅游局或旅游委员会，承担包括旅游规划、竞争规划、市场促销等行业管理基本职能，并对地方旅游主管部门实行垂直领导，行业协会的作用被限制在最小的范围内。实行政府主导型的旅游业管理模式的国家，旅游业的发展水平直接取决于政府的组织与决策能力。

（3）政府干预型

为了弥补旅游市场的缺陷，政府有必要对旅游业进行适度干预。该模式强调市场竞争与政府管理并存，在最大限度地发挥市场机制作用的基础上，政府积极进行旅游市场规划与管理；在充分运用各种经济杠杆调节旅游市场的同时，政府加强对旅游业长远发展的规划与指导，以避免市场经济产生的盲目性，发展规划通过旅游产业政策来保证。

随着我国从传统计划经济体制转变到社会主义市场经济体制，旅游管理体制模式也发生了根本性的改革和变化。在社会主义市场经济体制下，旅游经济活动的主体是旅游者和旅游企业；旅游市场是旅游经济运行的核心，旅游市场通过市场机制和市场功能作用，直接引导和调节旅游者的消费活动与旅游企业的经营活动；政府行政管理部门主要是通过培育旅游市场机制，维护旅游市场秩序，规范旅游市场主体行为等，实现对整个旅游经济活动和运行的宏观调控与管理。因此，我国现阶段旅游管理体制模式是"政府调控市场，市场引导企业（旅游者），企业自主经营"，其中旅游者和旅游企业是旅游经济运行的微观基础，旅游市场是旅游经济运行的核心条件，政府宏观管理是旅游经济运行的重要保障。

（三）深化我国旅游管理体制改革的思考

1. 我国旅游管理体制传统模式评价

我国在旅游行业管理体系建设方面基本上还是延续传统的部门管理模式，即各级旅游局作为行业主管部门负责不同级别的旅游行政管理工作。在旅游基本法尚未出台的情况下，主要通过各种条例、管理办法、政府规章等规范旅游市场，管理旅游企业。但是这种体制的建设极不完善，致使许多地方的旅游管理出现空白和缺位。

旅游产业具有综合性、广泛性、高关联性的特性，旅游行业管理必定成为跨行业、跨部门、协调性的管理。但是我国旅游行业管理的主体主要是各级旅游局，由于旅游局管理职能的局限性，使得旅游行业管理多年来缺乏全面性、权威性，致使旅游产业发展所依赖的许多资源和旅游产业内部的许多要素都游离于旅游行业管理之外，形成了"大行业，小管理"的局面。正是由于管理体制存在的先天不足，导致了旅游管理的范围和权限出现了明显的"有限性"特征，在管理行为上则表现为"被动性缺位"——旅游管理部门对许多相关领域无法实施有效的管理与监督，如对旅游度假区审批权、管理权、规划权的丧失。旅游度假区是旅游业的核心要素之一，本应是旅游管理部门最直接的管理范围，但在许多省份，旅游度假区的审批、管理和规划权等，却属于城建部门；对旅游娱乐设施建设、城市夜生活管理等无权过问，但这些领域对搞活地方旅游业关系重大。

作为综合性产业，旅游业发展依托的是大量的社会资源。这些资源分布在许多领域，旅游业也因此涉及国民经济体系中的几十个部门，这种强关联性势必要求旅游管理具有较广的覆盖面。但在传统的部门管理模式下，旅游资源的管理权被强制性地归属到多达 12 个不同的政府部门。多部门管理造成了资源分散管理、条块分割、政出多门，使资源管理极为混乱，管理空白、管理缺位、管理越位的现象都不同程度地存在，加上利益关系、部门和地方保护主义的影响，使许多资源被人为分割，妨碍了对资源的保护、合理开发和整合利用。

2. 我国旅游管理体制改革的总体目标

我国旅游管理体制改革的总体目标是从国家和地方旅游事业全行业的发展需要出发，贯彻国家旅游事业发展的方针政策，协调各方面的关系，整顿市场秩序，维护旅游行业整体利益和旅游行业形象，提高旅游业全行业管理水平，具体表现在以下几个方面。

第一，根据旅游战略规划和实际需要，借鉴其他国家旅游管理组织的先进经验和成功做法，制定行业管理方针政策、法规条例，以此作为行业管理的依据，并组织贯彻实施。

第二，建立健全行业管理领导机构。根据地方旅游发展实际需要，明确行业管理职责范围，在分工合作的原则下明确任务。行业管理机构要加强与各级各类旅游企业的联系，协调好各方面的关系，采取各种具体措施，做好行业管理的组织工作。

第三，直接或会同有关部门，处理违反行业管理规定、破坏旅游秩序、敲诈旅游者或其他违法乱纪的有关单位或人员的事件，维护旅游业整体形象。

3. 我国旅游管理体制改革的趋势

随着市场经济体制的不断建立和完善，经济体制改革不断深化，特别是在 WTO 规则的约束下，我国各级旅游行业管理部门必须从管理旅游经济微观环节中抽身出来，发挥市场在资源配置中的基础作用，把行政管理的职能集中指向宏观调控、社会服务和公共管理，真正实现"小政府，大市场"。

（1）旅游管理体制改革的宏观方面

①提高认识，理顺管理体制

作为一级政府管理旅游业的主管部门，要充分发挥其政府职能机构的作用，必须进一步理顺管理体制，按照统一领导、分级管理的原则，建立、健全各级政府旅游机构，提高其地位，加强其权威性。对此，可从以下几点入手。

第一，各省、自治区、直辖市、计划单列市和重点旅游城市，都应该设立或健全旅游委员会，发挥规划、协调、组织作用。

第二，作为一级政府的旅游主管部门——旅游局，应列入政府单列，单独建制，在政治、经济待遇上享受同级政府其他职能主管部门的待遇（如经费、权限等）。

第三，市、县旅游局是否要单设，鉴于各地旅游业发展水平不尽相同，应视当地国际国内旅游发展的状况而定，有的单设，有的可与当地政府其他部门合署办公，但同时应具有一级政府的职能部门的地位和管理旅游全行业的权威。

②转变管理职能是当务之急

行业化管理是针对部门管理而言的，作为政府旅游主管部门，行使的是政府职能，代表各级政府管理全国及本地区的旅游业，要解决行业管理问题，则必须转变旅游局的管理职能。政企分开是根本。

此外，应加速管理职能的转变进程。在两种职能并存的过渡时期，既要发挥政府职能的权威性，又要加强对旅游全行业的管理，必须采用积极稳妥的步骤和切实的措施解决好两个关系，才能起到相辅相成的作用。第一，旅游局对旅游经营单位应实施宏观管理、微观调控，而不是企业经营活动组织者，更不能直接干预经营活动。第二，处理好与非本部门系统企业的关系。国务院曾规定，旅游经营单位要按照历史关系和行业归口关系，建立双重计划统计和考核管理制度。也就是说，"各级各类旅游企业的人、财、物由企业归属部门负责领导、管理和协调"。这既解决了旅游主管部门所属经营单位的领导和管理问题，又解决了非隶属部门所属经营单位的领导和管理问题。只有如此才能真正地实现政府旅游主管部门管理职能的彻底转变，由更多的微观管理转到宏观管理上来，由运用直接管理手段转到用经济、行政及法律手段进行宏观调控和间接管理，由管理本系统部门彻底转到管理旅游全行业上来。

③充分发挥行业组织的作用

行业协会是由同行业的经营者基于共同利益的需要实行联合的非营利性民间组织。在市场经济条件下，旅游行业协会这一非官方的民间组织是管理体制中极为重要的辅助成分。不少旅游业发达的国家的成功经验之一，便是很好地利用和充分发挥了行业协会的作用。旅游行业协会没有经济利益诉求，相对公正，可以起到公平公开地协调买卖双方利益的作用。虽然我国旅游行业协会的"官方"色彩比较浓重，但有效发挥行业协会的职能、实施全行业的间接管理是体制改革的必然趋势。政府部门要为旅游行业协会提供更大的发展空间，扶持其健康发展，以使旅游行业协会中介组织的作用在旅游市场发展中得到充分发挥。

旅游协会的主要职能包括：作为政府和企业之间沟通的桥梁；协调会员间的相互关系，发挥行业自律作用，制定行业自律公约；向会员提供国内外本行业的有关信息和咨询服务；开展业务培训，加强对外交流与合作。一些涉及行业标准的事宜，如饭店星级评定、导游员资格认定等，应逐步交由行业协会来负责，而不再是旅游管理部门的职能。

④旅游管理的制度化、法制化因素逐步增强

依法行政是社会发展的大趋势，对于像旅游产业这样的综合性产业而言，法制化和制度化管理更是理想的手段和途径。

（2）旅游管理体制改革的微观方面

旅游管理体制改革微观方面主要是旅游企业制度的改革。这里主要需要解决两个问题：一是旅游企业所有制形式问题；二是旅游企业的经营形式问题。前者是后者的基础，只有旅游企业的所有制问题解决好了，企业的经营形式才有可能得到根本解决，但是，企业所有制形式问题解决了，并不意味着企业经营形式问题一定能够得到解决。如果一部分旅游企业明确为私人所有，私营企业主自然会选择自认为最佳的经营形式，政府不必管得太多，当然，旅游行政部门给予信息、政策咨询等方面的服务支持仍然是必要的。因此，旅游企业经营形式问题又主要是国有旅游企业经营形式选择问题，这是目前旅游行政管理部门关注的焦点。只有旅游企业的经营形式选择得当，才可能使企业的经营业绩良好，从而实现国有资产保值增值的目的。

根据我国经济改革的目标和旅游业的特点，旅游企业经营管理体制的理想模式可以概括为：现代企业制度和企业集团化。

旅游企业要建立现代企业制度并实行集团化经营，这是由旅游产业的特点决定的。由于单项旅游产品以一定地域内的自然景观和人文景观为依托，既难以移动，也不能替代，若按某条线路或某种方式将各单项旅游产品组合起来，必然要跨越地域障碍。

旅游活动是一项综合性的消费活动，集吃、住、行、游、购、娱为一体，若要满足旅游者的各种需求，众多行业或部门必须联合起来，冲破行业或部门的界限。这就决定了旅游业必然是一个社会化、市场化程度较高的综合性产业，也决定了旅游企业必须建立现代企业制度并实行集团化。

现代企业制度主要指产权明晰、责权利相统一、自主经营、自负盈亏，充满生机和活力、运行科学规范的股份制企业或股份公司。它们是现代企业制度的基本模式。旅游企业特别是大中型国有旅游企业，应积极实行股份制改造，逐步建立股份公司式的现代企业制度。

随着旅游经济活动的迅猛发展，旅游业的竞争日趋激烈，旅游企业的集团化趋势在我国也日益明显。上海锦江集团公司和华亭集团公司、北京旅游集团公司、陕西旅游集团公司等大型旅游企业集团已先后组建。这些旅游企业集团一般是以骨干企业为核心，以财产关系为纽带，通过生产要素的联合，逐步吸附其他企业，进而形成资产雄厚、操作规范、分工明确、各种要素优化配置、极具竞争力的大型旅游企业集团。

组建大型旅游企业集团具有以下三个方面的意义。

第一，确定了旅游业的支柱地位。大型旅游企业集团规模巨大、资产雄厚、产业链完备、综合实力强，它的运行必将带动旅游业乃至整个国民经济的发展。

第二，奠定了大产业的基础。中小型企业大多分属各地区、各部门，产品开发和市场竞争的能力普遍不强，经营管理水平也比较低。大型旅游企业集团冲破了条块分割的樊篱，在大范围内重组旅游业资产，把众多中小型旅游企业联合起来，从根本上改变了我国旅游企业地区所有部门的所有状况。

第三，促成了大旅游的格局。大型旅游企业集团改变了旅游业以旅行社、饭店为主的狭隘模式，把各相关行业或部门紧密结合在一起，集吃、住、行、游、购、娱为一体，极大地优化了旅游产业结构，增强了旅游业的吸引力和竞争力。相信随着社会主义市场经济体制的建立和完善，我国旅游企业的股份制和集团化进程一定能够顺利完成。

第二章　旅游管理人才素养

第一节　旅游管理人才的德行品格

一、旅游职业道德概述

（一）职业道德

1. 职业道德的概念

（1）道德

所谓道德，就是由一定社会的经济基础所决定的，以善恶为评价标准，以法律为保障，并依靠社会舆论和人们内心信念来维系的，调整人与人、人与社会及社会各成员之间关系的行为规范的总和。

（2）职业道德

职业道德是指人们在进行职业活动过程中，一切符合职业要求的心理意识、行为准则和行为规范的总和。它是一种内在的、非强制性的约束机制，是用来调整职业个人、职业主体和社会成员之间关系的行为准则和行为规范。

由于职业活动（工作或劳动）是人类最基本的实践活动，因此，在诸种道德中，职业道德处于主体地位。人类丰富多彩的社会生活可以分为家庭生活、公共生活和职业生活三大领域。为调整和规范这些领域中的关系，相应地形成了婚姻与家庭道德、社会公德和职业道德。一般来说，一个从事某项职业的人，其生命三分之一以上的时光是在工作与劳动中度过的，而一个人生命的价值，也取决于他对社会的贡献，因此，职业道德对于人的一生是至关重要的。

2. 职业道德的特点

（1）专业性

职业是社会分工的产物，所以，任何一种职业都有与其他职业不同的性质和任务。每种职业都有各自的服务内容，有不同的服务对象和各种不同的职业要求。因此，职业道德具有很强的专业性。

（2）广泛性

职业道德是适应职业生活而产生的。职业道德体现在职业劳动者和其服务对象之间的各种关系和行为中，涵盖了广泛的社会生活领域和社会成员。职业道德也是社会各行各业的劳动者组成的职业群体都必须遵守的道德。对于一切从业人员来说，只要从事职业活动，在其特定的职业生活中都必须遵守职业道德，谁也不能例外。

（3）可操作性

道德作为一种观念形态，并不单纯表现为抽象的理论和一些原则，而是更多地表现为一种行为规范，它又是具体的，总会在行动中表现出来，具有很强的可操作性。各种职业根据自身行业的不同特点，概括提炼出一些具体明确的要求，用简洁实用、生动明快的语言形式表现出来，以激励和约束从业人员。

（4）相对稳定性和连续性

大多数职业的道德要求都是世代传承的，所以，职业道德具有很强的相对稳定性和连续性。职业道德内在的稳定性和连续性特点，反映在从事不同职业的人的道德风貌、道德心理和道德行为中。因为长期的特定职业实践，逐渐形成了比较稳定的职业传统习惯，比较稳定的职业行为准则，比较特殊的职业心理和品格。

（5）时代性

职业是随着时代的发展而改变的，职业的存在与否又是和特定时代的社会分工紧密相连的，因而职业道德也会随着时代的发展而出现变化。而且同一职业在不同时代也会表现出不同特点。当前，我国职业道德的时代性主要体现在解放思想、实事求是、与时俱进、勇于创新、努力奋斗、无私奉献等各个方面。

（二）旅游职业道德

1.旅游职业道德的概念

旅游职业道德是旅游从业人员，在旅游职业活动中所遵循的，与其特定职业活动相适应的道德规范，以及形成的道德观念、道德情操和道德品质等。

旅游职业道德要求是旅游从业人员在旅游职业活动中必须遵循的道德规范，即旅游从业人员"应该"做什么，"不应该"做什么；"应该"怎样做，"不应该"怎样做。

2.旅游职业道德的作用

社会主义旅游职业道德的作用是道德功能和作用在旅游业的具体表现。

（1）提高旅游从业人员的素质

旅游从业人员的良好素质表现为德、智、体、美、劳全面发展的统一，其目标是成为有理想、有道德、有文化、有纪律的社会主义旅游工作者。可见，"德"是旅游从业人员的首要素质。要提高旅游从业人员的品德素质就必须实施旅游职业道德教育。

（2）改善经营管理，提高经济效益和社会效益

旅游业的经营管理，不仅依靠法律、制度和奖惩条例，还必须结合职业道德教育，使员工有职业责任心和道德责任感。社会主义旅游职业道德对于正确调节企业与旅游者利益关系、旅游企业与其他行业之间的关系、旅游企业内部各种关系时所起的作用，往往比法律手段和行政手段范围更广泛，影响更深刻。

（3）改善服务态度和提高服务质量

旅游从业人员与旅游者之间提供服务与享受服务的关系被称作"客我关系"。要使旅游者满意，旅游从业人员必须以良好的服务态度，向旅游者提供优质服务。

（4）推动良好社会风气的形成

旅游业是社会主义事业的重要组成部分，是社会主义精神文明建设的重要领域之一。旅游活动带来了广泛的人际交往和文化交流，促进了民族文化发展，丰富了人民群众的精神生活，使人们开阔眼界、了解世界。旅游业是面向世界的行业，社会主义旅游职业道德不仅关系旅游业的发展，而且直接影响我国的社会风气和国际声誉。

（5）抵制精神污染，反对和纠正行业不正之风

改革开放后，随着国际旅游业的发展，西方某些消极或腐朽的文化冲击着中国优良的传统道德观念。社会主义旅游职业道德规范了旅游从业人员的行为，提高了他们的道德认识水平和抵制能力，培养了从业者良好的道德品质，反对并纠正了行业不正之风。

二、旅游职业道德规范与要求

（一）旅游企业与顾客的关系

旅游职业道德起到调节旅游企业及其从业人员与旅游者之间利益关系的作用。为更好地调节这种利益关系，有必要了解旅游企业及其从业人员与旅游者之间关系——客我关系的本质特征。

1.客我关系

客我关系是指服务业的社会服务工作人员与各种顾客之间的人际关系。在旅游服务过程中，提供服务者与接受服务者之间形成了服务与被服务的关系。

（1）对客我关系的认识

客我关系是在社会服务活动过程中，服务人员与顾客之间建立起来的一种人际关系。由于"客"和"我"双方在心理上、行为目的方面的原因，因此双方易发生"冲突"。

①从客我交际过程各方的行为分析

客我之间的交际，从宏观上来讲是大量的、频繁的、每日每时都在进行的。但是，具体到客我个人之间的交际，却大多数是偶然的、短暂的、纯事务性的。在较短暂的

交际中，一般顾客认为，无论哪位服务人员接待都无所谓，只要达到目的、满足需要即可；而服务人员则认为，为哪位顾客服务都一样，没有选择的可能和必要，服务就是目的。此外，由于客我交际条件，环境的特殊性以及心理上、行为目的上的差距，在双方的关系中潜藏着"易爆"因素。从顾客角度来讲，他们的主要心理是尽快办好、办完自己的事务，很少去注意和感谢对方为提供便利、快捷的服务付出了的心血和努力，因为顾客付了款。因此，对服务人员的服务不周到、态度冷淡、言语不逊都会十分敏感，稍感不满或遇到冲撞就会产生恼怒。从服务人员角度来讲，与顾客的交往是工作要求、基本义务，感情往往是机械的，甚至有勉强的成分。若思想境界不高，修养不够或情绪不佳，还会对自己交往中所处的地位感到"不平等"，反感或抵触。从而采取"冷漠""蔑视""变相训导"等形式与顾客争平等，以求得心理上的平衡。

②从客我交际过程中双方的心理状态分析

在客我交际过程中，双方都有"警觉点"和"过敏"现象存在。顾客的主要心理状态是对能否达到预期的目的信心不足，对可能遇到的无端冷落、嘲弄甚至欺侮而感到担心和警觉。这种心理的存在，使顾客对服务人员的态度十分敏感。

当然，冲突的产生与客我双方的素质较低，即思想境界、道德水平、自制能力和交际水平差也有关系。

在服务活动中，"客"和"我"是一对矛盾，它是客观存在的。通过双方的努力，特别是通过服务人员的努力，不与顾客发生冲突，使矛盾得到解决，让顾客满意而去。这就要求服务人员不断提高自身素质，增强职业道德意识。这里的关键问题是如何正确认识顾客。

（2）正确认识顾客

顾客是产品和服务的接受者。顾客作为产品和服务的接受者，就决定其是服务企业直接或间接进行接触的对象。

①顾客的特征

首先，顾客是有需求的群体。他们作为一种消费群体，有着共同的基本需求，也有一定的心理需求。其次，顾客的心理活动受社会群体的影响和制约，这些影响包括经济和文化影响、社会和家庭影响、企业和服务人员的影响。最后，在市场经济中，顾客对消费有自主选择权。

②顾客的本质

从企业经营的目的去分析顾客可以把握住其本质特征。

其一，顾客是服务企业经营利润的来源。企业各种服务设备设施皆为了满足顾客物质和精神需求开设的。顾客支付的一切费用，是企业利润的来源，也可以认为顾客是服务业的"衣食父母"。

其二，顾客是服务承受的主体，顾客基于自身的需求而到服务企业谋求某种服务，满足他的合理需求就是服务人员的工作。

其三，顾客是有个性的人，他们有自己的个性，有自己的喜好和厌恶，有自己的偏爱或偏见。服务是人性化了的特殊商品。顾客希望到服务企业消费时像到"家"一样的亲切、温暖、舒适、方便、富有人情味。

其四，顾客要求服务"物有所值"。顾客是付款后购买服务产品的人，服务人员是提供服务，并接受顾客付款的人。这种经济利益关系决定双方必须遵守等价交换原则。

其五，顾客最敏感、最重要的需求是得到"尊重"。

其六，顾客是一个群体。顾客可以理解为由不同个体组成的一个集体名词，这就决定了顾客群体中每个个体需求是有差异的。因此，在服务时要研究顾客需求的共性和个性，找出规律，最大限度地适应和满足顾客需要。

总之，通过对顾客本质的分析可以进一步理解到，服务行业奉行的"宾客至上""以顾客为中心""顾客需求就是我们的责任"等服务宗旨，甚至推崇"顾客永远是对的"信条，确有一定的道理，这是服务业经营获得成功的重要基础。

2. 正确处理客我关系

在服务过程中，"客"与"我"是一对既对立又统一的矛盾。从服务企业经营管理分析，服务人员是矛盾的主要方面。服务人员应不断主动地了解掌握顾客心理，运用社会公德和职业道德调节相互之间的关系。

（1）处理客我之间矛盾的根本途径

解决客我之间矛盾的根本途径是大力发展经济、规范市场，使服务企业在市场上公平竞争，优胜劣汰。

同时，要坚持企业的精神文明建设，大力提倡遵守职业道德。在客我之间形成"人人为我，我为人人"的新型人际关系。

（2）处理客我关系的分寸

客我关系的处理，在具体服务工作中还要有一定的原则和技巧，要做到：

①友善而非亲密；②服务而非雇佣；③礼貌而非卑躬；④助人而非索取；⑤重点关照而非诌媚。

明确了客我之间的关系，掌握了客我关系的特征和易发冲突的原因，就会在服务工作中，自觉地运用旅游职业道德调节好人际关系，做到优质服务。

（二）旅游职业道德的基本要求

根据社会主义职业道德基本规范和旅游行业职业特点的客观要求，旅游行业从业人员在职业活动中应遵循以下职业道德规范：爱岗敬业，遵纪守法；热情服务，宾客至上；诚实守信，公私分明；团结协作，顾全大局；一视同仁，不卑不亢。

1.爱岗敬业，遵纪守法

爱岗敬业，是指热爱自己的本职工作，以恭敬负责的态度对待工作，勤勤恳恳兢兢业业地履行岗位职责，"专心致志，以事其业"。遵纪守法，是指旅游行业从业人员在职业活动中严格遵守国家的法律、法令和有关政策，自觉遵守各种规章制度、条例、守则等职业纪律。

爱岗敬业、遵纪守法是旅游从业人员做好工作的前提和基础，是提高旅游服务质量的根本保证，是旅游业取得社会、经济效益的源泉。践行这一条规范必须做到以下几点。

（1）树立正确的择业观，克服职业偏见

社会有分工，职业无贵贱，职业没有三六九等的划分，旅游业从业人员和各行各业的劳动者一样都是社会主义的劳动者，在平凡的工作岗位上兢兢业业、认认真真地做好自己的本职工作就是为社会做贡献，就是为人民服务。因此旅游从业人员要以服务人民为荣，以主人翁的姿态投入到工作中去，做到"干一行，爱一行，钻一行"，在平凡烦琐的旅游服务中，尽心尽责，以做好本职工作为最大的乐趣，不断钻研业务，提高服务技能。

（2）坚守工作岗位，具有高度责任心

坚守工作岗位是工作取得成绩的前提，只有守住自己的岗位，做好一颗螺丝钉，才有可能做出业绩。擅自离岗、见异思迁，是工作的大忌，三心二意的人即使在最好的工作岗位上都是碌碌无为的。

有职业责任心是敬业爱岗的重要表现。一个人即使有较高的知识水平和较强的工作能力，如果没有一定的责任心，不但不能把工作做好，甚至会造成重大的失误；而一个责任心较强的人，即使他目前的知识水平还不高，工作能力也不太强，但他完全有可能通过自己的努力和在同事们的帮助下把工作做好，而且他的知识水平和工作能力也一定会在此基础上不断得到提高和加强。

（3）热爱工作对象，具有职业良心

旅游业属于第三产业，它是一项社会服务行业，服务对象是中外旅游者。热爱服务对象就是要全心全意地为中外游客服务，关心和爱护每一位客人。由于服务对象具有复杂性，在性别、年龄、民族、职业、信仰、政治态度等方面存在差异，所以要从游客的具体情况出发，热爱每一位客人，将客人当亲人，为他们提供一流的服务。

职业良心是旅游从业人员的自我认识，是执行职业道德的工具。没有职业良心，就没有职业道德。游客是旅游从业人员的衣食父母，所谓"乘人之车者，载人之患；衣人之衣者，怀人之忧；食人之食者，死人之事"。旅游从业人员应将客人的利益放在首位，保护客人的人身和财产安全，摆正道德和金钱的关系，不为小恩小惠所动，做有职业良心的从业者。

（4）执行政策法规，抵制不正之风

旅游行业的政策法规、职业纪律是旅游职业活动的出发点、过程和归宿，是确定从业人员的职业责任和职业规范的重要依据。

旅游从业人员一定要自觉遵守相关的法律法规和规章制度，要以遵纪守法为荣，以违法乱纪为耻。如旅行社要遵守《旅行社管理条例》《旅行社管理条例实施细则》等法律法规，旅游饭店要遵守《食品卫生法》《餐饮业食品卫生管理办法》《中国旅游饭店行业规范》《餐饮业食品卫生管理办法》等法律法规，旅游从业人员要认真学习和遵守相关法律和法规和各种规章制度。

职业纪律具有强制性，谁违反了都会受到相应的批评、处分或制裁。

2. 热情服务，宾客至上

热情服务是指旅游从业人员在工作过程中尊重客人，主动、热情、耐心、周到地关心客人并为他们排忧解难的态度和行为。宾客至上就是视顾客为"上帝"，把宾客的利益放在首位，始终如一地为客人着想，努力满足他们在消费过程中正当、合理的各种需求。

热情服务、宾客至上是我国人民的传统美德，是旅游行业的生存之本、发展之道，是旅游从业人员的待客之道和应具备的基本品德。践行这一条规范，必须做到以下三点。

（1）树立服务观念

作为服务行业的旅游业，服务质量是旅游行业的生命线，是旅游企业的立身之本。旅游从业人员正是以服务的形式为社会提供劳动，从而使企业获得经济效益的。美国现代酒店之父斯塔特勒有一句名言："人生即服务。"他说："酒店出售的东西只有一个，只有服务。卖劣质服务的酒店就是劣质酒店，卖好服务的酒店就是好酒店。"因此旅游从业人员一定要树立服务观念，做好服务工作，做到微笑服务、文明服务。

微笑是热情友好的表示，是真诚的象征，微笑是"通向世界的通行证""是打开人们心灵最美好的语言""是与宾客建立友谊的彩桥"，微笑可以给客人带来"宾至如归"的亲切感。

俗话说，"诚于内形于外"，只有对客人真诚，为客人着想，才会有自然、由衷、亲切的微笑。旅游从业人员在职业活动中做到微笑服务，即做到"微笑服务五部曲"：笑脸相迎，主动招呼;文明用语，礼貌待客;当好参谋，耐心周到;热情送别，善始善终;奉献爱心，一片真诚。

（2）树立客人意识

客人是旅游行业的服务对象，没有了客人就谈不上服务，更谈不上企业的生存发展。因此旅游从业人员一定要牢固地树立客人意识，一切工作以客人为主，一切工作都要建立在为客人服务的基础上，认识到，"客人并不依靠我们而生存，而我们却要依靠客人而生存""客人上门是因为看得起我们,我们为他们服务是理所当然的""客人的需要就是我们的工作"。树立客人意识就是"以客人为中心",把客人的利益放在首位;要尊重客人;想客人所想,急客人所急,提供优质服务。

把客人的利益放在首位要求旅游服务要不断地适应宾客,比如饭店增加各种便利客人的服务项目,像美国一些饭店为了满足越来越多的人希望不受吸烟危害的要求,专门划出部分楼层客房设为禁烟客房,并对禁烟客房彻底装修,更换全部地毯、墙纸、窗帘及床上用品。

尊重客人就是要做到以下几点:第一,要做到尊重客人的人格、信仰以及生活习惯。客人接受服务不仅在于获得有形的物质享受,更多的是获得精神上的满足。因此,旅游从业人员需要深入了解东西方文化的特点、价值观念的差异和各地区人群在信仰、习俗上的不同,这样才能在提供服务的过程中对客人予以充分的尊重。倘若我们无视客人的尊严,触犯客人的隐私,违背客人的禁忌,哪怕用意再好,也会适得其反。

第二,要注意保护客人的自尊。人往往都有虚荣心,从业人员有时会因经验不足而使客人出"洋相",这是应当避免的。有虚荣心的客人最忌讳说自己"买不起""吃不起"或"住不起",他们通常都要说些冠冕堂皇的话来掩饰。对此,只能"看穿"却不能"揭穿"。如客人退房时把某件用品顺手带走时,要委婉地提醒客人:房间的某件用品不见了,请协助找一下,而自己得暂时离开,切忌直言不讳地逼客人交出来。这样既完成了工作,又留住了客人的面子,客人也会发自内心地感激。

第三,要想客人所想,急客人所急。一要处处方便客人,体贴客人,千方百计为客人排忧解难。二要尽心尽责,竭尽全力,尽善尽美,做到主动服务、细致服务。从业人员要发挥自己的主观能动性、创造性,尽自己最大努力做好分内的事,做到提供的服务比客人预想的好,在服务范围、服务时间、服务项目、服务方式等方面本着满足客人的需要,方便客人的宗旨,完善旅游各项服务,让客人得到最好、最美的享受。

(3)文明礼貌服务

旅游从业人员在职业活动中要做到文明礼貌服务,就需仪表整洁、举止大方、语言亲切,讲究卫生。

旅游行业的从业人员每天要面对来自四面八方的客人,从业人员的仪容仪表会给客人留下深刻印象,它在一定程度上体现了企业的形象,反映企业的管理水平和服务水平。从业人员的仪容仪表要做到:在工作岗位上要穿工作服,衣冠容貌要整洁,头发、胡须、指甲不宜过长,并要修理整齐。

举止大方就是不卑不亢,落落大方,态度和蔼,举止端庄,以礼待人,服务的动作幅度不宜过大,动作要轻,坐立、行走都要有正确的姿势,注意克服易引起客人反感的无意识的小动作。一般来说,站不能倚门靠壁,坐不能无精打采,走不能小跑或手舞足蹈,做到走路要轻盈、说话要轻声、操作要轻柔、动作要规范、姿态优美、风度潇洒。

语言文明亲切就是做到"和气""文雅""谦逊",不讲粗话、脏话,不强词夺理,不恶语伤人。俗话说:"良言一句三冬暖,恶语一声六月寒。"和气就是心平气和,与宾客交流时应自然得体,语气要关切,语调要柔和,而强词夺理、恶语伤人、盛气凌人、以势压人、颐指气使,高声斥骂,都违反了这一要求。文雅就是文明有礼,使用文雅的语言,去掉粗鄙的语言,这样才能显示出从业人员的修养水平。谦逊就是要尊重客人,多用讨论、商量的口气说话,服务征询时多用"请""您",绝不要盛气凌人,夸夸其谈,哗众取宠。

语言文明还要求讲好礼貌用语,与客人谈话时应注意:第一,说话声音不宜过大,以使对方能听清为宜,尤其注意讲话时不要溅出口沫。第二,不要谈客人忌讳的事情。一般不要询问对方履历、物品价钱、年龄、女宾婚姻等,也不要谈疾病等不愉快的话题。第三,与客人谈话要实事求是,不知道的事情不要随便答复或允诺。第四,用好敬语。在接待活动中要得体的称呼客人。第五,与客人谈话时,不要总是自己讲,别人讲话时要双目注视对方,注意聆听,不要随便插话。宾客之间交谈时,不要趋前旁听,不要在一旁窥视,更不要插话干扰。

仪表整洁、举止大方、语言亲切的基本要求就如《礼记》中谈到的礼的基本要求,"不失足于人,不失色于人,不失口于人",这是指在行为上不失足于人,态度上不失色于人,语言上不失口于人。如客房服务员不敲门就进入客人房间,造成客人不满,这就是"失足于人";如导游员因客人多问了几句就表示厌烦,甚至板起脸孔,冷若冰霜,爱理不理,这就叫"失色于人";如接待的工作人员稍不遂心就向客人发脾气,讽刺、挖苦、嘲笑,甚至满口粗话,这便是"失口于人"了。

3. 诚实守信,公私分明

诚实守信是指旅游从业人员忠诚老实,不说谎话,不弄虚作假,遵守许下的诺言,言行一致,表里如一,做到"言必信,行必果"。公私分明是指旅游业从业人员正确处理和摆正公和私的利益关系,以国家利益、集体利益为重,不贪图个人利益,不为了个人利益损害集体、国家利益。

诚实守信、公私分明是旅游行业经营原则的具体体现,是树立企业形象的基础,是创造品牌的灵魂,是旅游从业人员应有的思想品质和行为准则,是高尚情操在职业活动中的重要体现。践行这一条规范要做到以下两点。

(1)诚信服务

旅游业要取信于人,重要的一条是信守合同。在旅游活动中尽管有一些不确定的因素,但要尽最大的努力,按时保质保量地履行合同,使客人满意。要以诚实守信为荣,以见利忘义为耻。如旅行社不能任意改变旅游线路、取消某些旅游项目或降低服务标准,否则就会受到客人的谴责,引起不必要的纠纷,最终有损企业的形象。

广告宣传要恰如其分。做好广告宣传，招徕四方客人，这对旅游业来说是相当重要的。但我们的广告宣传一定要实事求是，恰如其分，不得弄虚作假，欺骗和愚弄客人。

实事求是，知错就改。在工作中即使力求把服务做得尽善尽美，但失误往往难以避免，从客人一方来说，也常常会出现一些差错或误解。因此对于纠纷、争议，应本着实事求是的态度来解决。如果确系我们的失误，应主动承担，勇于认错，以诚意赢得客人的谅解；如果是客人的差错，也要设法帮助其解决，使客人感到满意；如果因无法预料导致的差错，要主观上多努力，争取对方的谅解和协助。

（2）勇于奉献

一要正确处理个人利益和集体利益的关系。个人是企业的一个有机组成部分，个人的荣辱与企业息息相关。如果企业受到损失，那个人的利益也难以保障，正所谓"皮之不存，毛将焉附"。

二要正确处理索取和奉献的关系。旅游业是窗口产业，客人对服务人员的要求高，从业人员在工作中要付出大量的体力和精力，有时收入与付出不能成正比，因此从业人员要有更多的奉献精神，多付出，不奢求回报，以集体利益为重，树立为人民服务的思想，全心全意地为客人、为企业和为社会服务。

4.团结协作，顾全大局

团结协作是指旅游业内部全体从业人员相互之间团结友爱，各服务部门之间协同奋斗。顾全大局是指旅游从业人员的一切言论和行为都要从国家、旅游业、企业的大局出发，要识大体，顾大局，保证大局不受损害。

团结协作、顾全大局是生产社会化的客观要求，是建立新型人际关系的需要，是提高旅游服务质量的重要保证。践行这一条规范必须做到以下两点。

（1）团结互助

现代化的旅游业具有较强的综合性和连贯性，游客的流动性也较大，要在同一时间、不同空间满足游客多种消费需求并提供周到的服务是需要多部门、多环节、多岗位的众多旅游从业人员共同努力来完成的。这就要求这些行业和部门齐心协力、和睦相处、以诚相待、相互支持，这样才能实现最佳的经济效益和社会效益，所有从业人员必须团结互助，以团结互助为荣，以损人利己为耻，互相支持，"心往一处想，劲往一处使"，共同完成各项任务，达到一加一大于二的效果。

（2）以大局为重

从业人员在工作中绝不能有为了个人私利或小集团利益而损害整体利益、全局利益的言论和行为。

5.一视同仁，不卑不亢

一视同仁是指旅游从业人员在职业活动中对客人不分厚薄，一样看待、同等对待。它要求从业人员不论客人的国籍、种族、身份、贫富等都能友好地相待，一样地尊重他们的人格、习惯以及信仰等，满足他们的正当的服务需求；在任何客人面前不分厚薄，维护他们的合法权益，关心他们的切身利益，真诚地为他们服务。不卑不亢指从业人员在工作中要维护自己的人格、国格，坚持自己的信念，要谦虚谨慎，但不要妄自菲薄；为客服务，但不低三下四；热爱祖国，但不妄自尊大；学习先进，但不盲目崇洋。强调不卑不亢，就是要反对民族自卑感，反对拜金主义。

一视同仁是人道主义原则的具体体现，是旅游业的商业性所提出的要求。不卑不亢是旅游从业人员的国格、人格和民族尊严的具体体现。践行这一条规范要做到以下几点。

（1）一视同仁

旅游行业的服务对象尽管来自不同的地方，有社会地位、经济状况、外观衣着等方面的不同，但在服务者眼中他们的地位应是平等的，来者都是客，对客人不能厚此薄彼。

（2）自尊自强

旅游从业人员在为外国游客提供服务时，在一定程度上代表着国家和民族，一言一行，一举一动，都直接关系国家和民族的利益和声誉。因而要培养这样的道德情操：既不骄傲自大、盲目排外、居高临下、盛气凌人，也不自卑自贱、盲目崇洋媚外、奴颜婢膝、拍马逢迎。要谦虚豁达，树立民族自尊心和自信心，绝不做有损人格和国格的事情。

（3）谦虚谨慎

旅游从业人员应做到谦虚谨慎，但不要妄自菲薄。谦虚，是谦逊虚心，平等待人，尊重他人；谨慎，是作风严谨细致，工作一丝不苟，精益求精，慎重小心。而妄自菲薄，一般表现为思想上不上进，精神上萎靡不振，行动上畏缩不前，甚至灰心丧气，失去自信心和自尊心。这是过分轻视自己，缺乏实事求是的科学态度，不自尊、自爱、自信的表现。旅游从业者应学习先进，但不盲目崇洋；热爱祖国，但不妄自尊大；要尊重客人的看法和意见，对客人的错误观点不宜直接、正面地驳斥或取笑，而要谨慎、委婉地解释和说明。每个从业人员应该把自己放在一个学习者的角度来担好自己的责任，多听听客人的意见，并及时给予有效的反馈。从业人员在处理各种问题和纠纷时，则更加要谨慎细致。只有这样才能让客人产生愉悦感和信任感，从而提高企业的形象，获得客人的尊重。

第二节　旅游管理人才的专业技能

一、酒店服务礼仪

（一）前厅服务礼仪

1.门厅迎送服务礼仪

（1）见到宾客光临，应面带微笑，主动表示热情欢迎，问候客人："您好！欢迎光临！"并致 15 度鞠躬礼。

（2）对常住客人应称呼他（她）的姓氏，以表达对客人的礼貌和重视。

（3）当宾客较集中到达时，要尽可能让每一位宾客都能看到热情的笑容和听到亲切的问候。

（4）宾客乘车抵达时，应立即主动迎上，引导车辆停妥，接着一手拉开车门，一手挡住车门框的上沿，以免客人碰头。

（5）如遇下雨天，要撑伞迎接，以防宾客被淋湿。若宾客带伞，应为宾客提供保管服务，将雨伞放在专设的伞架上。

（6）对老人、儿童、残疾客人，应先问候，征得同意后予以必要的扶助，以示关心照顾。如果客人不愿接受特殊关照，则不必勉强。

（7）宾客下车后，要注意车座上是否有遗落的物品，如发现，要及时提醒宾客或帮忙取出。

（8）如遇出租车司机"宰客"现象，应维护宾客利益，机智处理。

（9）客人离店时，要把车子引导到客人容易上车的位置，并为客人拉车门，请客人上车。看清客人已坐好后，再轻关车门，微笑道别："谢谢光临，欢迎下次再来，再见！"并挥手致意，目送离去。

（10）主动、热情、认真地做好日常值勤工作。尽量当着客人的面主动引导或打电话为其联系出租车。礼貌地按规定接待来访者，做到热情接待，乐于助人，认真负责，不能对客人置之不理。

2.行李员服务礼仪

（1）客人抵达时，应热情相迎，微笑问候，帮助提携行李。当有客人坚持亲自提携物品时，应尊重客人意愿，不要强行接过来。在推车装运行李时，要轻拿轻放，切忌随地乱丢、叠放或重压。

（2）陪同客人到总服务台办理住宿手续时，应侍立在客人身后一米处等候，以便随时接受宾客的吩咐。

（3）引领客人时，要走在客人左前方两三步处，随着客人的步子行进。遇拐弯处，要微笑向客人示意。

（4）乘电梯时，行李员应主动为客人按电梯按钮，用手挡住电梯门框敬请客人先进入电梯。在电梯内，行李员的站位及行李的放置都应该靠边侧，以免妨碍客人通行。到达楼层时，应让客人先步出电梯。如果有大件行李挡住出路，则先运出行李，然后用手挡住电梯门，再请客人出电梯。

（5）引领客人进房时，先按门铃或敲门，停顿三秒钟后再开门。开门时，先打开过道灯，扫视一下房间无问题后，再请客人进房。

（6）进入客房，将行李物品按规程轻放在行李架上或按客人的吩咐将行李放好。箱子的正面要朝上，把手朝外，便于客人取用。与客人核对行李，确无差错后，可简单介绍房内设施和使用方法。询问客人是否有其他要求，如客人无要求，应礼貌告别，及时离开客房。

（7）离房前应向客人微笑礼貌告别，出门后目视客人，后退一步，再转身退出房间，将门轻轻拉上。

（8）宾客离开饭店时，行李员进入客房前必须按门铃或敲门通报，得到客人允许后方可进入房间。

（9）客人离店时，应询问宾客行李物品件数并认真清点，及时稳妥地将其运送、安放到车上。

（10）行李放好后，应与门厅迎接员一起向客人热情告别，"欢迎再次光临""祝您旅途愉快"，并将车门关好，挥手目送车辆离去。

3. 前台接待服务礼仪

（1）接待服务礼仪

①客人离总台3米远时，应予以目光的注视。客人来到台前，应面带微笑热情问候，然后询问客人的需要，并主动为客人提供帮助。如客人需要住宿，应礼貌询问客人有无预订。

②接待高峰时段客人较多时，要按顺序依次办理，注意"接一顾二招呼三"，即手里接待一个，嘴里招呼一个，通过眼神、表情等向第三个传递信息，使顾客感受到尊重，不被冷落。

③验看、核对客人的证件与登记单时要注意礼貌，"请"字当头，"谢谢收好"，确认无误后，要迅速交还证件，并表示感谢。当知道客人的姓氏后，应称呼姓氏，让客人感觉受到了尊重。

④给客人递送单据、证件时，应上身前倾，将单据、证件文字正对着客人双手递上；若客人签单，应把笔套打开，笔尖对着自己，右手递单，左手送笔。

⑤敬请客人填写住宿登记单后，应尽可能按客人要求安排好房间。把客房钥匙交给客人时，应有礼貌地介绍房间情况，并祝客人住店愉快。

⑥如果客房已客满，要耐心解释，并请客人稍等，看是否还有机会。此外，还可为客人推荐其他酒店，主动打电话联系，热忱欢迎客人下次光临。

⑦重要客人进房后，要及时电话询问客人，"这个房间您觉得满意吗？""您还有什么事情，请尽管吩咐，我们随时为您服务"，以体现对客人的尊重。

⑧客人对酒店有意见到总台陈述时，要微笑接待，以真诚的态度表示欢迎，在客人说话时应凝神倾听，绝不能与客人争辩或反驳，要以真挚的歉意，妥善处理。

及时做好宾客资料的存档工作，以便在下次接待时能有针对性地提供服务。

（2）预订服务礼仪

①客人到柜台预订，要热情接待，主动询问需求及细节，并及时予以答复。若有客人要求的房间，要主动介绍设施、价格，并帮助客人填写订房单；若没有客人要求的房间，应表示歉意，并推荐其他房间；若因客满无法接受预订，应表示歉意，并热心为客人介绍其他饭店。

②客人电话预订时，要及时礼貌接听，主动询问客人需求，帮助落实订房。订房的内容必须认真记录，并向客人复述一遍，以免差错。因各种原因无法接受预订时，应表示歉意，并热心为客人介绍其他饭店。

③受理预订时应做到报价准确、记录清楚、手续完善、处理快速、信息资料准确。

④接受预订后应信守订房承诺，切实做好客人来店前的核对工作和接待安排，以免出差错。

（3）问讯服务礼仪

①客人前来问讯，应面带微笑，注视客人，主动迎接问好。

②认真倾听客人问讯的内容，耐心回答问题，做到百问不厌、有问必答、用词恰当、简明扼要。

③服务中不能推托、怠慢、不理睬客人或简单地回答"不行""不知道"。遇到自己不清楚的问题，应请客人稍候，请教有关部门或人员后再回答，忌用"也许""大概""可能"等模糊语言应付客人。

④带有敏感性政治问题或超出业务范围不便回答的问题，应向提问客人表示歉意。

⑤客人较多时，要做到忙而不乱、井然有序，应先问先答、急问快答，使不同的客人都能得到适当的接待和满意的答复。

⑥接收客人的留言时，要记录好留言内容或请客人填写留言条，认真负责，按时按要求将留言转交给接收人。

⑦在听电话时，看到客人来临，要点头示意，请客人稍候，并尽快结束通话，以免让客人久等。放下听筒后，应向客人表示歉意。

⑧服务中要多使用"您""请""谢谢""对不起""再见"等文明用语。

（4）结账服务礼仪

①客人来总台付款结账时，应微笑问候。为客人提供高效、快捷的服务。切忌漫不经心，造成客人久等的难堪局面。

②确认客人的姓名和房号，当场核对住店日期和收款项目，以免客人有会被酒店多收费的猜疑。

③递送账单给客人时，应将账单文字正对着客人；若客人签单，应把笔套打开，笔尖对着自己，右手递单，左手送笔。

④当客人提出酒店无法满足的要求时，不要生硬拒绝，应委婉予以解释。

⑤如结账客人较多时，要礼貌示意客人排队等候，依次进行。以避免因客人一拥而上，造成收银处混乱，引起结算的差错，造成不良影响。

⑥结账完毕，要向客人礼貌致谢，并欢迎客人再次光临。

（5）其他服务礼仪

①如果有客人的邮件，特别是快件，应立即想办法送交客人，不得无故拖延。如果确定客人外出不在，应把邮件妥善放置，等客人回来时及时送交。收发邮件，一定要迅速、准确。

②在承揽为客人代购各种机票、船票、车票的业务时，应尽力按客人的需求去办。

③在为客人代办事项时，应问清代办事项的品名、数量、规格尺寸、颜色、形状及时间要求，并向客人预收款项。

4.电话总机服务礼仪

（1）坚守岗位，集中精神，在接待服务中坚持使用礼貌用语，避免使用"喂""我不知道""我现在很忙""什么"等语句。

（2）接听电话动作要迅速，不让电话铃响超过三声；主动问候对方"您好"，自报店名和岗位，热诚提供帮助。如果业务繁忙，在铃响三声后接听，应向顾客致以歉意："对不起，让您久等了！"

（3）用电话沟通时，宜保持嘴唇与话筒约1寸（约33毫米）的距离，若靠得太近，声音效果不好；使用左手接听电话，以方便右手做必要的记录。

（4）要面带微笑，语言要热忱亲切、甜美友善，语调不宜太高，语速不宜太快，用词要简练得当。

（5）熟悉常用号码，按客人的要求迅速准确地转接电话。若转接的电话无人接听，忌用"不在"打发客人，应主动询问是否需要留言。

（6）在电话旁准备好便条纸和笔，当客人留言时，要认真倾听和记录，留言要重复一遍确认，并跟进、履行对客人的承诺，做到热心、耐心和细心。

（7）为客人接转电话和查找资料时，不能让对方等候电话超过15秒钟。如要求对方等候电话，应向其表示歉意："对不起，请您稍候。"如果一时未能查清，应及时向对方说："正在查找，请您再稍等一会。"

（8）讲究职业道德，尊重他人隐私，不偷听他人电话。

（9）通话结束后，应热情道谢告别，待对方挂断电话后，方可关掉电键。

5. 大堂副理服务礼仪

（1）接待客人要积极热忱，思想集中，以谦和、富有同理心的态度认真倾听，让客人把话讲完。

（2）对于客人所反映的问题，要详细询问，并当面记录，以示郑重。

（3）能够设身处地为客人考虑，以积极负责的态度处理客人的问题和投诉。在不违反规章制度的前提下，尽可能满足客人的要求。

（4）当客人发脾气时，要保持冷静，待客人平静后再做婉言解释与道歉，要宽容、忍耐，绝对不能与客人发生争执。

（5）尽量维护客人的自尊，同时也要维护好酒店的形象和声誉，涉及原则问题不能放弃立场，应机智灵活处理。

（6）对客人的任何意见和投诉，均应给予明确合理的交代，力争在客人离开酒店前解决，并向客人表示感谢。

（二）客房服务礼仪

客房是宾客主要的休息场所，是客人临时的家。宾客希望在酒店住宿期间能拥有个人空间，受到尊重，感受到自在、舒适、方便、安全。因此，注重礼仪的客房服务，应在提供优质服务的同时，尽量避免与宾客过多接触，以免打扰宾客。

客房服务工作人员应保持仪表整洁自然，举止端庄大方，礼貌周到，尊重宾客，要精神饱满地为客人提供优质服务。

1. 楼层接待服务礼仪

（1）在客人抵达前，要整理好房间，检查设备用品是否完好、充足，调节好房间的温度和湿度，为客人提供清洁、整洁、卫生、舒适、安全的客房。

（2）楼层服务员接到来客通知，要在电梯口迎接客人，并主动问候："先生（小姐）您好，一路辛苦了，欢迎光临！"如果是常客，要称呼客人的姓氏。

（3）引导客人出电梯，主动帮助客人，征得同意后帮助提携行李。

（4）引领客人到客房，到达房间门口时先开门、开灯，侧身一旁，敬请客人进房，然后放置好客人的行李物品。

（5）客人进房后，根据人数和要求，灵活递送香巾和茶水，递送时必须使用托盘和毛巾夹，做到送物不离盘。

（6）根据客人实际情况，礼貌介绍房间设备及其使用方法，简要介绍饭店内的主要服务设施及其位置、主要服务项目及服务时间，帮助客人熟悉环境。对房内饮料食品和其他物品需要收费的，要婉转地向客人说明。

（7）接待服务要以客人的需要为准，体现为客人着想的宗旨。若客人不想被打扰，需要安静的休息时，服务人员应随机应变，简化某些服务环节。

（8）在问清客人没有其他需求后，应向客人告别，立即离开。可说"请好好休息，有事尽管吩咐，请打电话到服务台"，并祝客人住宿愉快。然后退出房间，轻手将门关上。

2. 日常服务礼仪

宾客住店期间的日常服务范围广、项目多，劳动强度大、服务繁重琐碎，需要工作人员细致耐心，有良好的身体素质、较强的责任感和动手能力。

（1）客房清洁服务礼仪

①客人一旦入住，客房即成为其私人空间，服务人员不能随意进出该房间。整理房间应尽量避免打扰客人的休息与工作，最好在客人外出时进行；动用客房内的任何一样东西，都应事先征得客人同意。

②有事需要进入客房时，必须讲究礼貌。先按门铃两下，未见动静，再用中指关节有节奏地轻敲房门，每次为三下，一般为两次，同时自报"Housekeeping"，在听到客人肯定的答复或确信房间内无人后方可进入。进入客房，不论客人是否在房间，都应将房门敞开。

③敲门时，对可能出现的各种情况应该灵活处理。门已经打开或客人来开门，要有礼貌地向客人问好，征得客人允许后，方可进入客房服务。

④敲门时，房间内无人答应，进房后发现客人在房间或在卫生间，若客人穿戴整齐，要立即向客人问好，并征询客人意见，是否可以开始工作；若客人衣冠不整，应马上道歉，退出房间并把门关好。

⑤打扫客房时，不得擅自翻阅客人的文件物品，打扫完后物品应放回原处，不能随意扔掉客人的东西，如便签、纸条等；不可在客人房间看电视、听音乐；不可用客人的卫生间洗澡；不可取食客人的食品；不得接听客人的电话。

⑥清扫时，如宾客在交谈，不要插话，更不能趋近旁听；不向客人打听私事；如客人挡道，应礼貌打招呼，请求协助。

⑦客房清洁过程中，遇到客人回来，服务员要礼貌地请客人出示房间钥匙或房卡，确定是该房间的客人，并询问客人是否可继续整理。如果客人需要整理，应尽快完成，以便客人休息。

⑧打扫完毕，不要在客房逗留。如客人在房间，离开时应轻声说："对不起，打扰了，谢谢！"然后礼貌地后退一步，再转身走出房间，轻轻关上门。

⑨清扫时，遇到宾客外出或回房间，都要点头微笑问候，切勿视而不见，不予理睬。

在楼道中遇到客人，应在离客人 3 米远处开始注视客人，放慢脚步，1 米远时向客人致以问候，楼道狭窄时要侧身礼让客人。

⑩工作时，不能与他人闲聊或大声说话，做到说话轻、走路轻、操作轻。在过道内行走，不要并行，不得超越同方向行走的客人。遇事不要奔跑，以免造成紧张气氛，如有急事需要超越客人应表示歉意。

（2）访客接待礼仪

①尽量记住住宿客人的姓名、特征等，并注意保守客人的秘密，不将客人的房号、携带物品及活动规律等告诉无关人员，不要给客人引见不认识的人员。

②访客来访时，应礼貌问好，询问拜访哪位客人，核对被访者姓名、房号是否一致。在征得客人同意后，请访客办理登记手续，这样才能指引访客到客人房间。未经客人允许，不要将来访者带入客人房间。

③访客不愿意办理来访登记手续时，应礼貌耐心地解释，并注意说话技巧，打消来访者的顾虑，求得对方配合；如访客执意不登记，应根据来访者与被访者的身份、来访目的与时间，酌情处理。

④若住客不愿见访客时，要礼貌委婉说明住客不方便接待客人，不要将责任推给住客，同时不能让访客在楼层停留等待，应请访客到大堂问询处，为其提供留言服务。

⑤住客不在，若有访客带有客房钥匙要进房取物时，服务人员要礼貌了解访客对住客资料的掌握程度及与住客的关系；若有访客带有住客签名的便条但无客房钥匙时，服务员应将便条拿到总台核对签名。确认无误后办理访客登记手续，然后陪访客到客房取物品。住客回店后，服务员应向住客说明。

⑥客人外出，交代来访者可以在房内等待，服务员应仔细询问来访者的姓名及特征，经过辨别确认后，请来访者办理访客登记。如访客要带物品外出，服务员应及时询问，并做好记录。

⑦宾客接待来访者时，要按客人的要求，备足茶杯、供应茶水。

⑧服务员在岗时要保持相应警觉，对可疑来访者应上前有礼貌地询问清楚，坚持原则、刚柔相济，杜绝不良人员制造事端。

（3）其他服务礼仪

①客人需要送洗衣物时，应认真核对件数、质料、送洗项目和时间，检查口袋里有无物件、纽扣有无脱落、衣物有无破损或严重污点等。

②客人委托代订、代购和代修的事项要询问清楚，详细登记并重复确认，及时为客人服务。客人合理的随机服务要求，要快捷高效地完成，不可无故拖延。

③服务员不得先伸手与客人握手，不抱玩客人的孩子，不与客人过分亲热；与客人接触，应注意文明礼貌，有礼有节，不卑不亢。

3. 离店服务礼仪

（1）得知客人离店的日期后，服务员要热情关照客人，仔细检查客人委托代办的项目是否已经办妥，主动询问是否需要提供用餐、叫醒、出租车等服务，主动询问客人意见，认真记录，并衷心感谢，但不要强求或过多耽误客人的时间。

（2）应将离房客人送至电梯口，礼貌道别，并欢迎客人下次光临。对重要客人和老弱病残者要送至前厅，并给予特别照顾。

（3）客人离房后要迅速检查房间，查看有无遗忘遗留物品，房间内的各种配备用品有无损坏或缺失，各种需要收费的饮料食品和物品有无消耗。如果发现遗留物品应尽可能归还原主，如果客人已走，则按酒店的遗留物品处理规定保管和处理。如果发现物品缺失或损坏，应立即打电话与总台联系，机智灵活地处理，不可伤害客人的感情和自尊心。

4. 特殊情况服务礼仪

（1）宾客在住宿期间生病，服务员应主动询问是否需要到医院就诊，并给予热情关照，切不可自行给客人用药或代客买药。若客人患突发性疾病，应立即报告上司与大堂副理，联系急救站或附近医院，不可拖延时间。

（2）宾客住店期间，若发生酗酒现象，服务员应理智、机警地处理，尽量安置酗酒客人回房休息，并注意房内动静，必要时应采取措施。对醉酒吵闹的客人，要留意其动静，避免出现损坏客房设备、卧床吸烟而引起火灾、扰乱其他住客或自伤等事件，必要时通知上司和保安部人员。

对醉酒酣睡的客人，要同保安人员一起扶其进房，同时报告上司，切不可单独搀扶客人进房或为客人解衣就寝，以防客人醒后产生不必要的误会。

（3）客人称钥匙遗忘在客房，要求服务员为其开房门时，应请客人出示住房卡，核对日期、房号、姓名等无误后，方可为其开门。若客人没有住房卡，应请客人到总台核对身份无误后，方可为其开门。

（4）客人在客房内丢失财物，服务员应安慰并帮助客人回忆财物丢失的过程，同时向上司和保安部报告，协助有关人员进行调查，不能隐情不报或是自行其是。

（三）餐厅服务礼仪

1. 餐前准备服务礼仪

（1）餐饮卫生

①环境卫生。整个餐厅中，包括食品服务区和食品准备区，都应该做到卫生洁净、光线明亮、空气清新，要让客人感到温馨、舒适和愉快。

②餐具卫生。餐具应按照规范程序清洁和消毒，服务员在摆放餐具时要按规范动作操作，保证提供给客人安全卫生和完好的餐具。

③食品卫生。在食品制作和服务环节都应该讲究职业道德，严格按照食品卫生操

作规范进行，要让客人真正享受到安全卫生的可口食品。

（2）个人卫生

服务人员在上岗前，应做好个人卫生工作。头发整洁、无头屑，发型大方规范，厨师要戴工作帽；穿着全套制服，干净整齐，不佩戴饰物，仪容端庄大方；注意口腔卫生，不在工作时嚼口香糖、吃东西；勤洗手，不留长指甲，不在工作区梳头、修剪指甲。

2. 迎领服务礼仪

（1）在客人走近餐厅约 3 米时，应面带微笑注视客人；约 1.5 米时，热情问候客人，对熟悉的客人宜用姓氏打招呼。当男女宾客一起走进来，应先问候女宾，再问候男宾。

（2）征得同意后主动接过客人的衣帽，并放置保管好。

（3）问清客人有几位，是否有预订，对已有预订的客人，要迅速查阅预订单，或预定记录，将客人引到其所订的餐桌。如客人没有预订，应根据客人到达的人数，客人的喜好、年龄、身份等情况安排合适的餐桌。

（4）迎领客人应注意"迎客走在前，送客走在后，客过要让道，同走不抢道"的基本礼仪。引领时应在宾客左前方 1 米左右的距离行走，并不时回头示意宾客。

（5）主动请宾客入座，按照先主宾后主人，先女宾后男宾，先年长者后年轻者的顺序拉椅让座。

（6）客人入座后，值日服务员应及时递送香巾、茶水，并礼貌地招呼客人使用。递送时按顺时针方向从右到左进行，递送香巾要使用毛巾夹；端茶时要轻拿轻放，切忌用手指触及杯口。

（7）当餐厅内暂无空位时，要向宾客表示歉意，并询问宾客是否愿意等候。如果客人表示可以等候，应让客人到休息室或想方设法让客人暂坐等候；如果客人无意等候，应热情相送，并欢迎再来。

3. 用餐服务礼仪

（1）点菜服务礼仪

①客人入座后，服务员要立即递上干净、无污损的菜单。菜单应双手递送到客人面前，并说："请您点菜。"

②客人考虑点菜时，服务员不要以不耐烦的语气或举动来催促，应耐心等候，让客人有充分的时间选择菜肴。

③为客人点菜时，应准备好纸和笔，微笑站立在客人一侧，认真记录客人点的每一道菜和饮料，点菜结束后要复述一遍，杜绝差错。

④同客人说话时，要热情亲切，面带微笑，有问必答。当客人犹豫不定征求服务员意见时，应视时间、客人人数和大致身份、就餐目的等具体情况，善解人意地为客人推荐合适的菜肴。

⑤了解每日菜肴供应情况，如果客人点的菜当日没有现货供应时，要礼貌致歉，

求得宾客谅解，并向客人建议点其他类似的菜肴，防止出现客人连点几道菜均无货可供的尴尬局面。

（2）上菜服务礼仪

①餐厅服务要讲究效率，缩短客人的等候时间，一般客人点菜以后10分钟内凉菜要上齐，热菜不超过20分钟。传菜时必须使用托盘，热菜必须热上，凉菜必须凉上。

②服务员对厨师做出的菜肴要做到"五不取"，即数量不足不取，温度不够不取，颜色不正不取，配料、调料不齐不取，器皿不洁、破损和不合乎规格不取。

③服务员要做到"三轻"，即走路轻、说话轻、操作轻。传菜时要做到端平走稳、汤汁不洒、忙而不乱，上菜和撤菜动作要干净利落，做到轻、准、平、稳，不推拉餐盘。

④上菜时要选择合适的位置，宜在陪坐之间进行，不要在主宾和主人之间操作。同时报上菜名，必要时简要介绍菜肴的特色典故、风味、食用方法、特点等。

⑤如菜肴较多，一般在一道菜用过1/3以后，再开始上下一道菜。每上一道菜，须将前一道菜移至副主人一侧，将新菜放在主宾、主人面前，以示尊重。菜上齐后，应礼貌告诉客人："菜已上齐，请慢用。"

（3）席间服务礼仪

①席间服务中，服务员要做到"四勤"，即眼勤、嘴勤、手勤、腿勤。

②工作中要注意仪态，多人站立时，应站在适当的位置，排列成行。

③服务操作要按照规范要求，斟酒水在客人的右侧进行，上菜、派菜从客人左侧进行，撤盘从客人右侧进行。服务顺序是先主宾后主人，先女宾后男宾，先主要宾客后一般宾客。如果是一个人服务，可先从主宾开始，按顺时针的顺序逐次服务；如果是两名服务员同时服务，应一个从主宾开始，另一个从副主宾开始，依次绕台服务。

④为客人斟酒时，要先征得宾客的同意，讲究规格和操作程序。凡是客人点用的酒水，开瓶前，服务员应左手托瓶底，右手扶瓶颈，商标朝向主人，请其辨认核对选酒有无差错，这表现了对客人的尊重，也证明了商品质量的可靠。

⑤斟酒量的多少，要根据酒的类别和要求而定。斟酒时手指不要触摸酒杯杯口，倒香槟或其他冰镇酒类，要使用餐巾包好酒瓶再倒，以免酒水喷洒或滴落到宾客身上。

⑥由服务员左手垫上布将热菜盘托起，右手使用派菜用的叉、匙，依次将热菜分派给宾客。派菜要掌握好数量，做到分派均匀，要做到一勺准，不允许把一勺菜分给两位宾客，更不允许从宾客的盘中往外拨菜。

⑦撤换餐具时要注意：当客人用过一种酒，又要用另一种酒时，须更换酒具；装过鱼腥味的餐具，再上其他类型菜时须更换；吃甜菜、甜汤之前须更换餐具；风味独特、调味特别的菜肴，要更换餐具；美汁各异、味道有别的菜肴，要更换餐具；骨碟内骨渣超过三块时，须更换骨碟。

⑧更换餐具时，如果客人正在使用应稍等片刻或轻声询问，更换时动作要轻，不

能将汤汁洒在客人身上。

⑨撤菜要征求宾客的意见，一次撤盘不宜太多，以免发生意外。不要当着宾客的面处理餐盘内的残物或把餐具堆起很高再撤掉。

⑩上点心水果之前，要将餐台上用过的餐具撤掉，只留下花瓶、水杯、烟缸和牙签筒。水果用完后，可撤掉水果盘、餐盘和刀叉，在餐桌上摆好鲜花，表示宴会结束。

⑪就餐过程中如有客人的电话，服务员应走到客人身边，轻声告诉客人，不可图省事而在远处高声呼唤。

⑫宾客有意吸烟时，应主动上前帮忙点火，将烟灰缸及时放置到客人执烟的一侧。烟缸内如果有两三个烟头，要及时更换。

4.结账服务礼仪

（1）客人用餐完毕要求结账时，服务员应立即核实账单，确认账单无误后，将其放在收款盘里或收款夹内，账单正面朝下，反面朝上，送至宾客面前，请客人过目。

（2）当客人要直接向收款员结账时，应客气地告诉客人账台的位置，并用手势示意。

（3）如果是住店客人签字，服务员要立即送上笔，同时有礼貌地请宾客出示酒店欢迎卡或房间钥匙。核实酒店欢迎卡或钥匙时，检查要认真，过目要迅速，并向客人表示感谢。

（4）客人起身离去时，应及时为客人拉开座椅，并注意观察和提醒客人不要遗忘随身物品。

（5）服务员要礼送客人至餐厅门口，向客人礼貌道别，可说"再见""欢迎您再来"等，目送客人离去。

5.特殊情况服务礼仪

（1）客人投诉服务礼仪

①餐饮服务中遇到投诉，应礼貌诚恳、态度温和地接待客人，认真倾听客人反映的情况和意见。要及时向客人表示歉意，不得与客人争辩，并尽快将情况报告给有关管理人员。

②若投诉情况属实，不得推卸责任，应根据情况采取积极有效的措施及时改进，并请客人原谅，同时对客人表示感谢。

③若客人因不了解菜肴风味或其他原因而投诉有误时，不能讽刺讥笑，应礼貌机智地处理，态度要和蔼真诚，不能让客人感到尴尬。

（2）残疾宾客服务礼仪

①遇到残疾宾客用餐，应派专人进行接待服务，并选择合适的餐桌、座椅和餐具。

②对残疾宾客要尊重照顾、关心体贴、细致耐心，不能使宾客觉得受到了冷落或只是同情和怜悯，而应该让宾客感受到温暖、热情、周到。

③在就餐过程中要关注宾客，如果发现宾客身体不适，应保持镇静，迅速报告上司，

并立即打电话请医务人员来帮助。

（3）客人醉酒服务礼仪

①在餐厅中对客人饮酒过量的问题，应审时度势，灵活处理，既不能轻易得罪客人，又不能听任客人无节制地饮酒闹事。要谨慎判断客人醉酒的程度并采取及时有效的措施。

②对已有醉意、情绪变得激动的宾客，要注意礼貌服务，不得怠慢、不得讽刺，服务要及时迅速。

③如果客人不停地要酒，并且言行已经开始失态，可以试着建议其饮一些不含酒精的饮料，同时及时报告上司和保安人员来帮助处理。

④如果醉酒客人提出一些非分要求时，应根据具体情况委婉而礼貌地予以回绝。应尽快将醉酒的客人带离餐厅，以免影响其他客人。

（4）汤汁洒出服务礼仪

①操作时若不小心把汤汁洒在餐桌上，应立即向客人表示歉意，迅速用干净的餐巾垫上或擦干净。

②如果汤汁洒在客人身上，应马上道歉，尽快采取果断补救措施，用干净的毛巾替客人擦拭。如果是异性宾客，应递由宾客自己擦拭。并根据污渍的大小和客人的态度，适时提出为宾客洗涤衣物，并为客人找来准备替换的干净衣服。

如果客人用餐中不小心把汤汁洒在餐桌或身上，应主动帮助客人处理。

二、导游服务礼仪

（一）迎送服务礼仪

1. 迎客礼仪

（1）接团准备

①了解基本情况。其包括旅游团名称、领队情况、旅游团人数，团员姓名、性别、年龄、职业、国籍、民族、饮食习惯、信仰及受教育程度等。

②了解接待标准。其包括该团的费用标准和住房情况。

③掌握团队的游览日程和行程计划。其包括抵、离旅游线路各站的时间以及交通工具类型和航班车次、接站地点等。

④熟悉景点介绍。熟悉旅游团途经的各城市和旅游点的情况，包括历史、地理、人口、风俗、民情等。了解客人所在国家或地区的历史、地理、文化、政治、经济及近期重要新闻等。

⑤领取和备齐身份证、工作证、导游证、导游图、导游胸卡、个人名片、通讯录、记事本、喇叭、导游旗、接站牌和旅途备用金。若去边境口岸、特区等地，还须事先

办理有关的通行证。

⑥地陪要适时核对接待车辆、就餐安排、交通购票等落实情况，要确定与接待车辆司机的接头时间和地点。

（2）接站服务

①导游员应按规定着装，佩戴导游胸卡、打社旗和持接站牌，提前至少 30 分钟到达机场、车站或码头。

②客人抵达后，导游员要主动持接站牌上前迎接，先自我介绍，再确认对方身份，寒暄问候，核对团号、实际抵达人数、名单及特殊要求等。

③引导客人乘车。要尊重老人和女性，爱护儿童。

④导游协助客人上车就座后，应礼貌地清点人数，注意不要用手指点数，待一切无误后请司机开车。

⑤在途中应代表组团社或地接社及个人致欢迎辞。致辞应包括热情的欢迎、诚恳的介绍（导游和司机）、提供服务的真诚愿望以及旅途愉快的提前祝愿等内容。

⑥在前往饭店的路上，导游要注意观察客人的精神状况，如客人精神状况较好，可就沿途景观进行介绍，并向客人介绍日程安排、活动项目及停留时间等。

⑦抵达饭店途中，导游要向客人介绍所住饭店的基本情况，包括饭店的历史、等级、建筑面积、客房数量、地理位置、各项设施及服务项目等有关情况。

（3）入住服务

①导游员要协助团队办理入住手续，协助领队分配住房。分发房号后，导游员要了解客人住房位置、安全通道等，记住领队房号，同时将自己房号、电话告知领队及游客。

②核对客人的行李件数，同时督促行李员把客人的行李送至客人房间。

③要了解客人的健康状况，以便给予适当的照顾和安排。

④客人进房前应先介绍就餐形式、地点、时间及有关规定（如酒水费用是否需要自付等），并简单介绍游程安排，宣布第二天日程细节。

⑤客人用第一餐时，导游员要亲自带领他们进入餐厅，介绍用餐的有关事项。

⑥及时处理客房存在的问题。客人进入客房后，导游员应对客人行李是否未到或发错，房间是否清洁卫生，门锁有无故障，热水供应、空调运转是否正常等问题再次核实。

⑦如有需要，安排好叫早服务。

2.送客礼仪

（1）旅游团离开本地之前，导游员应根据客人离去的时间，提前预订好下一站旅游或返回的机（车、船）票；客人乘坐的车厢、船舱尽量集中安排，以利于团队活动的统一协调。

（2）送客前安排好结算、赠送礼品、摄影留念、欢送宴会等事宜。赠送礼品应方便携带，突出地方特色，具有保存价值。

（3）协助办好行李交接。离开饭店前，导游员应提醒客人整理好自己的物品，打好托运的行李。

（4）出发前，要提醒客人不要遗忘自己的物品，不要带走房卡。上车后，仔细清点客人人数。要将客人的各种证件、护照等，亲手交给客人或领队。

（5）致欢送辞，应使对方感受到自己的热情、诚恳，要有礼貌、有教养，并祝大家旅途愉快。

（6）按规定的时间要求到达机场（车站、码头）：送国内航班，应提前90分钟到达机场；送国际航班，应提前2小时抵达机场；送火车或轮船应提前60分钟到达车站或码头。

（7）火车、轮船开动或飞机起飞后，应向客人挥手致意，祝客人旅途一路顺风，然后再离开。若客人乘坐的车、船、飞机晚点，应主动关心客人，必要时须留下与领队共同处理有关事宜。

（二）带客游览服务礼仪

1. 出发前服务

（1）导游员应提前到达集合地点，并督促司机做好出发前的各项准备工作。

（2）核对、商定活动安排。在带客游览之前，导游员应与领队商定本地活动安排并及时通知客人。

（3）出发前，导游员应在客人就餐时向客人表示问候，向客人报告当天天气情况，并了解客人身体状况，重申出发时间、乘车或集合地点，提醒客人加带衣服、换鞋，带好必备用品如手提包、摄像机、照相机及贵重物品等。

（4）客人上车后，导游员应及时清点人数，若发现有人未到，应向领队或其他团员问清原因，并将不参加活动的客人人数、姓名、原因及房号通知旅行社；若有有病不能参加活动的客人，须交代清楚是否需要医生治疗等；若出发时间已过，又不知未到者在何处，则应征求领队意见决定是否继续等候，若决定不等，导游员必须将情况通知旅行社内勤处理。

2. 乘车服务

（1）出发乘车时，导游员应站在车门口照顾好客人上车，要主动帮助客人提拿物品，并将物品轻轻放在车上。对客人中的老幼弱残者，要特别细心地予以照顾，上下车时，应主动上前搀一把或扶一程。客人中有男有女时，应照顾女士先上车。

（2）引导客人乘车，要注意位次。若乘小轿车，应安排年长或位尊者坐在车后排右边位置，导游员坐在后排左手位置或司机旁边。乘面包车，其座位，以司机之后车门开启处第一排座位为尊，后排次之，司机座位前排座位为小；中型或大型巴士，以司机座后第一排，即前排为尊，后排依次为小。其座位的尊卑大小，依每排右侧往左侧递减。

3. 途中服务

（1）在去旅游点的路上，导游员切忌沉默不语，要向客人介绍本地的风土人情、自然景观，特别是沿途的景象，并回答客人提出的问题。

（2）抵达景点前，应向客人简要介绍景点的概况，尤其是景点的历史、价值和特色。还可根据客人特点、兴趣、要求穿插一些历史典故、社会风貌等，以增加客人的游兴。

（3）到达景点时，应告诉客人该景点停留的时间、集合的时间和地点以及有关注意事项，如卫生间位置、旅游车车号以及保管好钱物等。

4. 游览服务

（1）带客游览过程中，导游员要认真组织好客人活动。应保证在计划的时间与费用内让客人充分地游览、观赏，做到讲解与引导游览相结合、适当集中与分散相结合、劳逸适度，并特别照顾老、弱、病、残的客人。导游要照顾全体客人，不可只和一两个人说话而冷落了其他人。

（2）游览过程中，导游员的讲解要力求准确，应包括该景点的历史背景、特色、地位、价值等方面的内容，做到条理清楚、繁简适度。语言要生动形象，富于表现力。

（3）导游讲解时，表情要自然大方，声音大小要适中，使用话筒的音量、距离要适当，讲解时可适当做些手势，但动作幅度不宜过大，不得手舞足蹈、指手画脚。

（4）游览途中，导游员要特别注意客人的安全，要自始至终与客人在一起并随时清点人数，以防客人走失。要提醒客人看管好所带财物，防止发生丢失、被盗现象。在行走困难的地方，要陪伴照顾好年老体弱者，以防发生意外，客人寻求帮助时，应尽可能使客人满意。

（5）与客人交谈时，一般不要涉及不愉快的话题；对方不愿回答的问题，不要追问；遇到客人反感或回避的话题，应表示歉意，立即转移话题；与外宾交谈，一般不议论对方国家的内政；不批评、议论团内任何人；与女宾交谈要谨慎，不要开玩笑；不要询问宾客收入、婚姻状况、年龄、家庭、个人履历等私人问题。

5. 返回途中服务

（1）全天活动结束后，返回途中，导游员要向客人宣布第二天的活动日程，早餐的时间与地点以及出发时间、地点等。

（2）抵达饭店后，导游员要主动向领队征求意见，了解客人对当天活动安排的反应，对当天遇到的问题要与领队和客人共同协商解决。

（3）与客人告别时，要表达良好的祝愿。

（4）向饭店前台确认叫早服务时间。

（三）导游语言服务礼仪

1. 导游语言的基本要求和运用原则

（1）运用导游语言的基本要求

①语音、语调要适度、优美。在讲解过程中，导游员的声音要适度，不高不低，以使在场的客人听清为宜。

②要正确掌握说话节奏。导游说话的节奏涉及语速快慢、语句停顿及声调高低，节奏运用得当，不仅使旅游者听得清楚明了，而且可以使他们心领神会，情随意转，从而收到良好的信息传递效果。

③合理运用修辞手法和格言典故。导游员在导游讲解中可以运用比喻、拟人、夸张、排比等修辞手法，也可恰当地使用旅游者所熟悉的谚语、俗语、歇后语、格言、典故等。

④善于察言观色，注意把握时机。导游员在与旅游者谈话时，要能听话听音，随机应变，就地取材，引出新的话题。

（2）导游语言的运用原则

①准确。导游语言应当准确，这是导游员在导游讲解时必须遵守的基本原则。

②清楚。导游语言的清楚性原则要求导游员在讲解和交谈时，要做到口齿清楚，简洁明了，确切达意，措辞恰当，组合相宜，层次分明，逻辑性强。

③生动。旅游者在旅途中追求的是轻松愉快，在游览中向往的是导游员活泼风趣的讲解。

④灵活。导游讲解的灵活性原则要求导游员根据不同的对象和时空条件进行讲解，注意因人而异、因时制宜、因地制宜。

2. 致辞服务礼仪

（1）欢迎辞

专业的欢迎辞大多包括以下几个基本要素。

①向团队客人问候，并代表旅行社表示热烈欢迎；

②自我介绍，包括自己的姓名和职务、司机的姓名和所驾车的牌号以及其他参加接待人员的姓名和职务；

③简要介绍当地的风土人情和游览目的地的基本情况以及接团后的大致安排，使旅游者心中有底；

④表明自己的工作态度，即愿竭尽全力为客人搞好导游服务；

⑤祝愿客人旅行愉快，并希望得到客人的合作与谅解。

欢迎辞的常用模式有风趣式、闲谈式、感慨式、朗诵式、猜谜式、讲故事式。

（2）欢送辞

欢送辞是旅行游览过程结束后，导游员为表示惜别、感谢合作、征求意见、期待重逢所做的口头演说。

欢送辞主要包括如下几个方面的内容。

①表示惜别之情。不少游客在短短数天的游览中，已成了导游员的朋友，分别时依依不舍。

②对游客的配合与支持表示感谢。一次成功的旅游活动是旅游者与导游员双方共同合作、共同努力的结果。

③欢迎批评。在旅游接待过程中，难免在服务中有欠缺和言行不当的地方，通过欢送辞也可向旅游者表示歉意，以求得他们的谅解。同时，也应表示出"欢迎批评"的意思，征求意见、欢迎批评往往会给游客留下非常好的印象。

④期待下一次重逢。可引用些名言、谚语等有文采的语言，表达一种"愿意再见"的情感。

（四）突发事件处理礼仪

1.路线与日程变更

旅游计划和活动日程一旦商定，各方面都应严格执行，一般不轻易更改。但是有时一些天气突变、交通问题等不可预料的因素迫使旅游计划、线路和活动日程发生了变更。

（1）如遇接团社没有订上规定的航班、车次的机车票，而更改了航班车次或日期，应向客人做好解释，并提醒接团社，及时通知下站。

（2）如遇天气或其他原因，临时取消航班，不能离开所在城市时，应注意争取领队合作，稳定客人情绪，并立即与内勤联系，配合民航安排好客人的用餐和休息问题。

（3）如遇景点关闭等特殊情况，不得不改变活动项目，导游员应该以精彩的介绍、新奇的内容和最佳的安排激起客人的游兴，让他们高兴地随导游员去游览其他替换的景点。

2.行李丢失和损坏

（1）当在机场发现行李丢失，应凭机票及行李牌在机场行李查询处挂失，并保存好挂失单和行李单，将失主所下榻的饭店的名称、房间号、电话号码告诉查询处，并记下查询处的电话、联系人和航空公司办事处的地址、电话，以便联系。

（2）如行李在接团后丢失，应冷静分析情况，先设法寻找。若未找到，应把详细情况向旅行社领导汇报，由旅行社安排内勤、外勤和其他工作人员帮助寻找丢失的行李。

（3）行李损坏，应遵循谁损坏谁赔偿的原则。一时查不清责任，应答应给受损失者修理或赔偿，费用掌握在规定标准内，请客人留下书面说明，发票由地陪签字，以便向保险公司办理索赔。

3. 旅游者病危或死亡

（1）旅游者病危时，导游人员要及时向接团社汇报，积极组织抢救。

（2）尽快与旅行社取得联系，报告情况，并请社里派人到医院照料病人。

（3）如患者病危而其亲属又不在中国，应请领队迅速与患者所属国家的驻华使领馆联系，请其做主或电告病人家属，凡事听他们的意见，导游人员从旁协助。

（4）如患者需要住院动手术，应征得患者亲属、领队或使领馆代表同意并签字后，方可进行。

（5）如在医院抢救无效死亡，由参加抢救的医师向死者亲友、领队、当地旅行社代表详细报告抢救经过，并写出《抢救经过报告》及《死亡诊断证明》，由主治医师签字盖章后交领队或死者亲属，同时复制三份交给有关部门和人员收存。

（6）如果是非正常死亡，导游员要保护好现场，立即向公安局和旅行社报告，协助查明死因。

（7）导游员应协助领队清理死者遗物，开列清单，各方签字，让亲属或领队带回。

4. 旅游者财物被盗

（1）旅游者如丢失护照，导游人员应首先详细了解丢失情况，找出有关线索，努力寻觅。

（2）如发现客人丢失财物，应迅速了解物品丢失前后经过，做出正确判断，是失主不慎丢失，还是被盗。

5. 交通事故

（1）立即组织抢救。电话呼叫救护车或立即拦车将伤员送往距出事地点最近的医院抢救，并立即向接团社和组团社汇报，请示事后处理意见。

（2）保护现场。保护现场肇事痕迹，不要在忙乱中破坏现场，尽可能防止肇事者逃跑，以便交通警察和治安部门调查处理。如果有两个以上导游人员在场，可一个指挥抢救，一个留下保护现场。

（3）迅速报告交通、公安部门（交通事故报警电话122），让其派人前来调查处理，同时，向旅行社报告事故的发生和伤亡情况，请求派人前来指挥事故的处理，并要求派车前来把未受伤和轻伤者接送至饭店。

（4）做好全团人员的安定工作。事故发生后，除有关人员留在医院外，应尽可能使其他团员继续按原定活动计划参观游览。

（5）做好事故善后工作。交通事故的善后工作将由交通、公安部门和旅行社出面处理，导游人员应照顾好受伤游客，写好事故情况报告，请医院开具诊断和治疗书，请公安局开出交通事故证明书，以供客人向保险公司索赔。

（6）交通事故处理就绪或该团接待工作结束后，导游人员应写出书面报告，详细报告事故发生的时间、地点、性质、原因、处理经过、最后结论，司机的姓名、车型、车号、伤亡情况，医生的诊断结论、治疗情况等。

6.其他特殊情况

如发现客人就餐后出现头晕、头痛、恶心、呕吐等不适症状，导游人员除立即劝阻客人停止进餐外，应迅速护送客人前往医院就诊，同时尽快报告接团社和卫生检疫部门，妥善安排善后处理事宜。

三、旅游商务礼仪

（一）旅游商品销售礼仪

1.销售环境礼仪要求

（1）努力为客人营造良好的购物环境，保持商场内装潢、灯光、声音、色彩和温度适宜。每天营业前，认真做好卫生清洁工作，地面、柜台、货架等都要认真擦拭，给客人营造窗明几净的良好购物环境。

（2）精心陈列、摆放商品。商品陈列既要符合审美原则，具有整体感，让人赏心悦目，又要考虑到工作人员销售时拿放方便，还有便于客人观看和选择。商品要明码标价，注明相关信息。

2.销售人员礼仪要求

（1）上岗前，销售人员要认真做好仪表仪容的自我检查，做到仪表整洁、仪容端庄，工作时保持精神饱满、面带微笑、思想集中，随时准备为客人提供服务。

（2）当客人来到柜台前，要主动热情地迎接，并根据客人的目光所向，主动介绍，递送商品。注意掌握好时机，让客人有充分的时间去选择。

（3）在销售服务中，对待客人要一视同仁。做到：买与不买一个样、新老客人一个样、内宾外宾一个样、男女老少一个样，并尽力满足客人的特殊要求。

（4）在服务中要耐心解答客人的疑问，并展示商品，做到百问不厌、百挑不烦，主动热情地当好客人的参谋。

（5）向客人介绍和推荐商品时，要面对微笑、使用敬语。针对客人不同的心理和需求来介绍和推荐，绝不将自己的想法强加给客人。

（6）当客人众多、生意忙碌时，要忙而不乱、忙中有序；边接待、边兼顾。做到接一顾二招呼三，使每一位客人都能感到服务员对他的尊重。

（7）当客人要买的商品柜台上暂时无货时，不要直接说"没有"或"卖完了"，应当说："对不起，请稍等，让我看看。"如确实无货，要表示歉意，也可以向客人推荐介绍其他相似的同类商品。

（8）在销售服务中，有时会遇到"难搞"的客人，应做到：态度冷静，坚持优质服务；理直气和，礼让三分。对于无理取闹、故意闹事者要及时报告上级和有关部门处理。

（9）客人要求退货时，如属正当理由，应及时给予办理，并表示歉意。如不能退货时，要委婉有礼，耐心说明原因，以求得客人的谅解。

（10）当客人离开柜台时，要向客人致谢道别。

（二）旅游商务拜访礼仪

1.拜访前的礼仪

（1）拜访前应事先预约，尽量避免失约。访问前以电话或信函等正式形式联络对方，约定好时间与地点，拜访时要提前到达。如要更改拜访时间，一定要第一时间告知对方，诚恳道歉，以求得对方谅解。

（2）做好仪表仪容的准备工作，做到仪表整洁、仪容端庄大方、着装得体。

（3）提前准备好拜访中需要的相关资料，最好对产品和对方有详细了解。

2.拜访中的礼仪

（1）拜访时要称呼得体。如不知道对方姓名或职务，应到服务台做自我介绍，说明来意，礼貌询问拜访客户的姓名和职务；确定对方身份后，见面时主动打招呼，称呼其姓氏加职位。若是拜访熟人，见面应面带微笑主动招呼对方，另外，适当寒暄是必不可少的。

（2）在喝茶（喝咖啡、喝水）要注意相应的礼节。对送茶人不要忘记说声"谢谢"，主人特意奉上的东西一点不沾口是失礼的，可以浅尝一下。

（3）交谈中要用真诚的态度打动客户。不论做生意或交际，最要紧的是取得对方的信赖，真诚的态度是拓展业务的首要法则，诚心诚意是最基本的行为礼仪。遵循利人利己、尊人尊己的原则，力求和对方达成共识。

（4）由于旅游行业具有较强的涉外性，在商务拜访中如接触外方人员，须充分注意中西文化的差异，了解对方的礼仪习俗，从而在拜访过程中做出让对方接受、认同的言谈举止，体现出良好的礼仪风范。

3.拜访后的礼仪

拜访的时间不宜过长，应适时起身告辞，告辞时应对对方的接待表示谢意。

第三节　旅游管理人才的通用能力

一、旅游投诉行为分析与处理艺术

投诉是客人对所提供的服务设施、设备、项目及行动的结果表示不满而提出的批评、抱怨或控告。由于旅游涉及吃、住、行、游、购、娱等多个方面，是一个复杂的整体运作系统，客人对服务的需求是多种多样的，因此无论旅游企业经营多么完善，都不可能百分百达到甚至超过客人的期望值，客人的投诉是不可避免的。事实上，投诉正是客人对旅游企业、对旅游从业者服务工作质量和管理工作质量的一种劣等评价，同时也证明客人对旅游企业的信任。旅游投诉管理的目的和宗旨在于减少客人的投诉，并且把因客人投诉而造成的损失降到最低，让客人对投诉的处理感到满意，同时避免类似投诉的再次发生。

（一）投诉产生的原因

1. 主观原因

（1）不尊重客人

不尊重客人主要表现为旅游从业人员对客人服务不主动、不热情；对客人厚此薄彼，不一视同仁；服务语言不礼貌，服务行为不恰当；不尊重客人的风俗习惯，触犯客人的生活禁忌等。

（2）工作不负责任

工作不负责任表现为旅游从业人员缺乏责任心、马虎了事、粗枝大叶、服务水平低下。例如，不能摆正自己与客人的角色关系，怠慢客人，对客人的询问不予理睬，或者有意回答"不知道"。另外，在旅游服务过程中，如果所提供的旅游产品质量差，或一些硬件设施使用不正常、不配套，服务项目不完善，损害客人的利益或导致客人使用不便等也会引起客人投诉。

2. 客观原因

（1）服务质量与服务态度很难量化

旅游服务是一种非物质化的一次性体验，尽管有一系列的规范标准，但只能作为基本要求，很难精准量化。服务质量和服务态度的优劣，往往与客人的心理感受有直接关系。由于语言障碍、自然环境、突发事件、风俗习惯等客观条件的影响，每个客人心中都有自己的标准，所以服务标准"众口难调"，很难做到尽善尽美。

（2）客人的个性差异

由于客人存在个性差异，气质、性格不同的客人处理问题的方法有着明显的区别。例如，对于同一项失误的服务，内向、情绪好的客人通常只是抱怨几句，而外向、情绪不好的客人则容易投诉。

（二）旅游投诉处理的技巧

1. 了解和把握客人的投诉心理

客人投诉时的心理状态主要有以下三种：求尊重、求发泄、求补偿。

（1）满足客人求尊重的心理

在整个旅游过程中，客人求尊重的心理一直十分明显，而在进行投诉活动时这种心理更加突出。他们总认为自己的意见是正确的，希望受到有关部门应有的重视，要求别人尊重他的意见。希望有关负责人向他表示歉意，并立即采取行动，恰当地处理投诉。

（2）满足客人求发泄的心理

客人投诉一般是在心情不愉快、满腹怨气、态度愤怒的情况下，无论采取何种投诉形式，都难免要发牢骚、讲气话甚至吵闹与谩骂，投诉者的这种情绪表现，就是为了发泄心中的不满，以维持心理上的平衡。

（3）满足客人求补偿的心理

当客人因蒙受损失（物质方面或精神方面）而投诉时，都希望有关部门能补偿他们的损失，这是普遍的心理需求。另外，当客人试图寻求心理满足，而因种种原因或条件的限制其需求无法得到满足时，"求满足"也会变成"求补偿"。

由此可见，客人投诉的心理需求是不完全一样的，旅游从业者应关注客人的心理需求，从而有针对性地处理客人的投诉。

2. 正确处理投诉的步骤与方法

处理客人投诉的原则应当以事实为根据，以法律为准绳；不能凭感觉、推断，甚至个人好恶办事。在处理客人投诉时，应做到：

（1）认真倾听

俗话说："耐心是金。"遇到客人投诉，必须耐心倾听，不要立即辩解，更不要马上否定，即使客人态度再不好，也要忍着性子，听完其意见，绝不能与客人发生争吵，这是解决投诉的第一步。

（2）调查核实

应及时向领导汇报，同时认真调查，做出符合客观的分析，为最终妥善处理打下基础。

（3）正确处理

在核实清楚投诉原因后，根据企业领导的指示，向客人做出实事求是的解释，并代表有关方面向客人赔礼道歉。更为重要的是，应立即采取有力措施，消除服务缺陷。该赔偿的，应按有关法规、规定，给出赔偿。对于个别客人的不合理要求和误解，要做好有理、有力、有节的解释说服工作，切不可当面顶撞客人。

（4）继续服务

在妥善处理投诉后，应对客人表示感谢，谢谢客人的理解、信任与合作，并继续提供热情周到的服务。即使是对提出无理要求的客人，也不要故意冷落嘲讽他们，应落落大方，继续做好各项服务工作。

3. 不同类型投诉客人的应对技巧

（1）理智型

这类客人在投诉时表现非常理智，不明显流露不满和生气，更不会发怒。他们会列举种种事实和理由证明自己的合法权益受到了损害，要求得到赔偿。处理这类投诉时，合理的赔偿制度就非常重要了。在和这类客人沟通时不要试图采用拖延战略，不要假想可以大事化小、小事化无。一定要认真对待、及时解决，并向其表示真诚的感谢。

（2）挑剔型

挑剔型客人有着比较丰富的旅游经验，他们会对旅游企业的硬件设施、软件服务等各方面进行比较，他们以挑剔的眼光看待旅游企业的现状。在和这类客人沟通时，必须给予他们足够的尊重，满足他们心理上的需要，要高度重视他们的投诉并积极改进存在的问题。这类游客将会成为企业的忠诚客户，成为旅游从业人员的朋友。

（3）宣泄型

这类客人在投诉时明显表现其不满、抱怨、失望，甚至是发怒，他们需要的是有人能够耐心地倾听他们的抱怨和不满，希望可以获得同情和理解。解决这类抱怨式的投诉需要有耐心、爱心、细心，有时仅仅是一两句安慰就可以化解客人所有的不满。

二、酒店对客服务中有效沟通的策略

（一）提高沟通技巧，让客人宾至如归

1. 加强语言培训

如果听不懂客人说什么就无法提供有效的服务，而解决问题的最好办法就是加强语言培训。酒店应定期定点对员工进行普通话、外语等语言培训，同时还应或多或少进行一些简单的方言培训。在对客人服务前企业应了解客人的信息，如了解客人来自哪里，然后安排能听懂客人语言的服务员去对客人服务，这样就减少了听不懂客人说什么的情况，从而能更好地服务客人，赢得客人的青睐，同时为酒店提高声誉。

2. 善于倾听

酒店中服务人员不仅是沟通者，还扮演着倾听者的角色，如果服务人员只会说不会听，会给客人带来不舒服的感觉。有效的倾听能够增加信息交流双方的信任感，是克服沟通障碍的重要条件。酒店员工要提高倾听的技能，可以从以下几个方面去努力。

（1）使用目光接触。

（2）赞许性地点头和做出恰当的面部表情。

（3）避免分心的举动或手势。

（4）要提出意见，以显示自己不仅在充分聆听，而且在思考。

（5）复述，用自己的话重述对方所说的内容。

（6）要耐心，不要妄加批评和争论。

（7）使听者与说者的角色顺利转换。

3. 控制个人情绪

首先，作为服务人员要时刻牢记：绝对不可与客人争吵。与客人争吵，再有理也会变得没有理。实在忍不住想与客人争辩时，可通过自我暗示控制法，在心中默念"息怒、息怒"或强迫自己做些平和冷静的动作，静听客人的言语。客人发怒的话不必句句记在心里，要努力保持自己语调的平和。实在不行，可请同事帮忙接待，自己暂时回避一下。客人发火肯定有一定的原因，从客人的角度出发，设法为客人解决出现的问题，才能得到客人的理解，最终问题才能得到妥善解决。

4. 重视客人"心理服务"

酒店中，顾客来自世界各地，具有不同的生活背景、风俗习惯和信仰，因而有效沟通的第一步是了解客人，知晓他们的语言禁忌；同时要善于揣摩顾客心理，弄清顾客的弦外之音、话外之意。酒店为客人提供的不仅仅是功能服务，心理服务也是必要的。"心理服务"就是除了满足消费者的实际需要以外，还要能使消费者得到一种"经历"。客人在酒店的经历，其中一个重要的组成部分，就是他们在这里所经历的人际交往，特别是他们与酒店服务人员之间的交往。这种交往，常常对客人能否产生轻松愉快的心情、能否带走美好的回忆，起着决定性的作用。所以，作为服务人员，只要能让客人经历轻松愉快的人际交往，就是为客人提供了优质的"心理服务"，就是生产了优质的"经历产品"。

总而言之，酒店员工如果只会对客人微笑，而不能为客人解决实际问题，当然不行；但如果只为客人解决实际问题，而缺乏人情味儿，也不可能让客人满意。讲究语言的艺术，特别是掌握说"不"的艺术，要尽可能用"肯定"的语气，去表示"否定"的意思。比如，用"您可以到那边去吸烟"，代替"您不能在这里吸烟"；用"请稍等，您的房间马上就收拾好"，代替"对不起，您的房间还没有收拾好"。在必须说"NO"时，也要多向客人解释，避免用生硬冰冷的"NO"一口回绝客人。

5. 运用特色化的服务语言

现代酒店服务注重个性化服务，在对客沟通中提倡特色化的服务语言，摒弃千篇一律的表达方式，使顾客得到意想不到的惊喜。个性化的服务语言无法用一种标准或规则去概括与描绘，它应该是针对不同客人，不同情况做出的不同选择，提供的不同服务。就像面对一个老年人，新潮的语言会让他难以接受，可是当面对的是个年轻人，新潮的语言会让他们产生更强烈的认同感。所以，服务人员要学会对具体的客人，采取具体的沟通方法。

（二）分析沟通对象，真正领会顾客需求

1. 与新客人的沟通

酒店的客人来自五湖四海，每天来酒店消费的客人都不是固定的，通常情况下陌

生的面孔会比较多，而这些新面孔对酒店来说就是潜在的消费群体。酒店服务人员应该努力把新面孔变成老面孔，这就要求服务人员有一定的沟通技巧。首先应记住客人的姓名，在对客服务中，记住客人的姓名并以客人的姓氏去称呼客人，可以创造一种融洽的客我关系。对客人来说，当员工能够认出他时，他会感到自豪。其次注意词语的选择，以恰当的词语与客人对话、交谈、服务、道别，可以使客人感到与服务员的关系不仅仅是一种简单的商品买卖关系，而是一种有人情味的服务与被服务关系，从而产生亲切、信任的感觉。

2. 与老顾客的沟通

每天出入酒店的客人中会有熟悉的面孔，我们称之为老顾客。做酒店工作久了，就会有许多客人成为自己的朋友，于是见面的问候不再是"您好"而是"哇！是你呀！"彼此之间的服务也由"格式化"变成"朋友化"了。这可能会导致沟通失误，甚至造成严重后果。所以，与老顾客沟通既要让他们感觉到亲切、友好，又要注意不能因为与客人熟，而使用过分随意的语言。

三、导游讲解技能和语言艺术

（一）导游讲解的原则

1. 准确恰当

导游人员的口语质量如何，在很大程度上取决于其遣词用语的准确性。讲解的词语必须以事实为依据，准确地反映客观事实。入情入理，切忌空洞无物，或言过其实。

2. 鲜明生动

导游讲解言之有神，切记死板、老套、平铺直叙，导游人员要善于恰当地运用修辞手法，如对比、夸张、比喻、借代、拟人等来"美化"自己的语言。

3. 浅白易懂

导游讲解的内容要靠口语来表达，口语声过即逝，不可能像书面文字那样可以被反复阅读，只有听得清楚、听得明白才能理解，所以要采用浅白易懂的口语化讲解。口语化的句子一般比较短小，虽然也有长句，但一般要在中间拉开距离，分出几个小句子来，句子多停顿。

4. 清楚圆润

导游讲解要吐字正确清楚，要正确运用自己的发音器官，发音器官是由呼吸喉头声带共鸣和咬字器官组成的，这些器官在发音过程中协调配合得好，才能形成正确清楚的语音。

5. 针对性强

旅游者来自不同地方，国家、民族、习惯、职业、年龄、文化程度和知识水平各有不同。导游语言应区别不同的旅游者，并使用恰当的语言，要注意有针对性。

6. 广泛学习

导游讲解比较特殊，有很大的发挥空间，优秀的导游会博采众长，尝试从其他艺术体裁中吸取养分。在旅游车上，导游可以是演员，也可以是主持人，身份的微妙变化给了导游很大的发挥空间，如何利用就看导游自己了。

（二）导游讲解艺术

1. 幽默语言

卓别林说："幽默就是我们在看来是正常的行为中觉察出的细微差别，换句话说，通过幽默我们在貌似正常的现象中看出了不正常的现象，在貌似重要的事物中看出了不重要的事物。"可见，幽默是具有复杂性和丰富性的。它的语言应该是机智、风趣、凝练的，常常借助于一些修辞手法来增强表现力和感染力。这些言语调侃、圆滑，而不浮泛、浅薄，它能引发人们会心一笑，令人回味思考，在轻松中蕴含着深沉。导游若是在整个旅游过程中，能适时地运用这些幽默语言，一定可以增添情趣，并且给游客创造一个和谐的旅游氛围。

2. 委婉语言

《辞源》和《辞海》中，"委婉"解释为"曲折婉转"，委婉语言可以理解为是一种说话者的态度和顺、谦虚，内容曲折、回环，表达含蓄、有余味的语言。它通常不是直接说出来的，而是从侧面切入，暗中点明要说的意思，这种语言是利用人们思维的复杂性和感情的丰富性而采取的一种"曲径通幽"的表达方式。在旅游生活中，委婉语言不仅可以避免因针锋相对而造成矛盾激化，还可以使矛盾缓和并迅速得到解决。导游员应学会正确运用这种艺术语言，它是一种语言修养，更是一种思想修养。

3. 模糊语言

模糊语言指人们借助语言要素中的若干模糊特点，用以表达思想和交流情感的一种方式。这种方式增强了语言在交际中的适应性、灵活性和生动性。在许多情况下，比如遇到难以回答、难以说清的问题，运用模糊语言可以化难为易，来应付尴尬的场面。当然，这也要看驾驭语言的能力。模糊语言在不同的背景、不同场合乃至不同氛围中使用，往往会因为说话者要表达的目的和要达到的效果不同，而产生不同的作用。

以上的表达方式是导游在带团工作中经常采用的，除此之外最重要的是要有针对性地实现与游客的感情共振。导游员要实现与游客的感情共振，首先，要站在游客的立场上接待游客，并提供富有人情味的服务。其次，要以情感人，以情动人，在导游过程中营造一种轻松、亲切、融洽的气氛，使游客能够真正享受旅游的乐趣。最后，要注意尽可能与游客去共同感受。导游人员引导游客游览的景观往往是导游人员去过多次的地方，而游客却可能是第一次去，这样，游客与导游员之间就会有一个感受上的差距。导游员应该以高度的责任感积极调动自己的情绪，应表现出与游客一样的兴致勃勃，否则就会让游客觉得自己受到了冷落，感到扫兴。

（三）导游处理突发事件的语言艺术

1. 如何对待强手

导游的强手主要来自两种人：一是同行人员；二是游客中的佼佼者。

如果导游看不到自己的长处，甚至将长处也看成短处，那么，也就无法开展任何一项工作了。优秀的导游人员，他们为了维护自己的尊严与自信心，常将游客看成学生和听众，做到"台上目中无人，台下虚怀若谷"。既然已经"粉墨登场"，那就得要有"全无敌"的气概。这不是盲目狂妄，而是建立在"台下"练就的良好素质基础之上的自信。

2. 如何对待游客干扰

每个游客的成长经历不一样，学识、志趣、职业也千差万别。导游在讲解时，时常会有游客对导游人员发出各种干扰信息。其中有积极的干扰，例如插话、私下讲话；也有消极的干扰，即故意刁难，做出各种不和谐、不礼貌的言行，这就需要导游给予恰当的回复。对于那些不够友善的消极干扰，或者循循善诱，或者不予理会，一般不应该采取批评和训斥，以免游客产生逆反心理和对立情绪，导致导游工作难以正常进行。

3. 如何对待讲解的失误

导游讲解应该实事求是、准确无误。但是"智者千虑，必有一失"，讲解中难免会发生口误等自身的失误。能做到字字珠玑、滴水不漏的人毕竟是少数。口误即出，可以按照正确的讲解方法再讲一遍，确保讲解的可信性，置之不理是不行的。

导游都是脱稿讲解的，随时都有中途忘记讲解词的可能。中途忘记讲解词会影响讲解的气氛和质量。要避免这种尴尬场面，最重要的是记牢讲解的内容，尤其是那些格言警句等精彩的部分，都必须花时间去记，对于那些记不得的可以不讲，或者干脆设置悬念，放到下次来讲。

4. 如何防止超限逆反

导游讲解内容即使是游客感兴趣的，也得适可而止。要考虑不同层次的人的需求，讲解内容单薄偏少，不是优质服务；过多传递，讲个没完，也未必是为所有游客称道的优质服务。美国伯克利加州大学格赖斯教授认为：人们谈话之所以能顺利进行，是因为谈话双方都能遵循"四个准则"：谈话内容涉及的消息充分却不显得多余；谈话内容真实可靠；话语与话题有关；表述清楚，简洁明了。导游在景观讲解中，能很好地把握上述"四个准则"就可以有效地制止超限逆反的发生。

第三章　旅游管理人才培养的原则

第一节　旅游人才培养目标

旅游人才培养的基本目标是：通过全行业的人才开发工作，使旅游业的公务员队伍、企业管理者队伍和导游人员队伍的整体素质在现有基础上提高一个层次；通过加大旅游人才开发的力度和大力培育旅游人才市场，逐步建立一套系统、高效的大旅游教育的人才开发体系和开发机制，使旅游业的行政领导人才、职业经理人才、短缺专业人才和教育培训师资人才的供给，在数量、素质和结构等方面适应参与国际旅游竞争的需要，为中国实现世界旅游强国的目标提供人才保障。旅游行业急需培养的是适合社会需求的"四品"旅游人才。

一、品行教育：铸做人之品，育做事之行

简单地说，品行教育就是对学生品性和行为的教育，但又仅仅是品性和行为的教育，它应该包括对学生的行为规范、礼仪礼节、职业道德和职业素养的教育。当然，不同的行业赋予的品行教育理念也是截然不同的。就旅游行业而言，品行教育是一种以提高人的道德素质为主要内容，进而以服务于社会为目的的教育模式，是造就"有理想、有道德、有文化、有纪律"，德、智、体全面发展的高素质技能型旅游人才的教育模式。

（一）正容体，齐颜色

《礼记》记载："礼义之始，在于正容体，齐颜色，顺辞令。"这就是"修身"。国际著名的旅游名校、世界旅游高层次人才培养的摇篮瑞士理诺士国际酒店管理学院对学生的着装有着严格的要求，对校服甚至是实训课的装束都有着严格的规定。首先校服的选择，按照国际化的酒店管理公司的标准选择，在他们看来，校服是学校形象和学生形象的重要组成部分。学生无论在何时何地，都必须以一种正确的方法和神圣的态度来穿着校服，以维护学校的声誉。校园内张贴的有关校服的照片，告诉大家正确的穿着方式和完美的仪容仪表。多年来，经过对世界各国旅游名校的考察，以国际旅

游名校对学生外表的要求为标杆，逐步探索符合中国国情又能代表旅游院校形象的行为规范，是学生品行教育的主要内容之一。

（二）不学礼，无以立

所谓礼仪，即人际交往的基本规则，是人际交往的行为秩序。旅游行业是面对人服务的行业，礼仪有着特别重要的意义。就如孔子所言，"不学礼，无以立"。在旅游行业中，只有学习礼仪并且遵循礼仪，才可以有效避免由于各自的文化、历史差异而产生的误会、隔阂与矛盾。若不懂交往的礼仪，将会直接影响服务的质量，甚至还会有损国家的形象。

"礼"的基本要求是：每一个人都必须尊重自己、尊重别人并尊重社会。对旅游从业人员而言，这是最基本的素质。"仪"的含义则是规范的表达形式。任何"礼"的基本道德要求，都必须借助于规范的、具有可操作特征的"仪"，才能恰到好处地得以表现。对旅游从业人员而言，不仅要懂"礼"，还要掌握"仪"。在旅游服务中，礼仪是品行教育的一门必修课程。

（三）旅游职业道德

职业道德是所有从业人员在职业活动中应该遵循的行为准则，涵盖了从业人员与服务对象、职业与职工、职业与职业之间的关系。随着现代社会分工的细化和专业化程度的增强，市场竞争日趋激烈，整个社会对从业人员职业观念、职业态度、职业技能、职业纪律和职业作风的要求越来越高。职业道德教育是职业教育的核心，在日益激烈的市场竞争当中，人们往往忽视职业道德的教育。中国传统教育是知识本位的教育，强调"学而优则仕"，强调对知识的死记硬背；改革开放之后开始重视能力的教育，从原来的"知识本位"发展到现在的"能力本位"，人们的认识发生了很大转变。

在旅游这个特殊行业里，服务能力是行业的生命线，良好的服务质量是旅游企业取得成功的基础。换句话说，服务质量已成为制约旅游行业发展的影响因素。因此，旅游职业道德教育有着极为重要的实际意义。作为旅游管理专业的学生、未来的旅游工作者，应该具有良好的职业道德和素质，才能适应社会的需要。

（四）旅游职业素养

随着旅游业的蓬勃发展，旅游管理专业人才在旅游业发展过程中发挥着越来越重要的作用，而旅游人才的职业素养极大地影响着旅游企业的形象和发展，进一步影响着整个旅游产业的健康发展。然而纵观目前旅游管理专业人才的培养现状，虽然院校培养出来的旅游管理专业人才整体素质比较高，但仍出现了一些问题，一方面毕业生就业状况不理想，另一方面旅游企业难以招到适应企业需要的人才。因此，如何加强院校旅游管理专业学生的职业素养教育成为各院校旅游管理专业亟待解决的难题。

职业意识是调节和支配职业行为的调节器，一个毫无职业意识的职业人是很难胜任一个工作岗位的。对于旅游管理专业的学生来说，对旅游管理专业有一个清晰的了解和掌握，是从事此职业的前提和基础。旅游业高失业率的原因之一就是旅游管理专业毕业生对旅游业没有清晰的了解和认识，缺乏从事旅游业的信心和耐心。作为一名旅游管理专业学生，清楚地了解旅游业的发展前景、就业前景以及旅游专门人才的培养目标，并结合自身条件、兴趣爱好制定可行的职业生涯规划是至关重要的。只有这样，才有可能真正认识旅游业，明确发展方向，具备清晰的旅游职业意识。然而，多数院校在职业意识教育方面认识不足，尚未进行系统的职业意识教育。

二、品质教学：兴旅唯在人才，人才唯在教学

追求卓越，提升学校教育品质，已是当前世界各个国家教育发展的主流。

（一）人才品质的培养目标

根据中国人才学的定义和品质术语的规范性说明，旅游人才品质的概念可以定义为：在一定社会条件下，满足旅游业特定岗位需求，能以其创造性劳动对旅游及相关行业和社会的发展、人类的进步做出某种较大贡献的人。

旅游人才首先要注重道德品质的修养，这是行业特点所决定的。面对来自不同国家和地区的旅游者，从业人员如果道德水准低下，重则有辱国格人格，轻则降低服务质量。对学生道德品质的教育，应围绕遵守公民基本道德规范和职业道德规范而进行，以爱国主义、诚信守法、尊重他人、关心社会、艰苦奋斗为重点。道德品质并非与生俱来，要靠教育的力量，要靠理性的力量，更要靠学生本人的身体力行。

（二）人才品质形成的过程

教育体系的品质，即在实施教育和发展科学技术文化的过程中，满足要求的教育功能系统自身的固有特性。这个体系包括教育机构的组织、过程、程式、资源及管理。影响教育体系的因素包括了教育品质模态中的所有相关参量，这些相关参量不同程度地以各自的方式影响着教育机构及其教育。大致来说，可以分为内部和外部两个系统。

外部系统指学校不可控的一些因素，如教育改革，包括教育体制改革以及国家制度改革、经济体制、科技体制、管理体制的改革，实质都涉及建立适应中国社会主义现代化建设需要的教育体系及高效率的运行机制。内部系统指学校运行及人才培养的具体环节，是学校科学利用各种资源，从而培养出符合既定目标的高品质人才的体系。正是因为它的可控性，不同的学校才具备不同的品质。

三、品位培育：处处重品位，人人求品

（一）品位培育的内涵

"品位"一词在词典中表示为"物品的质量"。但实际运用中关涉对象不仅为物，更关涉到人。当关涉对象为人时，品位意味着一定对象的档次与格调，与人在某方面的具体能力有关。对于专业人才的品位，有人将它等同于质量，这就有所偏颇。质量指人才符合的普遍性标准，它由既定的评价体系来进行考核；品位则是在符合质量标准的基础上，个性自我发展的结果，它在社会生活的诸多方面体现为个体的风格。也有人将品位等同于品牌，这也是不妥的。一方面，品位是个人内在的精神生活的层次和格调的高低，品牌则是较为系统的理念、行为规范、视觉识别等。另一方面，品位是零散的、非张扬的特征，也就是说，只有达到一定的品位，才有可能形成品牌，不同个体、组织的品位是可以相同的，但是他们的品牌一定是有特色的并被广泛认同的。

因此，旅游院校人才培养的"品质、品行、品位、品牌"模式是个渐进的过程。旅游业对从业人员的要求有句著名的表述："我们是为绅士服务的绅士，是为淑女服务的淑女。"这句话非常形象地说明了对旅游从业者品位的要求。旅游学院在国家骨干院校建设过程中，非常注重对学生的品位培养。

（二）品位培育的提升

世界上任何学校都有其独特的文化品位，它不仅是学校一笔宝贵的精神财富，更是学校持续发展的原动力。品位的核心是学校的人文精神，从本质意义上讲，学校的价值趋向来源于学校的文化。提高价值品位的核心在于升扬学校的文化，而学校文化的核心是学校的理想。

既然教师是品位的引领者，那么对教师自身品位的培育尤为必要。对教师品位的要求主要体现在两个方面：一是加强对教师人文精神和科学精神的教育，提倡创新精神，重视教师的继续学习，在强调专业研究的同时，注重拓宽知识面，达到全面加强自身的科学、人文和艺术修养。更为重要的是教师要以批判的精神变革已有的思维模式，改变自身那些狭隘的分裂式的思维方法，建立统整的思维模式。二是加强师德建设，德为师之本，师德的核心是奉献和责任。高尚的师德，就是一部好的教科书，对学生的影响是深刻的、长远的。

学生品位的提升是落脚点。旅游管理专业的学生必须具有一定的品位，影响学生品位形成的因素有以下几点。

1. 独立思考

通过独立思考进而建立独立的见解，形成自己的态度，检验我们的思想，力避人云亦云，这是品位有质量上档次的内因。

2. 热爱生活

传统意义上的品位是对自然、对美、对和谐的亲近和本能的认同，是对艺术的感知力、鉴赏力。唯有热爱生活，才能细细品味、享受生活。

3. 职业风格

职业风格是职业素质更高要求的体现。内心上，表现出对旅游业的职业热情，做到敬业、勤业、乐业；外表上，体现为潇洒的风度、优雅的谈吐、得体的衣着、渊博的专业学识、谦逊的举止等。

4. 注重细节

越有品位的人往往越注重细节，因为细节里包含着审美和情趣，细节里有生活态度。日常待人处世，有品位的人会做到谦和而不自卑，高贵自尊而不盛气凌人，节俭而不吝啬，富有而不挥霍，彬彬有礼而不刻板拘谨，随意而不放肆，自然流露而不大肆张扬。

5. 自然与和谐

品位强调人与人的和睦，人与自然的和谐。在人际交往中，人们往往把大度、气质、谦让、温和、包容、静谧作为品位的评价坐标。在人与自然的关系中，提倡绿色环保、和谐相处。品位还体现为一种环境，环境对教育的作用历来为教育界所重视。著名教育家陶行知曾提出过"社会即学校""生活即教育"的理念，体现了社会环境的教育作用。

四、品牌塑造：源于学生，利于学生

品牌是一所学校在发展过程中逐渐积淀下来的，并经过精心培育和市场选择形成的，是公众对院校认识和认可的总和，是存在于家长、学生和社会心目中的品牌。院校品牌的公众主要由外部公众和内部公众组成。其中外部公众主要包括普通民众、同行、政府主管部门、新闻媒体及专家和有关机构；内部公众主要包括教师和学生。要使院校创设的品牌得到大家的认可，除了向学生提供优质的教育服务外，还必须处理好与院校各级公众的关系，满足家长、政府和社会的需要，以此获得学生、家长的信赖和拥护，争取政府、媒体的关注和广泛认可，赢得教职员工的努力支持。院校品牌的创设除了院校自身苦练内功外，还要及时通过各种渠道与公众进行沟通，使各级公众了解院校，并能对院校产生好感和信任，从而提升自身品牌的美誉度。

第二节　旅游人才培养路径

目前，中国旅游人才培养模式存在本科教育理论化、专科教育本科化、职业教育普遍化的倾向，基于"企业制学院"旅游人才培养路径是实现校企共育的有效机制。

一、"企业制学院"的内涵与特点

（一）"企业制学院"的内涵

"企业制学院"是在"订单班"的校企合作基础上，以订单培养为基础、利益共享为纽带、校企全面融合为目标的一种新型校企合作机制。每个"企业制学院"由企业方高管担任院长，企业方和校方各派一人担任副院长，学院系主任担任执行院长，同时成立由双方人员共同组成的院务委员会，参与、协调、推动合作事宜，处理双方合作中的相关问题。"企业制学院"以"互相支持、优势互补、利益共享、合作双赢"为基本原则，在人才培养、课程设置、模块教学、师资互聘等方面开展切实有效的工作，推进旅游企业和学院在学生就业实习和旅游企业经营管理中的深度合作。

"企业制学院"打破现阶段校企合作停留在"冠名班"或"订单班"的粗浅模式，要求院校和企业有更深层次的融合，企业文化、企业经营理念、企业特有的工作流程和方式都融入教学当中。"在工作中学习、在学习中工作"成为"企业制学院"教学组织形式中的一种常态。新型"平台＋顶岗"的学习地点在学院和企业之间交替进行，在学院学习一段时间以后，到校企合作的单位进行具体的实训和实践活动，学生经过实训、企业的实践活动，可以清楚地认识到自身在专业技能、职业礼仪、业务素质等方面的差距和不足，使学生回到学校学习更加有针对性，更加用心刻苦。

（二）"企业制学院"的特点

第一，确立新型的培养目标。通过到企业调研和邀请企业专家到学校进行授课、讲座，针对真实的工作过程，校企共同进行岗位分析、能力分析，共同探讨教学内容、课程设置等方面的要求，就专业培养目标、专业能力构成、专业能力培养、课程体系建设等问题进行探讨，科学制定基于工作过程的、贴近企业生产实际需要的、校企共同参与的课程体系。校企共同完成课程设计和教学过程设计，在建设中实施，在实施中建设，不断提高其有效性。企业全过程参与课程标准的制定和质量控制，课程评价标准将教育标准、企业行业标准统一起来，以达到人才培养的要求。

第二，改变"2+1"教学模式。根据酒店企业需求、专业特点和学校教育的要求，酒店管理专业教学通常定为"2+1"模式，即前两年在校学习理论知识，最后一年进行顶岗或预就业实习。这种完整的"课程学习＋毕业实习"的"2+1"模式，操作简单，使学生有一个整体的学习和实习过程，也深受酒店企业欢迎，但各阶段的课程不能与工作需要很好地结合，学生工作实习对课程学习的反馈不及时，工作和学习的相互促进作用不大。因此通过对原有"2+1"模式进行调整，构建"理论—实践—边实践边理论—独立实践—顶岗就业"的符合职业教育理念和行业运行规律的、工学结合的校企合作教学模式。

第三，建立"平台＋岗位"的课程体系。为了更好地贯彻"以就业为导向，以岗位为依据，以能力为本位"的专业建设理念，"融合职业标准，实行项目教学，注重效果评价"的课程建设理念及"师德责任立人，项目能力强人，课程技能成人"的师资建设理念，酒店管理专业按照岗位工作过程的职业要求，基于"平台＋岗位"的课程体系，构建"二维一体"的酒店管理专业群课程体系结构。采取"2211"校企合作模式培养人才，即2个学期核心技能课，2个学期岗位课，1个学期拓展课，1个学期顶岗实习。为期一学期的拓展课，把课堂设置在校企合作酒店内，以企业的工作流程和企业文化来培养学生。当然，在前面的4个学期里，课程以模块化教学为主，让企业的关键岗位员工与教师一起进行教学工作。

第四，导入"模块化"教学方式。在新型的校企合作模式下，对各主干课程，如"餐饮运行与管理""客房运行与管理"以及"前厅运行与管理"等课程导入模块教学的形式，将以学生的兴趣为重要基点，突出课程、教材的实用性，从而提高教学实效性。采用项目教学法，教材内容以实训为主，密切结合企业实际，以具体项目贯穿，使学生有目的地学习相关知识及内容。这不但可以提高学习兴趣，而且"学以致用"的意识将得到更好的加强。

第五，建立"双轨制"的评价体系。校企合作质量如何直接关系到所培养的人是否属于真正的人才，能否对企业发展做出应有的贡献。科学评价校企合作，有利于把握校企合作活动规律，促进校企合作理论与实践的紧密结合，提高校企合作对社会发展需要的满足度，推动校企合作工作更好地开展。但是由于学校和企业有不同的体制、机制束缚和不同的目标及追求，因此，"企业制学院"根据"柔性协商评价——内部评价体系"和"社会引导评价——外部评价体系"两方面来建立"双轨制"评价体系。

二、"企业制学院"人才培养模式的实践路径

人才培养模式的校企合作化：学生只有在企业真实的工作场景中，才能获得相应的职业意识、职业技能和职业精神。

（一）"企业制学院"的合作内容

"企业制学院"在人才培养、员工培训、管理咨询、项目研发、教师锻炼、学生实习等方面进行多元化的合作，共同建立长期、稳定、紧密的战略合作关系，实现深层次的产学共赢。校企双方共同确定培养目标、制订教学计划、调整课程设置、承担教学任务和保证实践教学的实施，实现教育标准、行业标准和企业标准的和谐统一。校方按教学计划完成教学任务；企业方委派管理人员负责企业文化、员工手册、规章制度、各部门服务与管理规程等课程的教学工作。通过新型的校企合作模式的建立，努力构筑师生共同成长的良好平台，为企业、行业解决饭店行业进入门槛低、人员素质

低、员工流失率高的不良现象。此外，学校应与"企业制学院"合作企业建立常态的企业服务机制。建立管理培训基地，院方作为企业方管理人员培训基地，可定期根据企业方具体需要为其管理者提供酒店管理专业培训服务。为了更好地发挥校企双方优势，"企业制学院"还在专职教师和兼职教师的融合、教育标准与行业标准的融合、教学情境与酒店情境的融合、学员与员工的融合、毕业标准和用人标准的融合、企业文化与校园文化的融合等方面进行合作与探索。

（二）"企业制学院"的组织机构

1. 组建"企业制学院"院务委员会

"企业制学院"由企业制学院院务会、院长、副院长、执行院长、院务委员会成员共同组成学院的管理机构。选择全国知名的旅游企业作为合作对象，完善院务委员会，明确职责权利，建立"企业制学院"院务委员会的议事规则和委员会成员薪酬制度等相关章程。

2. 成立"企业制学院"项目组

为了更好地发挥校企双方优势，建立长期、稳定、紧密的合作关系，确保"企业制学院"的顺利运转，旅游学校同时组建"企业制学院"项目组，管理和落实"企业制学院"各个项目的运行。

3. 成立行业、企业和学院共建的专业指导委员会

为保证教学与行业、企业接轨，推进旅游人才培养的教学改革，提高人才培养质量，聘请由政府行业管理官员、旅游企业知名管理专家和旅游职业教育专业人士组成专业指导委员会。该委员会对专业人才培养全过程进行指导和监控，并根据市场需求和岗位需要及时调整人才培养方案，重构专业课程体系，实现专业人才培养与行业、企业的"无缝对接"。同时充分发挥专业指导委员会的智囊和参谋作用，为专业建设和人才培养的自主创新等提供信息交流和技术支撑，通过开展专题研讨、参观考察、专家论坛、学术沙龙、课题研究、项目评审等活动，推动专业建设。

（三）"企业制学院"的实训基地建设

由学院和企业共同建设实训基地，推行工学交替的实习模式。

1. "校中店"实训基地建设

在完善"教学练一体化"仿真教学环境的基础上，打造全真式教学环境，把校内的三星级实验饭店从工学结合、顶岗实习的实训基地建设成集营运、教学、培训、职业技能鉴定功能于一体的开放型、多功能、全真式的实训基地。

2. "店中校"实训基地建设

利用"企业制学院"优势，与知名企业合作建设"店中校"为专任教师的在职培训建立校外实习基地。同时，明确校企双方管理的分工与职责，促使校企双方共同参

与过程的管理和质量考核，保证校内外实训基地的顺利运行和实训教学的质量。

3. 紧密型校外实习基地建设

加强紧密型校外实习基地建设，巩固和拓展遍布国内外的校外实习网络，并与行业共同探索人才培养的合作机制。在海外实习基地建设上，主要巩固与拓展迪拜、日本、美国等国外实习基地，拓宽学生的视野，提高学生的国际化服务和管理水平。

（四）"企业制学院"的师资队伍培养

1. 校企联合培养专业教师

努力培养一支高素质的"双师型"教师队伍，依托"企业制学院"和"学院企业联络点"平台，与企业联合培养专业教师：要求 50% 以上的专业教师在三年内必须具备六个月的旅游企业部门经理的经历，实现专任教师经理化；实行"行业导师制""行业师徒制"，鼓励青年教师和行业、企业专家师徒结对，积极参与行业、企业的挂职锻炼；同时，为专业教师进行企业咨询管理、技术指导以及参与行业活动提供平台，提高专业教师行业知名度和影响力，全面提高专业教师的教育教学水平和实践操作能力。

2. "专兼"结合的专业教学团队

聘请来自行业企业的经理、一线操作能手为客座教授、兼职教师和实训指导老师，进行专业课程、实践实训课程的教学与指导工作。通过建立兼职教师岗位津贴制度，保证兼职教师承担的实践课程学时比例达到 60% 以上，每位兼职教师达到每年 160 个课时，实现旅游企业经理教师化。建设一支以骨干教师与企业一线操作能手、技术专家为核心的、多层次的、专兼结合的"双师"型队伍。

职业教育要想实现将自然人培养成职业人的目标，就要以职业岗位需求为出发点，密切联系行业、企业生产实际，把人才培养过程与生产经营、服务、管理过程有机地融为一体；同时，职业教育要随着经济发展方式的转变而"动"，跟着产业调整升级而"走"，围绕企业技能型人才需要而"转"，适应市场需求变化而"变"。为此，依据"科学、合理、精干、高效"的原则建立既满足自身管理需要，也满足学生以及合作单位所要求的教育教学保障体系，使创新的校企合作育人模式得以顺利推进。

针对旅游行业的特点，结合高端旅游人才培养的要求，建立"企业制学院"的校企合作长效运行机制，加强与企业的沟通联系，寻找与把握校企双方利益平衡点，不断规范相关规章制度，建立健全评价及激励制度，实现校企合作组织运转的常态化，真正做到校企深度融合。这不仅对国家骨干院校的建设与发展起着积极作用，同时也对其他同类院校具有较好的借鉴意义。

第三节 旅游管理各专业人才培养

一、酒店管理"全程产学交叉"的人才培养模式

酒店管理专业借鉴其他国家人才培养的一些理念，以企业制学院为载体，深化"全程产学交叉"人才培养模式的改革与创新。其中，校企合作、订单培养一直是酒店管理专业人才培养的重要特色。

（一）"全程产学交叉"人才培养模式的内涵与特点

1. 内涵

酒店管理专业实施的"全程产学交叉"人才培养模式，是以学院为主导、企业制学院为载体、企业订单培养为基础，以酒店见习、工学交替、顶岗实习等产学交叉方式为特征，是学院、企业、学生三方主动参与的一种新型人才培养模式。

2. 特点

（1）全程实践

学生在校学习期间，全程参与酒店日常劳作。具体时间安排为：新生报到后的三周内完成组班动员、组班、校企签约、酒店见习四项工作。这项工作中，学生酒店见习是主导，目的是使学生对酒店和未来的工作环境有个初步了解；之后的两年在校学习期间，安排学生周末或节假日去酒店进行岗位实践，在校学习与在岗实践交叉循环，称为交叉学习期；最后一年安排学生到酒店全日制顶岗实习，在实习期间教师按"三步渐进实习模式"（适应、思考、研究三步实习模式，该模式将学生实践期间的具体内容、时间安排、实践目标、考核方式等进行了细化）进行全程陪同指导。这些教师包括学校和酒店共同派出的训练管理员，负责学生实践活动期间的协调沟通和指导工作，在此期间，学生在教师和训练员的指导下，紧密结合酒店实际，完成与实习岗位相关内容的毕业设计或毕业论文撰写。

（2）两个交叉

第一，理论与实践交叉学习，这种方式实现了两种知识的有机结合。前四个学期，学校教学、企业培训、企业见习交叉进行，专业主干课程实施"模块化教学"，由酒店和学校双方共同分工授课，并在每个学期安排一个礼拜到订单企业进行见习，从而将学校学习的基础理论知识逐渐渗透到工作中，属于职业适应和专业知识的生成期。最后一年实行全日制集中实习，是将理论知识应用到实践中的有效途径，在此过程中，学生按照"三步渐进实习模式"：前3个月主要掌握操作技能、适应环境；中间6个

月边实践边思考，对实习岗位的一些现象或环节做理性思考分析，并尝试探索解决办法；毕业前 3 个月为职业研究阶段，学生结合在酒店的岗位实践，从实践中积累素材，集中进行毕业设计或论文撰写，把实践的东西上升到理论，又用理论来指导实践，这一阶段学生将实践与思考研究交叉进行，属于职业思考和研究阶段。

第二，多工种、多岗位轮调式交叉实践，此方式能有效地与培养目标相对接。在岗位实践和实习期间，要求学生了解和掌握酒店主要岗位的专业知识和操作技能。多岗位学习、轮调式交叉实践，可以扩大学生的知识面，培养学生的宏观思维逻辑，也可以避免因工作岗位长期固定带来的枯燥和厌倦，这对提高学生的综合素质是卓有成效的。

（3）学校主导、企业订单

"全程产学交叉"人才培养模式，是属于学校人才培养的一种创新方式，本质上这种教育区别于德国以企业为主导的"双元制"教学模式，也区别于一般的产学合作模式。它以学校教育为主导、企业定向培养为基础，将学生、企业、学校三方有机结合，是提高三方积极性和主动性的有效载体。

（二）"全程产学交叉"人才培养模式建立的依据和原则

1. 依据

"全程产学交叉"人才培养模式，是由学校、企业、学生三方合作的适应现在社会需求的高等职业人才培养模式，它体现了教育的本质和特点。

（1）弥补传统人才培养模式的缺陷

传统人才培养模式下，理论和实践教育呈脱钩状态，理论和实践缺乏紧密结合。而且，实践教学部分较为薄弱，不管是从实践教学的推进力量还是实践教学的支撑条件上看，都略显不足。而"全程产学交叉"人才培养模式，恰恰可以弥补传统模式的缺陷，不但可以提高学生的实际动手能力和业务技能，同时也能提高学生学习知识的主动性和自觉性，养成主动学习、积极思考的良好习惯。通过这种方式，学校教学能收到意想不到的效果。

（2）人才培养更适应行业发展的需要

酒店行业蓬勃发展，而人才缺口和居高不下的人才流失率，一直是制约行业发展的瓶颈。因此，人才培养成为酒店行业发展的重中之重，如何培养行业人才成为学校和企业行业共同关心的问题。

"全程产学交叉"人才培养模式正是根据企业生产岗位的需求，设置培养目标和教学计划，量体裁衣地培养人才。这种培养方式，既解决了企业技能人才短缺问题，又为学生发展提供了广阔空间，培养了一大批既有理论基础知识又有实际动手能力的技能型人才。

2. 原则

（1）校企共建的原则

学校要认真研究企业对专业人才的需求情况、本专业面向的就业岗位和岗位要求应具备的各项职业能力。要以实际工作过程和职业岗位分析为基础设计课程及教学内容，确保课程设置符合高技能人才培养的需求，具有职业性、科学性、先进性，符合高等职业教育教学的规律。

（2）科学分析的原则

学校应根据高素质技能型人才培养目标的要求，对学生应具备的职业能力进行科学的、系统的分析，按工作过程将各项能力分解为形成这些能力的知识体系和对应的课程，以及与之相对应的实训项目，统筹考虑教学内容的选取。课程设置要强化学生能力培养，合理设计理论教学、见习、实习等关键环节，融"教、学、做"于一体。科学、合理地安排各种教学活动，形成符合教育教学规律与学校实际的工学结合人才培养模式。

（3）职业性原则

加强对学生职业道德和行业规范的培养，将职业素质的培养融入人才培养方案中。尤其是在实训操作过程中，使学生在校期间能够达到职业标准的操作规范。积极推行工学交替、订单培养、任务驱动、项目导向、顶岗实习等有利于增强学生能力的教学模式。

（三）"全程产学交叉"人才培养模式的改革与实践

1. 组建企业制学院，构建"全程产学交叉"的教学组织模式

选择全国知名的酒店集团作为合作对象，建立校企深度融合的"企业制学院"。在制定企业标准、推行工学交替、进行校企合作的课程改革和教材开发、师资互聘、项目研发、顶岗实习与学生就业等人才培养机制方面进行全方位、多元化合作，促进校企深度融合，实现专职教师和兼职教师的融合、教育标准与行业标准的融合、教学情境与酒店情景的融合、学生与员工的融合、毕业标准和用人标准的融合、企业文化与校园文化的融合等。

在组建校企深度融合的企业制学院的基础上，构建"全程产学交叉"的教学组织模式。

（1）酒店见习

深入开展"见习周"工作，每学期为每个班级安排一周时间去酒店见习，安排专业老师与酒店管理人员对见习学生进行现场指导。

（2）工学交替

打造"Part Time"（兼职）学生自主作业团队，利用周末、节假日和寒暑假进入学

院合作企业进行顶岗操作练习，构建以"学生为主体、任务为引领、能力为本位"的新型教学组织模式。

（3）顶岗实习

精选海内外高星级酒店和校企合作酒店作为学生顶岗实习的酒店，强调实习酒店为学生提供在职培训的机会和时间并加强实习过程管理。

2. 推进教学改革，深化教学内容和教学方式

（1）深化"2+1"的教学模式

组建以旅游企业冠名的"订单班""精英班"，实行"定标准""定课程""定师资""定实习""定就业"的五定制度，实行前两年在校学习理论知识，最后一年进行顶岗或预就业实习的"2+1"模式。

（2）"教材流程化"建设

以工作流程为导向，进行酒店管理专业的"教材流程化"建设。通过与大型酒店集团合作，共同开发酒店管理系列教材，不仅可以用于酒店管理专业的教学，而且可以作为酒店培训教材，使教育标准和行业标准、企业标准得到和谐统一。

（3）"课程模块化"建设

结合企业工作流程，使课程教学内容与组织形式真正反映岗位工作与社会实践的需要。校企合作共同进行主干课程"模块化教学"的开发研究，制定教学方案，由酒店派遣管理人员和资深员工组成的教学团队担任部分模块的教学工作。完成4门院级优质核心课程的建设，按照国家精品课程标准建设两门省级精品课程，并建立专业主干课程试题库。

（4）制定专业标准

在深化人才培养模式的改革与创新时，引入行业、企业标准并一起制定人才培养标准、课程体系、教材标准、实验室标准、师资标准、实习基地标准、实习质量标准等，深化人才培养模式改革，完善"企业制学院"的校企合作机制建设。

3. 加强基地建设，提高学生的实践操作能力

由学院和企业共同建设实训基地，推行工学交替的实习模式。

（1）校内实训基地建设

打造全真式教学环境。把校内的三星级实验饭店建设成集营运、教学、培训、职业技能、鉴定功能于一体的开放型、多功能、全真式的实训基地，同时建立校内生产性实训基地。

（2）校外实习基地建设

与校外企业合作，建立校外实习基地。明确校企双方管理的分工与职责，促使校企双方共同参与过程的管理和质量考核。现许多学校的酒店管理专业已经建成稳定的校外高端实习基地。

4.强化专兼结合，完善"双师结构"的教师队伍

以教师对接行业企业、参与社会服务为路径，全面提升教师的"双师"素质，积极聘用行业、企业的专业人士为兼职教师，形成一支"双师结构"完善的师资队伍。

（四）"全程产学交叉"人才培养模式的特色与亮点

1.确立新型的培养目标，校企联合改革实践教学的内容与课程体系

通过到企业调研和邀请企业专家到学校进行授课、讲座，针对真实的工作过程，校企共同进行岗位分析、能力分析，共同探讨教学内容、课程设置等方面的要求，就专业培养目标、专业能力构成、专业能力培养、课程体系建设等问题进行深入探讨。科学制定基于工作过程的、贴近企业生产实际需要的、校企共同参与的课程体系，共同完成课程设计和教学过程设计，在建设中实施，在实施中建设，不断提高教学的有效性。企业全过程参与课程标准的制定和质量控制，将教育标准、企业行业标准统一起来，以达到人才培养的要求。

2.完善并深化"2+1"教学模式

根据酒店企业需求、专业特点和教育的要求，酒店管理专业教学通常定为"2+1"模式，即前两年在校学习理论知识，最后一年进行顶岗或预就业实习。

这种完整的"课程学习阶段＋毕业实习"的"2+1"模式，操作比较简单，学生有一个整体学习和实习的过程，也深受酒店企业欢迎。原有"2+1"教学模式的各阶段课程不能与工作需要很好地结合，学生工作实习对课程学习的反馈不及时，"理论—实践—实践与理论并行—独立实践—顶岗就业"的符合职教理念和行业运行规律的、贴切地与酒店管理工作结合的校企合作的教学模式。

3.建立"平台＋岗位"的课程体系

为了更好地贯彻以就业为导向、以岗位为依据、以能力为本位的职业教育专业建设理念，融合职业标准、实行项目教学、注重效果评价的课程建设理念及师德责任立人、项目能力强人、课程技能成人的师资建设理念，酒店管理专业按照岗位工作过程的职业要求，基于"平台＋岗位"的课程体系，构建"二维一体"的酒店管理专业课程体系结构。采取"2211"校企合作模式培养人才，即2个学期的核心技能课，2个学期的岗位课，1个学期的拓展课（含专业综合实训），1个学期的顶岗实习。为期1学期的拓展课，把课堂设置在校企合作的酒店，以企业的工作流程、企业文化来培养学生。当然在前面的4个学期，课程采用模块化教学，让企业的关键岗位员工与教师一起进行教学工作。

4.构建主干课程导入模块化的教学方式

在新型的人才培养模式下，将各主干课程导入模块教学的形式，以学生的兴趣为重要基点，突出课程、教材应当具有的实用性，从而提高教学实效性。采用项目教学法，

教材内容以实训为主,密切结合企业实际,以具体项目贯穿教学始终,使学生有目的地学习相关知识及内容。这种教学方式不但可以让学生对理论知识掌握得更快,而且动手能力也得到了充分锻炼和提高;不但可以提高学习兴趣,而且学以致用的意识也会得到提高。

二、导游“学生主体、任务驱动”的人才培养模式

导游专业要求学生掌握丰富的历史、文化、艺术,培养具有高超的组织、协调、讲解等职业技能的合格的从业人员。为此,导游专业根据专业自身特点,为实现专业人才培养目标,提出“学生主体、任务驱动”的人才培养模式。

(一)“学生主体、任务驱动”人才培养模式的内涵与原则

1.内涵

模式的宗旨在于形成“学生主体、任务驱动”的工学结合人才培养机制。学生主体,即在职业技能教学双主体中更突出学生的主体地位;任务驱动,即培养学生在已经初步掌握所需专业知识基础上的独立工作能力。就模式的实施而言,其基点是学生的主体行动能力;其方法是把知识模块和能力模块进行有机融合,并以“学生自主作业团队”、阶段性“项目派遣”等形式来充分实现灵活的校企合作与机动的工学实训;其核心指向是实现知识型、高技能、高质量人才培养,并最终成为一种在知识技能型专业中可以借鉴和推广的、有效的人才培养模式。

2.原则

(1)学生主体原则

导游职业是一种独立性强、专业知识要求广、服务技能要求高的职业。为了把学生培养成为合格的导游从业人员,在毕业后能更快地适应工作需要,在本模式中,充分强调学生的主体地位和自主作用,以培养学生获取知识的主动性和积极性,锻炼学生运用知识进行旅游讲解的能力,提升学生在旅游活动中组织、管理、协调和对突发事件的应急处理等方面的技能。

(2)校企“四共”原则

为发展校企合作的长效机制,在“学生主体、任务驱动”人才培养模式中,坚持“发展共谋、人才共育、成果共享、合作共赢”的基本原则。其中:发展共谋,指专业建设、“订单班”培养一定要校企共同谋划;人才共育,指教师队伍既要有学院的专任教师,也要有来自行业、企业的兼职教师,专任教师主要负责向学生传授专业知识,兼职教师主要负责培养学生的职业技能,共育人才。

(3)工学“四互”原则

要办好教学教育,必须紧密依赖工学结合已是学界的共识,也是近年来职业教育

发展的重要方向。但导游专业开展规模化、固定长期的工学结合比较困难。为此，学界提出了"四互"的工学结合原则，即在工学结合中坚持"角色互换、人力互补、成本互冲、发展互助"的原则。

（4）课程活动化原则

该原则主要运用于职业技能课程，将课程实施分为若干活动。其中，部分活动由行业、企业兼职教师负责指导，而活动的主体由学生承担。将课程活动化，既有助于实现"学生主体、任务驱动"人才培养模式，也有助于根据旅行社行业特点聘用兼职教师。

（5）项目派遣原则

项目派遣原则针对旅行社行业的导游用工特点，是落实"学生主体、任务驱动"人才培养模式的重要原则。该原则主张通过项目派遣方式灵活、机动地处理学生实习、实训问题，规范校企合作行为，以保护学生在试岗和顶岗实习中的合法利益为目标。

（二）"学生主体、任务驱动"人才培养模式的特色和亮点

1. 形成特色模式

由于导游专业难以开展固定化工学结合、规模化顶岗实习实训，因此学界探索出一种较为机动灵活、便于校企合作的人才培养模式。该模式把专业的知识模块和能力模块进行有机融合，其核心指向是实现知识型、高技能、高质量人才培养，并最终成为一种在相似专业中可以借鉴和推广的、有效的人才培养模式。

2. 激发学生学习的积极性

该模式不同于以往教学实训之处，它是成立由学生自主管理的专业性工学组织机构。由教学经验丰富的专职教师和实践经验丰富的行业、企业兼职教师担任该机构的顾问或指导，学生始终是职业技能实训的主体，其基点是学生的主体行动能力，旨在培养学生在已经初步掌握所需专业知识基础上的独立工作能力。学生制定机构章程，根据章程设置部门、岗位，制定管理制度、确定业务流程和考核标准。由学生运作和管理工学组织，是该模式的特色之一。

3. 初步形成灵活、长效的工学结合、校企合作机制

针对企业难以安排成建制、规模化实习的实际情况，该模式以"学生自主作业团队"、阶段性"项目派遣"等形式，来充分实现灵活的校企合作与机动的工学实训，从而成为工学结合的有效桥梁和校企合作的长效机制。

三、景区开发与管理"分层递进式"人才培养模式

（一）"分层递进式"人才培养模式的内涵与原则

为了实现景区开发与管理专业的人才培养目标，景区开发与管理专业构建了基于

"五个共同"的"分层递进、工学交替"人才培养模式。

1. 内涵

以"针对岗位定课程"为指导思想，在分析岗位工作任务与职业能力的基础上，根据学生的学情特点和认知规律，形成了层层递进、逐渐深入的模块化课程体系。其中：第一学期侧重理论、动手方面的课程，帮助学生较快地融入景区开发与管理行业，培养职业意识；第二学期侧重拓展专业基础知识面；第三学期侧重专业技能的提升；第四、第五学期通过顶岗实习，积累经验；第六学期侧重提升学生的管理理念和实践经验。

2. 原则

（1）利益共享原则

景区开发与管理专业人才培养模式的改革，涉及旅游景区、企业、学生与学校等相关利益主体的核心利益，也是景区开发与管理专业的核心竞争力与可持续发展的关键。在人才培养方案的综合调研、拟定、讨论、论证、实施等各个环节，均充分考虑了三大利益主体的"权、责、利"，建立了"共同确定培养目标、共同确定能力要求、共同完善课程体系、共同推进教学改革、共同分享利益成果"的"五个共同"机制。

（2）相对集中原则

鉴于旅游景区发展的综合化趋势日益明显，景区、企业对旅游专业人才的要求也呈复合型发展。景区开发与管理专业通过多方面的调研与论证，确定了服务管理、营销策划、规划设计三大专业方向，并据此开展了模块化教学，将学生每个学期的时间划分为三个阶段，集中开展特定专业方向的课程学习，以提高学习效率。

（3）循序渐进原则

根据学生的学习规律及景区专业人才的培养要求，学校将专业课程划分为职业基础课、职业技术课、职业选修课及职业提升课等类型，逐步增加专业课的学习深度与实践难度，使学生为最终成为职业经理人做好准备。

（4）工学交替原则

以"理论学习—实践训练—理论提升"的螺旋式理论为依据，充分利用各种实践训练平台与方式，增强实践训练的效果，提升专业能力水平，并通过各种形式的理论总结予以提升，实现专业综合能力提升的目标。

（二）"分层递进式"人才培养模式改革与实践

1. 课程体系的重新架构

根据旅游景区岗位群的工作任务与职业能力分析，依据教育教学规律和学生认知发展规律，结合"分层递进、工学交替"的人才培养模式要求，景区开发与管理专业重新构建了课程体系与实践教学体系，即摈弃了原有的公共基础课、公共选修课、专业基础课、专业课和专业选修课的类型，设置了公共基础课、职业基础课、职业技术课、岗位选修课、职业提升课、职业技能训练课与公共选修课七种类型的课程，构建"四大教育能力"模块。

2.教学内容的与时俱进

近年来，景区开发与管理专业紧跟景区行业发展的新趋势，及时调整教学内容，以适应行业发展的新需求。在服务管理模块，为适应景点导游课程培养 VIP 接待员的新需求，设置了新型课程，将"景区服务与管理"及"沟通与礼仪"课程调整为"沟通技巧""景区服务礼仪与规范"课程；在营销策划模块，为进一步迎合企业市场营销、活动策划等方面的实际需求，将原有"市场调查与分析""市场营销入门"课程调整为"市场营销基础与方法"，将"旅游策划"融入市场营销策划并划分为两个阶段进行授课；在规划设计模块，充分意识到旅游 A 级景区的评定、旅游度假区的评定与申报等新兴热点及企业管理需求，将"旅游规划实务"与"景区标准化管理"融为一体，并划分为两个阶段进行授课，同时增加"平面设计"和"景观设计"课程的教学内容与要求。

3.教学时序的有效整合

根据学生的学习规律及专业模块化教学的新要求，为进一步提高学生的学习效率，学校把每个学期划分为三个阶段，学生需分别学习三个专业模块的职业课程。

比如，在第二学期的第一阶段学习服务管理模块的"景区服务礼仪与规范"，第二阶段学习规划设计模块的"旅游资源调查与评价""平面设计"，第三阶段学习营销策划模块的"旅游策划"。在第三学期的第一阶段学习服务管理模块的"景点导游"，第二阶段学习营销策划模块的"旅游策划""销售技巧"，第三阶段学习规划设计模块的"旅游规划实务"和"景观设计"。

4.教学方法的创新设计

一是根据学生的认知规律，景区开发与管理专业实施"两个超50%"行动，即实践教学课时占全部教学课时的比例超过50%，行业兼职教师进课堂授课的课时占职业技术课和职业提升课的课时比例超过50%。

二是在具体的教学方法上，"学生主体"教学方法的改革得以有效突破，并积极探索了多元智能教学法、情景案例教学法、项目教学法等，真正实现了"教、学、做"的一体化。

三是积极开展"课证融合"的教学方式改革，即在服务管理、营销策划和规划设计三个模块的基础上，分别设置了"景点导游""营销管理实务""景观设计"三门课程融合课程，开展景点导游员、高级营销员、助理景观设计师职业资格证书的考试认证，并由学生任选其中两门进行学习。

5.教学力量的充实和提升

组建了"2+X"的教学团队。坚持"优化结构、提高素质、整体发展"的建设思路，紧紧围绕"2+X"的专业技能教学要求。"2+X"具有两层含义：

一是从专业教师角度看，要求每位专业教师能掌握两个方向的授课培训，并能与多位行业兼职教师保持紧密联系；二是从职业技能课的角度看，要求每一门职业技能课有两位主讲教师，并有多位行业兼职教师参与授课。通过这种方式，形成了多种方式相结合的队伍培养模式。

（三）"分层递进式"人才培养模式的特色和亮点

1. 引领行业发展方向

"分层递进式"培养模式以旅游景区紧缺人才的现状为基础，以未来旅游景区行业的发展趋势为背景，提出了旅游景区行业转型升级后的人才需求特征。在一定程度上，景区开发与管理专业培养高技能复合型人才正引领着旅游景区行业往综合性的大景区方向发展。

2. 形成专业发展的四大特色

一是探索了一种职业导向型的"分层递进式工学交替"人才培养模式；二是打造了一支"专兼结合、优势互补"的国家级专业教学团队；三是进行了基于学生工作平台的教学方法改革；四是形成了由师生共同组成的、服务行业的智库力量。

四、会展策划与管理"项目导向、产学并行"人才培养模式

（一）"项目导向、产学并行"人才培养模式的内涵与原则

为了实现会展策划与管理专业的人才培养目标，会展策划与管理专业构建了基于项目流程的"项目导向、产学并行"的人才培养模式。

1. 内涵

会展行业的工作以项目管理的方式展开，是将构想放到现实中并加以实施和体现的工作，也是一份实践性很强的工作。项目是会展教学的必要载体，是建构学习情景的基础，通过真实的产业和行业实践，能够提高项目教学的有效性，能完整展现工作情景。

2. 原则

（1）项目导向原则

项目课程是当前职业教育课程发展的基本方向。只有以项目为载体所进行的活动，才能提高人才培养质量。职业教育课程中的"项目"，指的是有结构的项目，即具有相对独立性的客观存在的活动模块。在这一活动中，要求从业人员完成工作任务，制作出符合特定标准的产品。项目和任务的区别在于，项目是指具体的产品、服务或决策，而任务是指工作过程中的一个环节。会展行业本身就是以项目来组合各个工作过程的，因此实施项目化课程，是符合行业要求的专业建设行为。

（2）校企合作原则

"项目导向、产学并行"的人才培养模式设计，需要与行业实际的工作项目和工作流程契合，课程项目或来自企业真实的工作，或来自真实环境中的模拟项目，课程结构的逻辑展开也是建立在企业项目运作流程的基础之上的。人才培养应符合行业的需要。企业需参与人才培养模式的设计和培养过程的工作，是这一模式的特定要求。

（3）循序渐进原则

根据学生的认知规律及会展专业人才的培养要求，将专业课程划分为职业基础课、职业技术课、职业选修课及职业提升课等类型，并逐步加大专业课的学习深度与实践难度，为学生日后的岗位提升和发展打下基础。

（4）工学交替原则

以"理论学习—实践训练—理论提升"的螺旋式理论为依据，通过"学习—练习—总结"的项目学习过程，充分利用各种实践训练平台与教学训练方法，巩固专业学习效果，提升专业能力水平，以实现专业综合能力提升的目标。

（二）"项目导向、产学并行"人才培养模式的改革与实践

1. 以项目流程化为基础，重新构建课程体系

会展行业除了具有项目化运作特点外，还具有流程性鲜明的特点。简单来说，任何一个会展项目都会经历市场分析—立项策划—子项目和实施方案策划（包括文字和形象的策划）—方案实施（包括采购、营销和现场管理等环节）—课程。专业课程以会议项目、展览项目和节事项目为引导，将每一类型的项目设计成若干典型项目，以项目贯穿整体课程。例如，会议项目可以分为社团会议项目、公司会议项目等，设计各种各样的项目情景，从策划课程开始到项目实施阶段的课程，如会议形象设计、会议信息管理、会议宴会设计等。课程根据各种典型项目展开，而课程体系根据会展流程展开，项目在各个课程之间传递，就像在各个工作流程上的传递，所有的课程结束才能得到一个完整的项目。

2. 教学内容符合行业的最新发展

近年来，根据行业、企业对人才培养的需求和毕业生的调查反馈，会展策划与管理专业也在不断地调整课程。为了提高学生的创新能力，在专业基础课程中增加了创意思维训练的课程；为了提高学生在商务环境中的适应能力，增加了商务应用文写作课程。在会议项目系列中，逐步增加了会议实施过程的会议宴会设计、会展旅游产品开发、会展旅游接待和组织等课程。在展览项目系列中，逐步增加了展览实施过程的展览场馆管理、网络展览、展览客户服务等课程。课程内容也有了一些调整，如展览设计原先是全面发展，平面设计和三维设计的课时平均分配，学生往往学而不精，通过行业调查并根据学生的学习能力，现在教学以平面设计为主。

3. 教学顺序按照项目流程进行调整

按照项目流程来组合课程，在教学顺序上必须按照项目工作任务先后的逻辑顺序来组织课程。原来在安排课程的时候，过多地考虑了客观因素。按照项目流程组合课程后，以项目工作任务为参照点来组织课程，因此第一学期安排的都是专业基础课程，为后期的项目学习打下基础；第二学期是以展览项目为核心的课程，展览项目是比较综合复杂的项目，工作任务点也比较复杂多样，把展览项目的各部分课程学好，能够为第三学期的会议和节事的项目课程打下良好基础。在学期的教学顺序上，也是按照项目执行的先后顺序来安排课程的，一个学期分成了两个阶段。某些课程的教学也被分为两个阶段，如会展信息管理。

4. 人才培养模式的评价和改进

任何人才培养模式的设计，必须注意学习发生的条件，包括学习者自身的条件和外部的条件。根据行业要求，进行学习领域转换并设计项目实践，对学生实施教学的过程是这一模式的主要生产过程。这一过程的顺利实现，有赖于对行业需求的精确把握、校企合作机制的完善和教学实施过程的监督管理。

通过行业调研，根据行业的需求对专业培养人才未来的工作任务和行动领域进行规划分析，确定学习领域，进行相关课程转换并设计项目实践内容（模拟项目和真实项目），实施教学，并进行教学监督与测量，其中包括根据学生的学习效果（如考试成绩、测试成绩、实践能力评价、行业内人士对学生的能力评价等），在此基础上对教学方法、内容进行调整，从而完成会展策划与管理专业人才培养模式的改革。

（三）"项目导向、产学并行"人才培养模式的特色和亮点

1. 发挥示范引领作用

会展策划与管理专业的"项目导向、产学并行"人才培养模式建设期间，在人才培养模式、课程体系改革、教学方法创新等方面与一些院校进行了广泛交流，在会展策划与管理专业的人才培养模式中起着示范和引领作用。

2. 专业发展的特色

一是探索了会展策划与管理专业"项目导向、产学并行"的人才培养模式；二是打造了一支"能做会教、专兼结合"的专业教学团队；三是建立了校企合作的项目实践平台；四是形成了服务行业、校企共赢的合作机制。

第四章 旅游管理人才培养模式创新

第一节 旅游管理"双元制"人才培养模式

一、旅游管理"双元制"人才培养模式的构筑原理

中国旅游业迅猛发展，直接刺激了市场对旅游管理专业人才的巨大需求，也极大地促进了旅游管理专业教育的不断发展，旅游管理专业教育问题逐渐成为业界研究的热点。中国多数学者已经认识到传统的"闭门造车"式教育已经不能适应新形势下产业发展的需求，学者一致认为"产、学、研"结合教育模式代表了中国旅游教育的发展趋势。

"双元制"旅游人才培养模式是以"人才培养适应企业需求"为根本出发点，依据现代教育学、管理学与系统论等相关理论提出的一种更为完善的人才培养模式，其构筑原理主要包括以下三个。

（一）系统原理

"双元制"旅游人才培养模式突破了传统旅游管理专业教育模式狭隘的局部理念。它强调系统性，将学校、企业等各种主体的教育资源进行优化整合，从而构筑一个以"培养适应旅游产业发展需求的管理人才"为统一目标的教育系统，其中各子系统分工合作、紧密协调，从而产生良好的协同效应。

（二）动态原理

"双元制"旅游人才培养模式强调专业教育与产业发展的适时互动。因此，它强调教育系统与旅游业、社会进行动态的信息沟通，接受旅游业、社会对学校所培养人才的实践检验；根据考核结果找出质量偏差，采取有针对性的措施纠正偏差；对旅游人才培养的总体发展进行超前引导，从而达到人才培养与实际需求的一致。

（三）有序原理

"双元制"旅游人才培养模式强调专业教育适应产业发展的根本理念，以系统整合

优化教学资源为核心，通过改进和优化课程设置、教学手段及教学方法来实现旅游管理专业人才培养的终极目标。虽然整个教育模式是一个复杂的系统，但系统流程设计却应尽量简易、明晰，以便于操作。

二、旅游管理"双元制"人才培养模式的系统要素

旅游管理"双元制"人才培养模式的系统要素主要包括：培养目标、实施主体、教学体系、质量控制。四大要素相辅相成，共同构成了旅游人才培养的有机系统。

（一）培养目标

培养目标是人才培养模式的中心轴线，其他要素都要紧紧围绕着这根轴线运转。旅游管理"双元制"人才培养模式总的培养目标是"培养适应产业发展需要的综合型旅游管理人才"。在这一总的培养目标下，不同阶段又有不同的、更加细化的、具体的培养目标。起步期的培养目标是培养学生广泛、深厚的公共基础理论知识，为学生后期学习打好基础；成长期的培养目标是培养学生扎实的旅游管理专业理论知识，使其初步形成专业实践认知；发展期的培养目标是培养学生娴熟的实践操作技能，积累管理经验，同时根据实际需求进一步深化、巩固旅游管理专业理论知识；成熟期的培养目标是使学生在初步掌握旅游一般理论知识和实践操作技能的基础上，进一步细化专业方向，巩固和提高理论知识、技能操作、服务技巧以及管理经验等。四个阶段的培养目标层层递进，共同构筑了旅游管理专业人才培养的目标体系。

（二）实施主体

传统的旅游人才培养模式的实施主体是学校，或者是以学校为主、企业为辅。而旅游管理"双元制"人才培养模式在教育实施主体上特别强调了学校和旅游企业的同等重要性，两者相辅相成、分工合作，在不同的人才培养阶段分别扮演着主角与配角。在起步期以学校为主体；在成长期以学校为主体，旅游企业为辅助；在发展期以旅游企业为主体，学校为辅助；在成熟期以学生为主体，学校与企业共同辅助。

（三）教学体系

教学体系由课程设置和教学方法构成。在不同培养阶段，由于具体培养目标的不同，课程设置和教学手段也会出现差异。根据各阶段培养目标的特点，课程设置由浅入深、由易到难、由单一到综合，呈现出螺旋式上升的特点。

（四）质量控制

全面的质量控制是检验旅游管理专业教育质量的有效机制，它通过对"教育产品"——人才的质量评估来检验整个专业教育系统的科学性。学校根据质量控制的反馈结果来调整、改进专业教育系统中的不合理之处，从而在动态循环调整中不断推进

整个专业教育系统，使其更加完善。质量控制包括学校质量监控和行业质量监控：学校质量监控主要以教学质量为评价依据，具体通过教学质量评估、教学过程控制、考试考核等措施实现；行业质量监控主要以学生的基本职业素质和职业能力为评价依据，通过岗位实习考核、就业反馈等措施实现。旅游管理"双元制"人才培养模式强调对旅游管理专业学生培养质量的控制要包括学校质量监控和行业质量监控两个方面，而且行业质量监控所占的比重应大于学校质量监控，以体现"双元制"培养模式的"企业人才需求为人才培养导向"的特点。学校可以成立一个专门的质量评估机构，成员由专业教师、学校管理人员和用人单位的人力资源部门人员共同构成，以对学生进行全面综合评价。

三、旅游管理"双元制"人才培养模式的运行机制

旅游管理"双元制"人才培养模式的运行机制是指推动旅游人才教育发展的要素结构体系及其运行规则，其具有一定的稳定性和规律性。"以旅游企业需求为导向的培养目标"是整个培养机制的驱动力，它统筹教育系统所有的要素，并规定各要素的角色定位以及运行规则。"理论知识"和"实践技能"是旅游管理专业教育的两大基本模块，两者相辅相成、协调配合，共同服务于"培养适应产业发展需要的综合型旅游管理人才"这一总的培养目标。学校和旅游企业是承担"理论知识教学"和"实践技能培训"的两大主体，互补性利益驱使两者分工合作，最大限度地对校、企教学资源进行系统优化配置与整合，从而为旅游管理专业人才培养提供充分的资源保障。学校和旅游企业联合培养的人才还需要经过"质量控制"来检验，以检查"教育产品"是否符合旅游业要求。通过质量控制的反馈结果可以发现培养机制中的不合理之处并加以改正，从而不断推动整个培养系统的逐渐完善。

第二节　旅游管理"三明治"人才培养模式

一、旅游管理"三明治"人才培养模式的理念

（一）以学生为本的教学思想

"以学生为本"，就是对"以人为本"的科学发展观的落实和贯彻。就教育行业而言，"以人为本"中的"人"就是指学生，学生是教育关系和学校关系的主体，应该成为学校的"主人"，包括教育制度设计、教育管理、教学改革等各个教育相关环节，都必须围绕着提高学生素质、保障学生权益、尊重学生人格展开。在以往的教学改革中，改

教多，改学少。在教与学的关系上，学生的学习一般处于被动的状态，学习的积极性、主动性难以充分发挥。

教育理念从"以教师为本"到"以学生为本"，确立了学生的主体地位：为学生的自主学习提供了多样的选择，让学生在统一培养目标要求下，根据个人需要、就业需要和社会需要来组建合理的知识、能力以及素质结构；为学生的个性发展创造了良好的机会和条件，有利于学生根据自己的特点自主学习，自我完善知识结构和能力结构，促进综合素质的提高。以"学"的活动作为教学改革的切入点，通过学生学习方式的变革来推动"教"的改革和教学质量的提高，体现对学生主体地位和能动性的认可和尊重、对学习活动独立价值的重新审视与评价以及对传统学习机制的转换与重构，实现学生角色意识的转变和学习方式的变革，并充分发挥其有效价值。学校根据实际需要，在确定培养目标与课程目标时，鼓励学生自我管理和自我调节，并尽可能使教与学的活动在真实的工作情境中进行，提倡学生对学习内容的主动归纳以及对不同观点的讨论，使其实现对知识、技能、情感态度等内容的主体性建构。这样，不但可以有效地提升学生的综合职业能力，增强教学的有效性，培养学生可持续发展的能力，而且可以将知识、技能、生活和生存知识的学习同未来的生活与工作结合起来。

（二）为社会服务的教育理念

为区域经济发展服务是院校的一项重要职能，具体地说就是为其所依托的区域行业企业服务。院校因行业企业的生存发展而发展。没有行业企业的需求，院校就没有存在的必要；没有行业企业的支撑，院校也无法按照行业企业的人才需求来实施人才培养工作；没有行业企业的参与，工学结合人才培养模式的建立和实践更是无从谈起。因此，要建立工学结合的人才培养模式，必须首先与行业企业建立密切的"血缘"关系，把学校融入行业企业之中，把行业企业的理念和文化引入院校，使院校与行业企业共同对人才进行"全方位、全天候、全过程"的培养，才能真正实现工学结合的人才培养模式。

为企业培养合格的高素质技能型人才，才能实现院校的自身价值，才能促进企业的兴旺和发展，才能实现院校的可持续发展。在某种意义上说，校企合作是院校的生命线，因此必须与行业企业建立密切的"血缘"关系，从分析学生未来工作岗位和岗位能力入手，科学界定培养目标和培养方向。

（二）旅游管理"三明治"人才培养模式的保障体系

1.师资队伍建设

"双师型"教师队伍是"三明治"人才培养模式实施的人力资源保障。双师型教师培养一直是旅游教育的难题，采取"三明治"人才培养模式，通过聘请旅游企业管理专家作为专业带头人，聘请旅游实践专家现场指导并让他们担任兼职教师，可以充分利用旅游企业的人力资源，解决旅游管理专业兼职教师偏少、双师素质不足的难题，并且让带队教师深入到旅游企业第一线，可以进一步提升他们的实践教学能力。

2. 实训基地建设

建立一批稳定的、高水平的实训实习基地是"三明治"人才培养模式实施的"硬件"保障。建立和完善中餐服务实训室、西餐服务实训室、酒店前厅实训室、客房实训室、酒吧实训室、茶艺实训室等校内实训室，制定实训室管理办法及工作制度，健全学生实训守则，给学生提供良好的校内实训场所，保障校内实训课程的顺利开展。同时，充分利用旅游企业的实习实训资源，为学校的实践教学提供保障，解决旅游管理专业校内实习实训基地条件差的问题，为学生实践能力的培养提供有效的保障。将旅游管理专业的模拟式实习实训进行彻底的改革，缩短专业实践教育与就业岗位的距离。

3. 课程体系建设

专业课程体系和结构的合理、科学与否关系到专业培养目标能否实现。制订专业教学计划、设计开设的课程时考虑以下几个因素。

第一，学院的办学层次、办学条件和办学环境。

第二，理论课时与实践课时的比例。

第三，知识传授与能力培养的关系。

第四，同职业资格认证相结合，将"双证书、多证书"纳入教学计划。

在教学过程中，本着实事求是的态度，遵循"三个结合"（即素质教育与业务培养相结合、知识传授与能力培养相结合、教学与科研相结合）的指导思想，建立由公共基础课、专业基础课、专业课、专业技能实训课、选修课构成的较为科学、合理、完整的课程体系。

4. 教学方法改革

"三明治"人才培养模式对教学方法提出了更高的要求。专业教师在教学过程中，注重运用多元智能理论，注重因材施教，积极改革传统的教学方法，探索形式新颖、易于学生接受并行之有效的教学方法，如倡导提问式、启发式、讨论式、案例分析、角色扮演等多样化教学方法，激发学生的独立思考能力和创新意识。旅游院校在教育教学内容上应该充分考虑旅游企业员工的任职要求，共同进行课程开发，系统设计旅游管理专业教学方案。通过实行"三明治"人才培养模式，能够将学生的工作和学习有机地结合起来。通过工学交替措施，旅游企业能够全方位参与旅游管理专业的人才培养，让旅游管理专业的培养目标更为明确、培养方式更加切合旅游企业的实际，使学生毕业后能很快适应旅游企业的发展。

第三节　旅游管理 TAFE 人才培养模式

一、多元化的投资体制与公平竞争的经费管理

TAFE 投资体制的多元化体现在建立了政府、行业、旅游企业和个人多元化的投资体制。TAFE 办学经费来源是多渠道的，主要有三条途径。

一是政府投资，约占总经费的 50%，主要由地方政府负责。中央政府主要是制定政策，同时也给予一定的资助。中央政府的拨款基本用于基础建设和部分专项设备的购买，同时也重点支持优先发展的领域或专业。

二是学校自筹经费，占总经费的 25% ~ 30%，主要是通过有偿服务和开展海外培训活动获得。TAFE 办学机构除了完成当年的招生计划外，政府还鼓励其以有偿服务的方式为旅游企业、公司和社团等用人单位培训人员，同时对海外学员按规定收取全额学费。

三是学生的学费，占总经费的 25% ~ 30%。这部分经费并不直接交给学校，而通过税务部门上缴政府，再根据不同情况返还学校。

由此可以看出，TAFE 的经费管理是在一种公平的环境下遵循市场发展规律的管理方法。TAFE 学院的办学条件的好坏、成本的高低、效益的多少将决定它能否得到经费支持。政府的经费支持方式也是根据学校的办学是否适合社会发展的需求、教学质量高低、学生质量优劣、就业率高低、所使用经费多少来决定是否给予财政支持。这种方式使 TAFE 学院处于一种竞争的环境之下，竭尽全力地提高自己的办学质量，让自己的各种条件符合财政拨款的标准。这种机制促进了 TAFE 学院的良性发展，也促进了澳大利亚旅游教育的发展。

二、有效的质量监控管理

从管理角度看，TAFE 系统中管与教的职能是相对分离的，这使得 TAFE 机构成为真正意义上的服务者。TAFE 机构是根据职业与培训教育机构提供的整套培训计划和大纲，依据州教育部教育服务处提供的教学计划、教学大纲、教材与实习指导书等，配置与行业实际工作岗位相一致的先进的实习、实训设备设施，设计教学程序，组织实施课堂教学和专门技能培训。因此，TAFE 学院在课程开始之前，各个方面的准备工作就已十分充分，准备工作中各个部分都是根据计划、目标制订的，这些准备工作为 TAFE 学院的教学打好了基础。与此同时，澳大利亚国家培训局还要对每个学院的

教学质量进行监控和管理，每个地方政府还要对毕业生进行追踪调查，确定其培养效果。这种有效的质量监控管理保证了 TAFE 学院的办学质量和毕业生的质量，也为 TAFE 学院能继续得到财政支持提供了保障。

三、统一的证书衔接管理

教育资格框架可以是普通教育、职业教育与培训、教育资格的一体化体系，这种体系是实施终身教育、实现 TAFE 与其他种类教育沟通的立交桥。教育资格框架内设有 12 级证书，其中包括高中教育证书、部分资格证书、IT 级证书、文凭和高级文凭、学士文凭、毕业生文凭、硕士证书和博士证书，且每一级证书都要求在内容上相互衔接。

TAFE 的专业证书是从低级到高级六种等级的专业证书，包括初级证书、操作技能证书、技术证书、高级技术证书、文凭证书和高级文凭证书。学生通过学习各个课程模块可获得一定的学分，在学分积累到一定阶段之后才能获得相应的等级证书。各种等级的教育之间都是相互连接的，只要是高中毕业就可以进入 TAFE 学院进行学习，要是取得了高级文凭证书就可以进入本科层次的学校二年级进行学习，将来可获得学士学位。这种方式使得 TAFE 学院与院校之间联系比较紧密，也方便更多的学生进入 TAFE 学院学习。

四、严格的师资管理

TAFE 学院的主要工作任务是开展教学，因此教师的质量是决定教学质量的关键因素。担任 TAFE 学院的教师除了必须具备本科学历，进行过师资培训之外，还必须有五年以上的在旅游企业工作的经历，必须具备岗位所需的职业技能。可见，TAFE 学院对师资的管理是相当严格的。教师在 TAFE 学院任职之后，为了顺应社会的发展，必须不断更新自己的职业技能知识。对学院的每一位教师都会给出进入旅游企业进行职业技能学习的时间。教师可以去旅游企业做一段时间的兼职工作，这样可以时刻和旅游行业保持联系，了解旅游行业的职业技能进展情况。除此之外，TAFE 学院的教师任用是采用专职教师和兼职教师相结合的方式，兼职教师一般是在旅游行业工作的人，掌握旅游行业最新的科技信息和科技成果，这样学生可以接收到旅游行业最新的信息和技术。TAFE 学院的教师不仅仅是在学校中教学，还会经常参加旅游行业协会的活动，不断地提高自己的知识和技能水平。

五、市场化的专业设置

"专业设置以市场为导向，以满足社会需求为目标，并完全根据市场需求变化调整和修订"，这是 TAFE 专业设置的基本思想。TAFE 的专业设置是完全根据当前市场的需要，旅游行业中需要什么样的人才就开设什么样的专业，市场发展新动态和企业发展新需求成为 TAFE 学院发展的外部驱动力，学院的生存和发展依赖于企业，为企业雇主服务。TAFE 在设置专业之前要依据全国的旅游行业组织对人才的数量和能力要求进行预测，并要通过地方的教育部门和行业组织进行审核来确定开设。行业顾问委员会行使专业设置的权利，要求专业设置必须符合以下四个条件。

一是将要开设的专业、培养的人才要符合当前市场需求。

二是开设专业的受欢迎程度高，就是学生有意愿学习这个专业。

三是开设专业的学校是否具备能授课的教师、教学设施和教学环境。

四是专业设置有利于个人的长远发展，符合社会的人才结构和社会经济的发展。

在此思想的指导下，TAFE 对旅游管理的专业设置有很强的市场针对性。具体来说，TAFE 并不单独开设旅游酒店管理专业，而是根据澳洲旅游市场的实际情况，将旅游管理细分为旅游管理、酒店管理、闲暇管理和会展管理等多门专业。因为这些专业都是从旅游管理中细分出来的，所以也被统称为旅游管理专业，隶属于旅游学院或教学系。专业设置的细分不仅可以有效地保证培养目标的针对性，使学生清楚自己毕业后的就业领域，还可以保证课程设置的专业性和具体性，使学生能对旅游业中的某一领域有较为深入的了解，掌握具体实用的专业技能，从而避免出现专业设置过于宽泛而导致的课程设置"广而不深"和学生学习"杂而不精"的问题。

六、开放灵活的教学组织管理

TAFE 灵活的教学组织管理主要体现在学习对象和学习方式这两个方面。

在学习对象方面，TAFE 对生源的年龄要求是没有限制的，从 17 周岁的高中毕业生到年过半百的老人都可以进入 TAFE 学习；对学生从事的职业也没有要求和限制，只要想来 TAFE 学习都是抱着欢迎的态度。可见 TAFE 对生源的要求是开放性的、无限制的。

在学习方式方面，TAFE 为学生提供不同的学习地点、学习时间、学习方式，学生可以根据自己的情况选择学习方式、学习地点、学习内容、教师和考核的方式，这些都具有很强的灵活性。TAFE 学院所有课程都必须在政府注册，因此每门课都有国家代码，在澳大利亚教育资格框架的管理下，为政府和行业协会所承认，证书和文凭被全世界所认可。使用代码不仅利于国家统一管理，也方便各学院和学校之间的课程衔接和学分减免，如南岸 TAFE 政府理工学院与格里菲斯大学就建立了课程对接，前者的文凭和相关专业的课程学分被后者所认可，学生在完成南岸学院一年半的课程学习和鉴定后，可以免修大学的部分课程，继续攻读更高层的酒店管理学位。因此，这种对接的模式给学生提供了继续深造的机会，学生可能最初只是愿意学习技能而不是获得学位或由于会考分数未达到大学入学标准而报读了 TAFE，但只要有接受教育的意愿，最终同样有机会进入大学。由此可见，职业教育与培训学历资格可以和教育学历资格相互衔接，为学生今后从职业转向更高层的专业提供了一个有效的平台。由于部分课程被学校认可，在人才培养上也是一种节约。

七、能力导向的课程体系安排及选修课程包制度

由于旅游管理是一门实践性非常强的专业，澳大利亚各类院校对该专业的教学都是以能力培养为核心的，即教学工作注重向学生传授各种实用知识、技能，强调对学生实际工作能力的培养。这种思想突出体现在课程设置上，它以旅游行业组织制定的职业能力标准和国家统一的证书制度为依据，具体内容和安排由企业、专业团体、学院和教育部门联合制定，并根据劳动力市场变化情况不断修订。在澳大利亚，与旅游管理有关的课程被分为基础课、核心课和选修课。其中，基础课、核心课几乎是培养实际能力的课程。以酒店管理为例，其基础课、核心课包括酒店管理、客房管理、观光业管理、酒店安全与失物防范等课程，每门课程的考核都是以职业能力标准和国家统一的证书制度为依据，最后根据考核结果授予不同等级的职业资格证书。

在重视培养学生实际工作能力的同时，TAFE 模式还十分关注学生未来职业生涯的发展，通过对旅游市场的调研并结合以往的经验，为学生规划了多条职业生涯发展道路。例如，格里菲斯大学的旅游学院将旅游管理专业学生的职业生涯发展方向分为旅游营销、旅游项目管理、风景区管理和人力资源管理等。多样化的发展方向对激发学生的学习兴趣和提升其就业能力无疑是很有帮助的，但对学校来说，这却是一个很大的挑战。因为对学生未来发展方向的培养是对学生所学专业的进一步细化和深化，这不是上一两门专业课就能学到的，它需要学校投入大量的人力、物力，进行系统的、长期的教学活动，才能保证教学质量。为了应对这一挑战，澳大利亚旅游院校引入了选修课程包制度。

所谓选修课程包就是学校根据学生的发展方向而设计的一系列选修课的组合。这一选修课的组合能够较为全面地、系统地涵盖学生所学专业中某一具体领域的知识。通过对选修课程包的学习，学生可以对某一具体领域有比较深入的了解，掌握更加专业化的知识，为以后在这一领域进一步发展打下基础。例如，格里菲斯大学旅游学院酒店管理专业的市场营销发展方向的选修课程包就包括娱乐业顾客行为学、娱乐业市场营销学、市场调研、全球营销和零售营销学等课程。这里有四点需要阐明。

其一，学生可以根据兴趣自由地选择选修课程包，从而决定自己未来的发展方向，但不能自由选课，即在选择选修课程包之后，学生必须修完该课程包内的所有课程，这样可以保证学生根据自己的未来发展方向进行集中的、深入的学习。

其二，选修课程包中的课程虽为选修课，但其重要性丝毫不逊色于必修课，选修课的开设要经过认真调研和精心设计，以保证其合理性和科学性；并且在学分数量、教学质量和考核严格程度上，选修课都不低于必修课，甚至更高。

其三，某一选修课并不只是列入一个选修课程包。例如，娱乐业顾客行为学既属于市场营销发展方向选修课程包的内容，还属于其他选修课程包的内容。

其四，选修课并不只是为旅游管理专业单独开设的。例如，市场调研和全球营销就是市场营销专业的必修课，选修该课的学生和必修该课的学生同堂上课，并且有相同要求。

由此可见，选修课程包的好处在于，通过充分利用学校资源，在不大量增加投入的情况下，实现了针对学生所学专业的某一具体领域进行系统和深入的教学，为学生未来职业生涯的发展打下了良好的基础。

八、先进的实训管理

TAFE 的教学特点就是课堂教学和实践相结合，很多课程是边讲边操作的，锻炼学生的动手能力，因此 TAFE 对实训基地的要求是非常高的。澳大利亚政府投入了大量的资金建设实训基地，时刻保证实训基地设备的先进性，淘汰落后的设备，跟随行业的发展，以便毕业生掌握先进的技能，这样就业时就能快速地适应工作岗位。TAFE 实训中的教学内容是由浅入深的，老师一边讲解学生一边操作，并通过观察逐步提高对学生的要求，最终要求学生的技能水平达到行业的要求。

TAFE 实训的特点是：实训总量大，但单次实训时间短，实训管理规范化。旅游管理专业的学生在进入第三学年之前，实训时间必须累计达 400 个小时。学生几乎每个学期都要进行多次实训，但每次实训的时间都不长。这个阶段实训的目的是实践在课堂上学到的知识，并将其转化为实际工作能力。这种课堂学习和实训间隔进行的方式不仅符合"学习—实践—再学习—再实践"的教学规律，还有利于提高实训的针对性，因此能取得良好的教学效果。在最后一个学年，学生还要完成 200 个小时的实训，但单次实训时间有所加长，这个阶段实训的目的不仅限于提高学生的工作技能，还包括使学生与企业相互了解，为学生就业创造机会。为了保证实训教学的质量，在 TAFE 模式下制定了严格的规章制度。学生在实训时被分成若干小组，由校方聘请的旅游业专家带领学生在企业内实习。专家的任务包括指导和监督学生实习，协调企业与学校的行动，共同管理学生。学生被分配到具体的工作岗位，由一名或多名企业工作人员指导，参与实际工作。在实训结束时，指导学生实习的工作人员和专家共同负责填写学生的实训报告，该报告将成为日后用人企业评价学生学习成绩的重要依据。

TAFE 先进的实训管理保证了与行业发展的一致性，学生在学习的过程中接触到的总是与社会经济发展相一致的学习内容，这样掌握的技能在毕业之后能很好地适应本岗位，从而促进个人的发展。

第四节　旅游管理 CBE 人才培养模式

站在教育目标的角度来对 CBE 培养模式进行简单分析，其主要是体现了以能力为基础的教育理念，在该种模式之下从事教育活动时，目的性更强；站在内容的角度来分析，其主要的出发点是产业界对于职业能力的需求，更加注重对学生进行企业所需要的实际操作能力的培养。在应用 CBE 模式开展教学的过程中，一个非常重要的环节就是课程的开发。将 CBE 培养模式应用于旅游管理专业的人才培养中，有利于其培养目标的具体化、质量评价的社会化、教学过程的活动化、专业教育的实践化以及文化教育的功能化。

一、旅游管理 CBE 人才培养模式的内涵构建

在旅游管理专业人才培养过程中，必须紧密地对接旅游产业，依据旅游产业实际的发展需求制定出合理的人才培养目标，以便在实际的教学过程中建立起能力本位、双证融通的模块式课程体系，并在此基础上建立起能力本位、工学结合、校企合作的人才培养模式，将学生的职业素质与人文素质的培养作为基础，并将学生的可持续发展能力、创业能力、职业技能的培养作为主要的人才培养目标，将校外实训基地、校内基地与校内工作室作为人才培养平台，以便有效促进学校的人才培养目标与企业人才规格及行业人才规格的有效对接，同时能够有效促进学校的环境与实训条件、企业的环境与实训条件的对接，从而建立起工学结合的人才培养模式。在能力本位的人才培养理念中，重视学生职业技能的培养，能力的培养渗透于整个人才的培养过程中，要想学生各方面能力都能满足实际的市场人才需求，就需要在相关的环节的设置过程中，做好全面的市场调研工作。

二、旅游管理 CBE 人才培养的多元模式构建

依据旅游管理专业的特点，结合旅游业的实际发展需求，积极构建多元化的旅游管理专业人才培养模式是非常必要的，如"双证书＋双技能＋双素养""教室—基地—仿真公司—实习企业""基地—仿真公司—企业集中工学结合"的人才培养模式等。在开展人才培养的过程中，要将学校、企业联合培养作为基础，强调实践教学，将旅游企业移植到旅游基地课堂与公司中，以便在教学过程中形成突出学生技能训练的教学特

色，从而有效地构建双证融通、能力本位的模块式课程体系，并能够有效地实施"工学结合、校企共育的基地—仿真公司—企业"的递进式人才培养模式。在 CBE 人才培养模式中，以工作过程及岗位需求为主线，将相关的职业资格作为依据，将学生的能力培养作为本位。在课程设计过程中坚持以真实项目为载体的设计理念；在人才培养模式构建过程中注重采用具有自己专业特色的设计；在制定人才培养方案的过程中需要注意突出注重外语培养的特点；在实施课程设置的过程中注重强调学生的能力培养，以便打造出"双证书 + 双技能 + 双素养"的高端技能型人才，注重学生的职业素养与人文素养的培养，以便学生在获取专业基本素养的同时，能够获得良好的人文知识素养，获取相关的外语应用技能与职业技能，并在此基础上强化对学生职业资格考证的培养，帮助学生在校期间能够获得相关的职业资格证书与毕业证书，并要帮助学生获得管理协调、双语沟通、专业操作等方面的能力，这对于学生之后的岗位实习与工作具有非常重要的促进作用。

三、旅游管理专业知识、能力、素质结构的构建

旅游管理专业需要对自身职业岗位群的知识能力与态度结构予以明确，对旅游企业的岗位专项技能和毕业生基本的职业态度、能力水平、知识水平、基本素质等方面的要求进行明确，以便能够为人才培养方案的制定提供科学依据。要能够对旅游管理专业的核心课程予以明确，专业核心课程主要是指对于学生的职业能力与专业性质具有较大影响的关键课程，其在进行课程设置的过程中，应该能够紧紧围绕高端技能型人才的培养目标，对学生的可持续发展、职业能力、基本素质等予以综合的考虑，并要充分地结合职业岗位的相关任职要求，积极引进旅游行业企业的技术规范与技术标准，对职业岗位的相关认知要求予以充分体现，还要积极灌输行业的最新发展变化情况，在课程体系构架设计的过程中，要对相关专业的核心课程予以明确。旅游管理专业在开展人才的培养的过程中，要能够与旅游产业的行业特点密切地对接，依据实际的行业发展特点来制定相关的人才培养目标，将旅游职业的活动需求及相关的企业岗位需求作为主体，并要在人才培养规格的设置过程中，坚持"双证书 + 双技能 + 双素养"的基本要求，也就是说所培养的旅游管理专业人才要能够满足职业资格证书、毕业证书、专业技能、语言技能、职业素养、人文素养等方面的要求，并要注意人才培养规格与人才培养目标的明确性、具体性，还要能够有效地凸显出旅游管理专业的人才培养特色，这样所培养出的旅游管理专业人才，才能更好地满足企业与行业的人才需求。在相关的岗位设置的过程中，要积极开展广泛的市场调研，在开展相关专业建设的过程中，一定要广泛地征求各方意见，通过充分讨论，将校企联合培养的模式作为人才的培养基础，并要在此基础上制定出能力本位的旅游管理专业人才培养模式，这对于

旅游管理专业人才的培养具有非常重要的作用。

随着社会市场经济的快速发展，中国的旅游业取得了快速的进步与发展，学校作为旅游管理人才培养的重要基地，积极做好旅游管理专业人才的培养工作是非常有必要的，将CBE模式应用于旅游管理专业人才的培养中，对于人才培养效率与质量的提高都具有非常重要的作用，这里针对此予以简单分析，对于实际的旅游管理专业的人才培养工作具有一定的参考价值。

第五节　旅游管理现代学徒制人才培养模式

一、现代学徒制与工匠精神的内涵释义

（一）现代学徒制的内涵

现代学徒制是通过学校、企业开展深度合作，采用工学结合的方式，由学校和企业双方共建师资队伍，学校老师、企业师傅联合围绕传授学生技能，同时并注重给学生传播职业道德，传送职业经验，引导职业规划，以求培养出适应现代市场经济环境的现代人才培养模式。

（二）"工匠精神"的内涵

"工匠精神"是一种职业精神，传递从业者的某种行为表现和职业价值取向，体现从业者的职业道德、职业能力、职业品质。新时代下"工匠精神"的内涵应该更为广泛，结合旅游管理专业的特点，现总结主要包括以下几方面。

职业技能：指从事旅游行业应该具备的符合旅游行业标准的专业技术和能力。对于旅游从业者而言，除了履行规定的服务，提高主动服务意识，掌握更灵活的服务方式外，同时，它更应该是专业、严谨、敬业和负责任的态度，精益求精的细致工艺和专注于服务细节的耐心与专注。

职业道德：旅游人员的职业道德包括对旅游行业或职业的了解认知、深刻体会以及在职业活动中必须遵循的道德规范、行为准则和职业信念等。

职业理想：职业理想是旅游人员在职业上经过对社会要求和个人条件的评估后而确立的职业奋斗目标。它是旅游从业人员实现个人生活理想、道德理想和社会理想的手段，并受社会理想的制约。

职业创新精神："新时代的工匠精神"还包括追求突破和创意、创业的创新理念。除了提供常规服务产品外，要求旅游人员积极创新工作方法，提高工作效率，注重产品，为客户提供个性化、人性化的旅游服务。

二、现代学徒制下旅游管理专业学生工匠精神的培养途径

现代学徒制人才培养模式下，政府、学校和企业三方群策群力，多措并举，为培养具有"工匠精神"的高素质技能人才提供保障、搭建载体，将抽象的"工匠精神"转化为现实的职业行为，帮助学生在学习职业技能与追求职业理想的过程中，不断发现并感受其职业魅力，鼓励学生积极运用所学的知识投身到旅游行业的建设发展中。

第一，在政府层面，做好顶层设计，提高技术型人才的社会地位，营造崇尚"工匠精神"的社会氛围。在学生"工匠精神"的培养上，政府要积极发挥顶层设计的作用，制定一系列保障制度，推进专业技术人才工匠精神培养规范化、制度化；进一步规范专业技术型人才的职业技能分级标准，提高专业技术型人才的社会地位，营造崇尚、弘扬"工匠精神"的社会氛围；以实现从旅游大国发展成旅游强国的战略目标为出发点，重视旅游产业的发展，促进旅游业与多产业的融合，提供更多就业机会，拓宽旅游管理专业技术型人才的职业前景，帮助学生建立职业自信。

第二，在学校层面，完善学生培养方案，保障师资队伍建设，创新课程形式与内容。首先，以培养具有"工匠精神"的高水平学生为培养目标，制定科学完善的学生人才培养方案，学生从入学到毕业，各阶段应有不同侧重点的体现。其次，教师教学过程中，要将专业知识的教育与"工匠精神"的培育有机地融合在一起，创新教育教学方法。比如，旅游管理专业教师在教学过程中要重视激发学生对职业技能的热爱与探索的积极性，可以指导学生在企业实训时做好实训台账，及时对在企业实训期间学到的职业技能、经验、感悟进行总结和归纳，并定期通过主题班会等活动形式进行分享，加深学生对职业技能与职业精神、职业道德、职业理想之间内在关系的理解。再次，是在现代学徒制课程体系中加入创新创业课程，注重对学徒创新意识的培养，这是现代工匠精神的延续。

第三，在企业层面，加强与校方联系，选好学徒"师傅"，在企业文化建设中融入"工匠精神"。首先，企业要加强与校方的联系，双方共同探讨工学结合的人才培养模式不断升级，利用各自优势从不同侧面培育旅游管理专业学生群体的工匠精神。其次，在企业内部建设一支具有"工匠精神"的联合办学技能人才队伍，学徒在企业的培养过程中，要选好那些具有高尚的职业道德、高超的技术工艺等且具有"工匠精神"的企业员工做学徒的"师傅"，为培育"工匠精神"提供队伍保障。最后，企业文化建设中融入工匠精神。企业特有的文化也会对学徒产生潜移默化的影响，而学徒在此过程中也会增强对企业和职业的认同感，不断规范自己的行为，不断塑造自己的价值理念和职业精神。

综上所述，旅游管理专业采用现代学徒制人才培养模式，不仅有利于提升学生的

综合能力和提高毕业生就业率，还有利于加强学生实践锻炼，改善教学环境，推动学校科研工作发展；而在现代学徒制下人才培养模式下强调"工匠精神"的培养则适应了现代旅游业专业技能型人才发展的需求，是培养专业的旅游管理人才的重要方向。利用好现代学徒制下学校和企业联合办学的平台，为旅游产业培养具有"工匠精神"的从业人员，具有十分重要的现实意义。

第六节 旅游管理"产、学、研"合作人才培养模式

中国旅游教育近年来虽然在规模上得到快速的扩张，但其人才培养却出现了理论与实践脱节等诸多问题。这就需要高等旅游院校不断加强旅游管理专业实训基地建设，着力提高教师和学生的研究水平，积极促进旅游研究成果的转化及应用，走"产、学、研"合作培养人才的道路。

一、"产、学、研"合作人才培养模式概述

（一）"产、学、研"合作人才培养模式的内涵

"产、学、研"合作是指企业、科研院所和高等学校之间的合作，通常指以企业为技术需求方与以科研院所或高等学校为技术供给方之间的合作，其实质是促进技术创新所需各种生产要素的有效组合。随着学校功能从人才培育、科学研究到社会服务的延伸，高等教育、科技、经济一体化的趋势越来越明显，尤其是在知识经济社会中，大学将被推向社会发展的中心，成为社会经济发展的重要动力。以信息技术为标志的第三次科技革命对"产、学、研"合作起到了推波助澜的作用，其中，斯坦福大学对师生创业和建立学术界与产业界合作的积极支持，创造了"硅谷"的经济奇迹，使"产、学、研"合作在高新技术飞速发展的当今世界，成为推动经济和社会发展的一种最强劲的动力。

国内外"产、学、研"合作的形式包括：学校和企业自主联合科技攻关与人才培养；共建研究中心、研究所和实验室；建立科技园区，实施科学研究与成果孵化；建立基金会，设立"产、学、研"合作专项基金；吸纳企业公司和社会资金成立学校董事会，建立学校高科技企业以及学校与地区实行全方位合作等。其中，大学科技园作为教学、科研与产业相结合的重要基地，成为学校技术创新的基地、高新技术企业孵化的基地、创新创业人才培育的基地和高新技术产业辐射催化的基地。

（二）"产、学、研"合作人才培养模式及其特点

"产、学、研"合作按合作主体的关系可分为四种模式，分别是校内"产、学、研"合作模式、双向联合体合作模式、多向联合体合作模式和中介协调型合作模式。

1. 校内"产、学、研"合作模式

院校为促进教学与科研结合，促进科研成果转化为生产力，筹措教育经费，利用校内自身的有形资产和无形资产、自己研究出的科技成果和人才优势，创办自主经营、自负盈亏的经济实体，并将经济实体与教学实习基地合二为一，以达到人才培养、科研发展与经营效益并举的目的。

该模式的优势在于：便于学校统一有效地管理和规划；能更好更快地把学校的科技成果转化为产品；能促进学校主动进行市场定位，加强与社会的联系；能快速地获得收益，为学校创造新的就业岗位，缓解人事体制改革带来的人力资源闲置的压力；能较好地协调教学、科研与产业间的关系。但在该模式中，由于学校既是企业的创办者，又是企业的经营者，因而自己的优势不在商品的生产与经营上，而是人才、科研与技术，若学校把精力花在合作的经营上，就势必偏离教学与科研的中心。

2. 双向联合体合作模式

学校的主要任务是培养人才，市场化的经营与生产不是学校的优势，学校市场开发能力弱，校内企业资产薄弱。在这种情况下，学校的"产、学、研"有必要与校外企业结合。通过与学校合作，校外企业获得了人才、成果与技术的有力支撑，提升了企业开发新产品的能力，促进了企业的不断发展与市场份额的拓宽。

该模式的特点是迅速直接，合作多以单个项目或成果为主，优势互补明显，主要侧重于一次性操作，技术转让、项目转让、服务咨询、人员培训是其主要形式，转让或项目履行完成时合作终止，学校无须再投资，不承担什么风险。然而，这种合作模式由于是限于直接利益双方，因行业差异导致各自不同的出发点，引发诸如观念与认识上、权益与利益上、信息与沟通上、经费与政策上等的分歧难以调和，致使合作成功率不高。

3. 多向联合体合作模式

市场是有风险的，谁都想把风险降解到最低。有的成果特别是大型项目，尽管有市场，但因投资过大，是双方合作无法解决的，于是就出现以三主体为主要形式的多向合作模式。三向包括技术成果方（学校）、出资方（金融机构或个体资本投资者）与生产经营企业。

其特点是合作紧凑规范，风险低，合作期限长，潜力大，收益明显。但由于投资需求大，出资方非常谨慎，合作前期的谈判颇费周折，有的技术成果方涉及多所院校，几方同样存在着权益与利益的问题，故成功率较低。该模式追求的是规模效益和大市场。

4. 中介协调型合作模式

由于前几种合作主体都是直接利益方，在合作的整个过程中，有的分歧难以消除，如技术成果的成熟度问题、资金投入是否到位、产品开发与市场进入是否有效、权益与利益的拥有与分配标准等。另外，信息交流渠道不畅经常导致校方成果价值与企业方的市场机会流失。于是，近年出现了以中介机构为纽带的合作模式。中介机构有政府的生产力促进中心、院校产业推广服务中心、社会科技推广服务机构以及一些媒体附属的科技成果传播机构等。

其特点是广泛收集"产、学、研"合作的供需信息，多形式传播信息，主动牵线搭桥，以中介人的身份协调各方分歧，并提供某种形式的担保，负责信息真实性的调查与利益分割等，有意识地降低供需多方的风险程度，促进合作成功。

二、构建"产、学、研"合作人才培养模式

目前，中国旅游教育中"产、学、研"合作人才培养模式还很不成熟，这就需要学校、企业、政府等共同参与，以推动"产、学、研"合作人才培养模式真正应用到旅游教育之中。

（一）加强旅游管理专业实训基地建设，强化旅游教学与旅游行业实践的结合

旅游管理专业一般应在校内建立前台、餐饮、客房、导游、旅行社、信息管理等模拟性训练基地。有条件的学校最好建立实际运营性质的基地，如校园旅行社、校园酒店等。同时，借助行业力量，建立多种形式的校外实训基地也是培养旅游人才实践能力的必要途径。

旅游教育培养的人才是高素质的复合型人才，因此其校外实训基地建设应注意高层次性、多样性、稳定性和连续性。高层次性是指实训基地在行业中应具有较高的地位。基于此，旅游院校应主要在旅游业发达的地区选择管理严格、信誉良好、业务规模较大的旅游企事业单位作为实训基地，也可考虑建立国外实训基地。多样性是指实训基地类型的多样化。目前院校旅游管理专业的实训基地主要是酒店，一般采取集中实训形式，时间为 4 ~ 6 个月，基地类型和实训形式都过于单一。因此应该加大实训基地建设的力度，建立起涵盖旅游行政管理部门、旅游景区、旅行社、酒店、旅游网络公司等在内的实训基地网络，采取集中或分散、定期或不定期等多种实训形式。校外实训基地建设还要特别强调稳定性和连续性，过于频繁的变动对学校和企业都是不利的。当确定建立实训基地时，双方应该制订详细的合作计划，明确各自的权利与义务，并以合约或协议的形式确定下来。在强化旅游教学与旅游行业实践方面，实习与学生课程学习冲突是一个比较突出的问题，最好的解决方法就是将课程教学与实习融为一体。具体说就是将与实习内容相关的课程调整到实习过程中，由实训基地培训部门组织业务人员讲授，形式主要有集中课堂讲授、专题报告、专题讨论、案例评判等，课程考试由基地与学校共同组织。

（二）着力提高院校旅游管理专业研究水平，强化旅游管理专业教学与研究的结合

目前中国院校旅游管理专业教师研究项目较少，水平不高。究其原因，主要有两个：一是旅游管理专业师资力量不足，教师教学工作强度太大，缺少研究时间；二是旅游管理专业学科地位较低，项目申请难度大，研究经费不足。因此，扩大旅游管理专业师资队伍规模，提升旅游学科地位是中国院校旅游管理专业首先要解决的问题。院校旅游管理专业要特别加强教师的教学与学术研究，要鼓励旅游管理专业成立专门的研究机构，并为教师申请各种科研项目及参加学术会议等提供便利条件。尤其要加强教师教学研究，增加各层次的教学改革项目，并及时将研究成果应用到教学实践中。同时要注意引导学生进行研究，提升学生学习效果和实践应用能力。目前学生自主研究意识比较薄弱，因此应通过课堂教学改革来提高学生自主研究的积极性。课题式教学是中国院校旅游管理专业提高教学水平，促进学生研究活动的可试行性模式。具体做法是：将教师讲授时间缩短，然后由教师负责把课程按指定课题和自选课题的形式分配给学生小组，学生在规定时间内先对指定课题进行个人研究与小组讨论，并定期由组长以小组课题报告形式向教师和同学汇报，期末进行小组自选课题的研究与报告。成绩评定由教师和学生共同进行，按 3 ∶ 2 比例构成；总成绩由平时指定课题成绩和期末自选课题成绩构成，按 2 ∶ 3 比例折合。

（三）促进院校旅游研究成果的应用，强化旅游研究与行业经营的结合

作为应用性学科，旅游研究应该以行业实际运行情况为基础，着重解决行业发展中存在的问题，促进或引导行业发展。目前，中国院校旅游管理专业教师的研究存在着与旅游行业发展严重脱节的现象，教师的研究不能真实客观地反映行业实际。因此，院校旅游管理专业教师要注意通过多种形式参与到行业运行第一线，随时了解和把握行业运行状态，从而发现问题，寻找研究课题。当课题确定后，课题负责人要注意吸收旅游从业人员参与课题组，并时刻关注行业发展，尤其在课题研究取得成果后要及时地把它们应用到行业中，以最大限度实现成果的转化。目前中国旅游院校在成果转化方面存在较大不足，大多数教师只注重研究本身，只关注研究成果的学术评价，并不关注其在实践中的应用。实际上，旅游行业发展是非常需要这些研究成果的。

总之，"产、学、研"之间是相互联系、相互依赖、相互促进的。中国旅游教育要想得到长足的发展，就必须进一步加强三者之间的联系，通过"产、学、研"合作为中国旅游业培养大量高素质的人才，从而推动"旅游强国"伟大目标的实现。

第五章　旅游管理人才培养课程创新

第一节　全面优化课程教学体系

科学合理的课程体系是实现培养目标、提高人才培养质量的关键。旅游管理专业是应用性、实践性极强的专业，基于应用型、创新型人才培养的目标定位。课程体系既要遵循高等教育教学的发展规律，又要适应社会对人才的客观要求；既要训练学生掌握操作技能，又要为他们的职业经理人生涯和今后更广阔领域的发展奠定坚实的学科理论基础。

旅游管理专业自创建以来，致力于"培养具有创新精神和实践能力的应用技能型人才"，使旅游管理专业的毕业生成为具有良好的综合素质，熟悉旅游市场，具备旅游管理专业的理论知识和操作技能，有较强的涉外能力和创新能力，适应旅行社、景区（点）、酒店、宾馆等企业经营管理、服务一线需要的实用型专业人才和创业型人才。为了实现上述培养目标，该专业制定了一套科学适用、以应用为主旨和特征的教学内容和课程体系。

一、课程的设置

（一）课程设置的原则

课程设置是任何一个专业成功的重要环节。经过认真思考和探索，并借鉴国内外高等教育兄弟院校旅游管理专业课程设置的特点；根据旅游市场对旅游管理人才的要求，我们在进行旅游管理专业课程设置时主要遵循了以下几方面的原则。

1. 以应用技能为中心设置课程

高等教育旨在培养具有创新精神和实践能力的应用技能型人才。我们在课程设置时摒弃了传统院校以学科为中心的做法，而是以培养目标应用为中心。从旅游业职业岗位所要求的职业能力出发，分析各种技术人才所必须具备的知识、技术和能力，以此为核心形成一套完整的课程体系。

2. 以培养实用型和复合型人才为目标设置课程

作为高等教育的旅游管理专业，具有面向地方、面向社会及面向基层的特性，因而决定了其培养目标的实用型和复合型。实用型指学生所学知识是旅游行业使用的技能与工作程序，学生毕业与从业之间不存在再培训阶段，可直接上岗。然而，由于目前科学技术水平的发展日新月异，需求复杂化和市场不稳定因素加剧，如果仅强调实用型，则会出现学生所学知识生命周期太短的问题。因而要以实用为特点，同时加强复合型的特点，既拓宽学生的知识面，又培养学生较强的再学习能力，走宽、专、多能的道路。目前，旅游管理专业课程正是遵循这一原则而设置。以旅游行业现行的管理规范设置课程，同时给予学生现代社会再学习的基本能力。

（二）根据相对运动原则设置课程

根据相对运动原则，设置课程是指随着社会和企业需要，随着科学技术的不断发展，专业课程设置在一定时期内产生相应的变化。这主要是由该专业应用型为主的培养目标所决定的。专业自开办以来，每一年都会开设专业课程，并会做出相应改变。每一次新制订教学计划时，都会根据专业人士的建议，以及社会调查反馈的信息对前面的教学计划进行调整。

（三）根据能力层级递进原则设置课程

旅游管理专业课程设置倡导以技能为主导。技能教育不是教学的补充，也不是一种理论课的解释，而是全部教学的出发点和核心，有自己的体系与层次。在旅游管理专业课程设置中，首先要明确的是旅游管理专业管理人员应该具备的技术与能力，并根据其内在的规律分为初级技术、中级技术与高级技术，一般能力、核心能力和专业能力。

其中，初级技术主要包括旅游基本礼仪，旅行社组团、接团、导游等基本操作步骤等；中级技术主要包括旅行社、景区、旅游公司公关、市场营销等；高级技术包括旅行社、景区、旅游公司财务管理、成本控制、电子商务管理、投资分析与可行性论证、旅游规划设计等。专业技能应与相关专业课以及基础课一起构成该专业的全部课程。

二、理论课程体系设置

目前，我国旅游管理专业整个课程设置从纵向上可分为公共课程模块、专业理论模块、应用理论模块、行业常识模块、实践模块。

公共课程模块可分为德育、综合素质课程和应用工具三部分。

专业理论模块可分为基础理论和应用理论两部分，其中基础理论课程包括旅游学、管理学、经济学等，主要侧重于原理性的知识，追求理论体系的完整性。而课程结构的功能定位就是在专业理论基础上，目的是为学习后续课程奠定理论基础。

应用理论模块包括旅游学与其他学科相互交叉所形成的课程，如旅游心理学、旅游文化学、旅游经济学、旅游市场营销学、旅游人力资源管理、旅游信息管理等，这些课程在发展过程中不过分追求理论体系的完整性，多强调应用性，以够用为原则，具有明显的应用性指向。应用理论模块围绕的核心业务可细分为饭店管理、旅行社管理和景区规划与管理三个模块，表明目前旅游管理专业的三个专业方向，其特点是强调实用性、重心侧重于管理流程，其内容与相关的培训课程近似。

行业知识模块包括中外民俗、礼仪、客源国概况、旅游法规等课程，主要是旅游业所熟知的一些常识。

实践模块包括专业实习、毕业论文以及社会实践，其特点是学生在一定的指导下独立完成。

旅游管理专业课程体系的设置首先是确定培养目标所需要的高级技能，以及达到该技能所必需的基础技术、能力和知识。为了使培养出来的学生有较强适应能力，体现一专多能性，在此阶段应开设一些与本专业相关的技能与知识课。最后，基础课程主要是该专业所需的文化基础和学习手段。因此将课程体系分为基础课、专业基础课和专业课三部分。

基础课部分主要学习一些文化课程，旨在提高学生的文化素养和基本素质。例如，从事管理工作，需要掌握管理数学和一定的哲学及经济学知识。

专业基础课部分，主要是为学习专业课及从事旅游行业工作做准备，包括从业基本能力和心理准备。旅游管理行业是高接触行业，与各方面人士交往是其职业特点，在能力准备上必须有良好的交际能力，因而语言能力培养、交际能力培养成为专业基础课程。在行业准备方面，最主要的是心理素质和人格素质的准备，包括礼貌、职业道德、行为作风、旅游审美等。

专业课部分，主要针对旅游行业岗位技能特点开设课程，包括在景区、旅行社、旅游公司从事导游解说、组团、接团、带团、规划设计、财务、人力资源、物业等方面的管理。

在细化管理类人才必备能力和素质的基础上，以教学内容为主线，构建"平台＋模块"的课程体系，形成素质能力模块，实施模块化、层次化教学，培养学生的行业素质，特别是职业意识、职业态度和职业能力。其中，"平台"由公共基础课、专业基础课程构成，体现管理类专业人才培养的共性，体现"厚基础、宽口径"的特点；"模块"由专业方向课、专业拓展课和第二课堂构成，体现个性培养、专业方向人才的分流培养。我们将通过认真研究各门课程内容之间的联系，提高课程的系统性，同时注重课程开设的先后顺序，考虑课程教学和职业资格证书考试的有机衔接，提升学生对课程内容的理解能力。

三、系统的实践教学环节

为了培养适合社会需要的人才，突出以应用型技能型人才培养为核心，本专业课程体系中设置了系统的实践教学环节。几乎所有的专业课程融入了实践教学环节。在实践教学的设置和安排上，我们坚持学校与社会相结合、定点与流动相结合、定期与机动相结合、长期与短期相结合、课上与课下相结合、学习与实践相结合、服务与实践相结合。通过上述特色鲜明的教学和实训活动，我们可以培养学生的学习研究能力、业务操作能力、可持续发展能力及创新能力，以缩短或消除学生将来就业的"磨合期"，学生能够顺利地适应和创造性地开展将来的工作。

（一）建立专业综合实训室

各专业对学生的实践技能有很高的要求，在进行学生实践能力培养过程中进行大胆尝试，在企业的协助下开设具有一定的综合性和创新性的实验和实训课程来打破理论与实践之间的障碍，从而促使理论与实践紧密结合。

（二）构建实践教学新体系

应用型人才培养模式强调培养高素质应用型人才必须从重视学生实践能力着手，通过教学设计实践教学环节，突出对学生实践能力的培养，将教学实践、生产实践、技术实践、社会实践和科研实践有机结合成一个完整的体系，与理论教学有机结合，相互渗透，并将常规实习与顶岗实习相结合，加强实习实践基地建设。

（三）开设第三学期

我们习惯上将第二学年和第三学年之间的暑假称为第三学期，运用第三学期安排学生进行顶岗实习，如果有特殊情况可以适当调整实习安排。为了让学生充分参与到企业实践中，教师在教学过程中更加注重学生核心技能的培养，也会将下一学期所要学的内容提前渗透给学生，学生在实践中，先对这些内容有一种感性的认识，这不仅能增强学生的实践能力，也能提升学生对新知识的理解能力。这种学习与实习相互交替，创新的"交互式"实习方法弥补了传统的"3+1"教学模式的不足，能使学生更好地将所学知识运用到实践中。同时，学生将实习过程中遇到的问题带回课堂，由同学和老师共同解决，也使教师的能力和学生一起得到提升。

我国旅游高等教育起步较晚，是在改革开放后随着旅游业和高等教育的发展而不断发展的。在此之前，旅游教育主要集中于对在职人员的培训，培训的对象是一线接待人员。因此，最初的课程设置更侧重于行业知识和服务技能，并占较大比重。

第二节　构建立体化教学方式

目前，高等教育正在由应试教育向素质教育转轨，应该尊重认知规律和新时代学生的学习能力和学习兴趣，加强学生自主学习能力和思维能力的培养。我国现有的旅游从业人员队伍中，从业人员的文化素质、知识结构及岗位技能等方面，均无法满足产业发展和产业竞争的需求，这在很大程度上影响和制约了我国旅游业的发展。因此，旅游管理专业的教学必须立足现实，根据旅游业的结构、从业人员工作岗位的特点，合理调整旅游高等教育的结构，培养不同层次、不同岗位所需有知识、能力的管理服务人才，以适应旅游业的发展和国际旅游市场竞争日趋激烈的形势。

在该专业的教学中，必须通过各种方法使学生学会认知、学会做事、学会发展。根据该专业的学科特点，综合运用"案例教学法""无领导小组讨论法""情景模拟教学法""项目教学法"等教学方法，确定学生的主体性，激发其创新意识。并通过"任务框"和"问题引导"，使学生可以综合运用所学知识，解决实践中的问题，完成相关任务。

一、加大案例教学法的运用

所谓案例教学，就是教师在教学活动中根据课堂教学目的和要求，通过组织学生进行案例的调查、阅读、思考、分析、讨论和交流等活动，使学生了解分析问题和解决问题的方法，进而提升学生分析问题和解决问题的能力，加深学生对基本概念和原理的理解和运用的一种特定的教学方法。旅游管理专业具有综合性，既要重视理论知识的学习，也要注重培养独立学习能力和实践能力，因此，该学科的教学就应该与具体实践相结合，如果靠纯理论教学是无法达到理想教学效果的。而案例教学法就可以其独特的优势，适应旅游教学改革的要求，为学生提供一种真实的环境，提供可进行分析的素材和机会，通过大量案例学习，学生能够获得更多技能的训练，在分析问题、解决问题等方面的训练得到强化，从而培养和提升学生的沟通能力、创新能力，使学生理论与实践相结合，在专业能力和素质方面得到极大的提高。

目前，案例教学法在很多专业课程教学中运用比较广泛，但个人认为，实际上还存在如下一些问题，如案例选取不恰当、案例数量不足、即时案例缺乏、学生参与性不高等。为了更好地把案例教学法运用起来，可以尝试从以下方面去努力。

（一）教师案例导入

案例导入要能吸引学生注意力。案例的导入是为了让学生更快地融入案例情境中，使学生进入"角色"，从而体会案例中遇到的问题，并找到最终解决问题的方案。

（二）学生案例分析

学生案例分析的过程，也是个人创造性学习的过程。在这个环节，学生通过认真阅读案例，利用案例所提供的情节内容或相关的背景资料来找出案例中存在的问题，并区分一般问题和疑难问题，以便制定解决方案或对策，从而培养学生获取信息和分析信息的能力，提升他们分析、判断、归纳和推理等方面的能力。例如上述案例中，在学生阅读后，教师引导学生对案例进行分析，把握案例中的事实信息。如案例的背景发生在餐饮部门，接下来，学生应认真分析案例中的问题情境，如案例中出现的问题是什么？发生这样问题的原因又在何处？需要怎样解决？解决后的效果如何？带着这些问题，学生可以主动查阅相关资料，通过认真思考和分析，得出自己的判断，并可将自己对案例的看法和见解记录下来，以便在下个阶段中做进一步讨论。

（三）学生案例讨论

案例讨论环节可以把全班同学进行分组，针对已提出的问题，学生各抒己见，陈述自己的理由和依据，充分表达各自的想法和意见。由于每个学生不同，可能会产生多种不同的看法，因此这就需要不同的方案进行分析和比较，集思广益，通过不同的思维碰撞，最终形成一致的解决方案。在这个阶段，不同的小组或学生之间会产生不同意见和观点，由此产生争论，而教师应调动全体学生的情绪，使其保持高昂的热情和高参与度，这样的交流可以充分激发学生蕴含的潜力，让学生养成从不同角度来思考同一问题的思维习惯，从而提升其分析和解决问题的能力。

（四）教师案例总结

教师对旅游案例教学准备的总结，主要包括以下几个方面：课前的物质准备和心理准备是否充分；对案例教学的重点和难点的考虑是否与课堂教学需求相符；对教学实施的安排是否与实际的实施过程相差很大等。

二、多渠道提高教学质量

（一）改变教学方式，提高教学效率和质量

旅游管理教学要树立以学生为主体的观念，改革传统的教学模式和方法，推行启发式、讨论式、研究式等教学方法，突出课堂教学、案例教学、实践教学等环节，不断提高教学的效率与质量。

（二）采用综合集成、面向对象的多元化教学方式

教师在授课时应注意处理好灌输和引导、讲授与讨论、理论与实践之间的关系。一方面要增加课程教学中的知识点，尝试多种教学方式的交叉应用，如课堂讨论、网

上论坛、专题报告、案例分析等;另一方面要探索其他教学方式,提高学生的动手能力,如进一步完善导师制,在导师的指导下,撰写专业论文和旅游产品营销策划、进行实地考察等。

1.提高教学手段的现代化和信息化水平

旅游管理专业教学对现代化教学要求较高,它需要教学内容做到"图文并茂"。因此,教师在课堂教学中应尽可能地使用CAJ课件,将课程理论、景区状况和企业案例结合起来,进行全方位、互动式教学,并尽量使用校园网络信息资源,以节约课堂时间,提高教学效率。

2.加强师生联系,提供良好的学习环境和服务

教师应该经常组织教学座谈会,倾听学生对教学条件、教学方法、教学内容等方面的意见和建议,同时组织学生参加旅游市场调研和各种专业讲座与报告。教师要密切关注旅游业的最新发展动态,及时掌握社会对旅游管理人才的需求状况,并把这些最新情况告诉学生,以激发学生学习的兴趣和动力。

(三)加强理论实践型教师队伍的培养

师资是教育的永恒问题,对于尚属年轻的旅游教育而言,师资问题更显重要。除去办学条件、教学管理以外,师资水平的高低是决定教学质量的重要因素。要实现高层次的旅游人才培养目标,就必须建设一支素质高、结构优化、"能文能武"的教师队伍。可以争取"走出去,请进来"的办法,积极创造机会,让现有的专职教师到行业中挂职学习,尽可能获得相应的资格证书,增加实践经验。同时招聘有丰富经验的人,经过教育心理学和教学方法的学习,补充到教师队伍中来。对多数院校来说,在现有的教师队伍中进行重点培养和逐步进修,甚至到那些旅游高等教育较为发达的国家进行短期学习是一种颇为有效的方法。对于旅游专业的教师来说,应经常与各类旅游企业保持联系,最好能有机会在相关企业兼任一定职务,这样可以锻炼教师的实际工作能力,增加教师的实践经验,教师自然而然会把这些经验和知识带到教学中,传授给学生,学生也不会认为站在讲台上的教师只会纸上谈兵。

(四)突出实践环节,培养职业能力

结合我国旅游业的实际,应当加大实践课在教学计划中的比例,学生在企业的实习应在半年以上。学校的旅游教育应当开展校内模拟训练和到旅游实际部门实习,并建立起新的教学实践模式,把实践教学的内容加入课程设计和毕业设计之中,使实践教学立体化。在教学安排上,教学时应向专业课、实作课倾斜。针对旅游企业对其员工实作能力要求较高的特点,应增加旅游专业学生到企业实习的时间,增加实践的机会,比如将现在大学旅游教育中较长时间的毕业实习改为安排时间较短,但穿插重要课程学习之中或各个学期之间的见习、实习。不一定都集中在毕业前实习,最好新

生进校学习一年理论知识后就到相关单位实习半年，然后回学校学习提高，毕业前再到酒店实习半年。在第一学期就能让学生参与到实践中，后几个学期的学习兴趣和钻研精神以至理解能力肯定会有很大提高。

旅游管理专业是一种实践性很强的专业，专业课的教学主要采用实践教学法，增加实践课的学时，增加综合实训的内容，并对实践内容进行考核，形成一整套完整的考核体系。其内容安排大多数与工厂实际相连，让学生感到学习既有压力又有动力，使学生由"要我学"变为"我要学"。这一教学方法受到了学生的欢迎，很多学生都说实践教学法使他们的在校学习生活更加充实、有趣，效果非常好。

第三节　强化教学实践环节

专业技能实习是进入旅游行业工作的基本技能要求。不仅如此，它还是之前所述及培养目标实现的较为关键的一环。如果学生没有这种基础的技能培养，就无法做好基层工作，也就难以成长为具有较高综合能力的旅游中高级管理者。较高的综合能力必须在具体的实践环境中培养和形成。专业技能的学习和运用可以使学生领悟文化、素质的重要性。对于旅游行业来说，这些内容与技能是相辅相成的，技能并不是绝对和唯一的。同时，在专业技能实践中，学生可以思索一些简单的管理问题。

一、加强信息技术应用

加强本专业课程课件与精品课程的建设，利用课件进行多媒体技术教学。本课程的教师都应该使用多媒体课件进行教学，改变原来黑板加粉笔的教学状况，使现代化的教学手段得到充分的运用，使课堂教学能够给学生更多的信息，把教学时间主要集中于对重点问题的分析，不再以照本宣科的方式来进行教学，从而改变课程教学的状况。同时，还应鼓励学生充分利用网络资源查找疑难问题，通过上网查找资料，可以提升学生通过网络获取学习资料的能力。

二、重视教学体系建设

要高度重视实践教学体系建设。要建立专业认知实习、实验教学和专业实习、第二课堂四个层次的实践教学平台，着重培养学生的基本技能。创新能力源于宽厚的基础知识和良好的基本素质，因此要挖掘学生的学习潜力，激发他们的学习激情，培养学生的创新能力。

根据目前旅游产业的特点，该项实习内容应包括饭店、旅行社（含导游）、景区三大部分，要求熟悉三大行业的基本服务技能和相应的工作流程、各大工作岗位的特点。基本技能的培养可以在上课过程中通过课堂教育、实验室操作等完成。同时还需要集中一段时间到真实的工作岗位上去体会，时间一般安排在课程结束后。理论上，我们被要求尽可能地熟悉每个工作岗位的情况，但现实条件往往不允许，所以一般尽量地熟悉和体验一个或两个工作岗位，通过参观、临时上岗和听报告等来了解其他工作岗位的情况。

经过行业认知调查和专业技能实训这两个阶段的实习，学生对旅游产业的特点、工作情况已经有所认识和感悟，那么对综合实习的内容也会有所选择。此时，学校可以学生的意愿安排实习单位和岗位。该阶段的实习侧重于所学管理理论的综合思考与运用，所以学校和实习单位除了提供一般简单岗位的技能实习外，还应尽量提供岗位轮换、工作扩大化与丰富化的实习条件。简单、低层次的管理岗位可让学生进行顶岗实习，复杂的、较高的管理岗位可让学生参与其中的部分工作。通过这一阶段的实习，学生将充分运用所学习的经管知识、营销知识、文化知识，提升管理能力，思考更多的管理问题，从而形成中高级管理工作者的潜在能力，并把所思所想写成一份实实在在的报告。

三、增加实践环节学时

学时方面，应增加实践教学环节的学时。其具体表现在两方面：一是将认知实习时间由通常的一周增加到两周，增加实习准备阶段和交流讨论实习心得阶段；二是增加校内实训课的学时，主要指专业实训课程的实践部分学时。

四、增加实践教学经费

增加实践教学经费是保障实践教学课程体系顺利运行的基础。旅游管理专业的实习经费主要用于旅游认知实习和校内实训室的建设。通过调查发现，由于经费不足，取消了旅游认知实习环节，校内实训室条件也非常简陋，有些课程还没有建立校内实训室，严重影响了实践教学环节的有效运行。因此，必须加强旅游管理专业实践教学的经费支撑，以保障实践教学课程体系的顺利运行。

对旅游管理专业教学的探讨是一个长期的过程，只有不断地审视时刻发展变化着的时代背景，遵循客观事务发展变化的规律，对旅游专业的教学进行及时的调整和改革，才能为旅游专业的健康发展持续注入活力，才能真正为我国旅游事业输送大量优秀人才。

第四节 落实课程思政建设

旅游管理专业课程必须积极进行"专业＋思政"教育教学改革,寓"思政"于"专业教学"之中,积极探索旅游管理专业全程育人、全方位育人的新实践,为旅游管理专业教学的立德树人和教学模式创新做出贡献。

为系统提高立德树人教育效果,国内各学校积极参与构建了"思政课＋课程思政"的"大思政教育体系",使学校立德树人工作由思政课程的独奏变为有专业课程积极参与的合奏,打开了学校立德树人工作的新局面。旅游管理专业课程思政是"大思政教育体系"的重要组成部分,旅游管理专业课程教师只有树立牢固的"大思政教育体系"教学观,积极探索把思政教育融入专业课程教学的方式方法,才能有效践行教育和教学的双重职能。

学校教师要用好课堂这个主渠道,各门课程都要"守好一段渠,种好责任田"。旅游管理专业课程就是旅游管理专业教师的"责任田",各门专业课程任课教师都要耕好自己的"责任田",积极融入"大思政教育体系",通过专业课程思政教学改革,推进院校立德树人根本目标的全面实现。

对于具有"大思政教育体系"教学观的旅游管理专业课程思政改革,教师必须思考有效的课程思政途径,积极进行专业课程思政改革,制定课程思政改革方案,结合专业育人目标、专业课程教学内容和专业课程教学过程,设计现实、有效的课程思政知识点、案例,做好专业课程"专业＋思政"教育教学模式改革的顶层设计,通过课程思政教育教学模式改革,逐步形成并强化自己的"大思政教育体系"教学观,成为一个名副其实的教育教学工作者。

"三全"原则是指院校立德树人工作要坚持全员育人、全过程育人、全方位育人的原则。旅游管理专业课程思政改革要在这三个原则的指导下扎实开展。旅游管理专业作为应用型专业,培养应用型人才,其教学模式很好地实现了理论与实践融合、专业与行业融合、学校与社会融合,构建了"全员育人、全过程育人、全方位育人"的基本框架,这是更好地进行专业课程思政改革的有利条件。

首先,旅游管理专业课程思政体现了全员育人的要求。培养中国特色社会主义事业接班人,需要全社会共同努力,需要家庭、学校、从业单位和社会共同努力,这是全员育人的大教育概念。全员育人工作的推进为旅游管理专业课程思政提供了良好条件。全员育人是指院校全体在职人员,包括任课教师、党政管理者、服务人员等,都要加入立德树人工作。在这里,我们要关注的是旅游管理专业的全员育人,即在全员育人的原则下,旅游管理专业所有任课教师都要参与到育人工作中,都要进行课程思政改革。

其次，旅游管理专业课程思政体现了全过程育人的要求。旅游管理专业课程贯穿旅游管理专业教育始终，贯穿旅游管理专业高等教育的全过程。旅游管理专业课程思政的科学改革，可以保证旅游管理专业高等教育的全过程育人。

最后，旅游管理专业课程思政体现了全方位育人的要求。全方位育人是指充分利用全部可以育人的机制和渠道，进行立德树人工作。旅游管理专业课程可以通过专业信念培养、职业素养培养、专业创新教育、就职创业教育、专业实践教学、校企合作教学等途径进行德育，寓德于教。

专业课程思政改革的基础在于"专业"，重点在于"思政"。要科学地处理二者的关系，不能偏废任何一方。

首先，专业课程思政改革要追求学术逻辑与德育逻辑的相辅相成。旅游管理专业课程不能只完成专业教书任务，还要完成立德树人任务。旅游管理专业课程不能只是知识的传授，而是要与专业知识结合起来、与专业文化背景结合起来、与专业社会要求结合起来，完成既教书又育人的任务。旅游管理专业知识的文化背景深厚，旅游管理职业道德要求颇高，这为旅游管理专业的课程思政改革提供了良好的条件，旅游管理专业课程任课教师要抓住这个有力的因素，积极探索旅游管理专业的课程思政改革。

其次，在专业课程教学中潜移默化地完成德育工作。旅游管理专业课程思政改革，要科学地处理"课程思政"与"思政课程"的关系，不能把旅游管理专业课程思政搞成思政课程，否则顾此失彼，达不到预期效果。要在专业教学知识点中科学地选取思政元素进行利用，要在专业教学中潜移默化地实现德育效果。不能生搬硬套，不能刻意加入思政内容，以免产生相反的结果。旅游管理专业课程思政改革，要追求在不经意间达到育人目的，这就要求专业课程教师挖掘所承担的课程的德育价值，挖掘所承担课程有思政意义的知识点，寓德育于专业知识教学之中，实现"润物细无声"。

构建党组织领导下的党政合力的专业课程思政改革保障机制，推动专业课程优势转化为育人资源优势，推动专业课程思政改革质量的提高。

学校党支部应该在专业课程思政改革中发挥战斗堡垒作用，以党建引领专业课程思政改革工作；发挥党员的先锋模范作用，率先进行专业课程思政改革，并带动普通教师积极投身于专业课程思政改革。党支部应该在党日活动和政治学习活动中注入专业课程思政改革内容，通过支部书记讲党课、专题学习、专题研讨、党群交流等方式，提高专业教师课程思政意识，培育他们的专业课程育人思想，促进专业课程任课教师课程思政意识从不自觉到自觉的转变，为专业课程思政改革和创新提供强大的思想基础和奋进目标。

专业教研室和系部应该在专业课程思政改革中发挥技术支持作用。旅游管理专业负责人在党组织的支持下，通过各种有效的途径开展专业课程思政改革具体工作。可以通过以下方面尝试展开：一是制定专业课程"双大纲"制度。开展专业课程思想改革，推进专业课程育人水平。"双大纲"是指针对一门专业课程制定专业教学和专业育人两个教学纲要，使课程育人功能渗透到专业课程教学的全过程。实施"双大纲"德育工程要注意覆盖面，就是要覆盖旅游管理专业教育的全部课程，包括专业理论课程、专业实践课程和专业实践环节，实现"双大纲"制度的全方位育人。二是打造专业课程思政改革"金课"，确保专业课程思政改革的创新度、挑战性和高水准。围绕课程思政，打造一批精品在线开放的专业"金课"，以它们为核心，形成旅游管理专业课程思政建设体系。三是进行专业课程思政专项研究。因此，党建课题、教研课题都要积极进行这方面的研究。同时，这也是破解学校党建研究与教学研究两层皮，实现学校党务与业务融合的有效途径。

第五节　改革教学效果评价

一、强化教学质量管理和监督工作

所谓教学质量监督，是指监控组织通过对教学质量的持续监督，定期收集有关教学工作质量、教学成果质量和办学条件质量等方面的信息，在分析整理的基础上发现可能存在的问题，对教学行为及时调控，以稳定与提高教学质量的过程。实施教学质量监督是学校管理工作中的一个重要环节，它是教学管理者通过一定的管理手段，对教学活动进行统筹规划、组织实施、监督控制、指挥协调的一系列活动，从而使教学活动达到既定目标的过程，是保证教学活动正常进行的中枢环节，也是提高教学质量、取得教学效果的根本保证。而教学质量与监控始终是教学管理工作中对立、统一的两个方面，监督是手段，提高质量才是目的。因此应树立全员质量监控的观念，使学校管理者与教师、学生之间消除对立、达成共识。

进行有效监控是转变教师教学质量观的重要途径。提高教学质量不仅限于教学结果的质量，更重要的是提高教学全过程的各项工作和各个环节的质量。教学质量反映在教学全过程，因此，教学质量监控也应该反映出"教"与"学"的两个方面，并把它纳入整个教学过程之中，使教学过程成为不断反馈、不断调节、不断改进的反复进行的动态过程，尽量减少教师在教学过程中的失误，使全体学生达到教学目标的要求，从而全面提高教学质量。

二、强化旅游管理专业的教学质量与监督的方法

（一）建立统一的旅游管理专业本科生教育基准

在国外，专业学位因为与社会需求联系紧密而受到学生的青睐，从它们的发展经验来看，统一的本科生培养水平基准在专业学位教育教学中起着重要的作用。根据社会的实际需要制定相应的能力培养方案，对目标能力进行分解，制定统一的旅游管理专业培养水平基准，有利于规范旅游管理专业学位本科生教育，保证其教学质量。从目前我国的旅游管理专业本科生教育管理体制来看，全国旅游管理专业本科生教育指导委员会承担着重要的外部保障责任，应充分发挥其功能，逐步建立起旅游管理专业本科生学位教育基准，规范和推动旅游管理专业学位教育的发展。同时，旅游管理专业学位本科生教育基准的建立，也将为教学质量保障工作指明方向。

（二）开设一些实务性较强的选修课程

课程是教学质量的重要保证，对以培养应用型专门人才为目标的旅游管理专业学位本科生教学来说，开设一些实务性的课程是必不可少的。这就需要在充分调研实践需求的基础上进行选择，并在综合考虑各种因素之后确定开设，如课程的讲授人、教学条件等。根据不同专业的特点，有针对性地开设课程，如旅游管理专业教学专业领域考虑培养的目标是旅游管理专业的专业人才，还是实践中旅游管理经验丰富的实践性人才，相应的，一些课程应该为实现这些培养目标提供理论支撑。实务性的课程应包括用于实践的操作技术、本专业领域当前的形势与问题等。这些课程的开设有利于学生全面认识和正确处理实践中的问题，从而真正提高实践能力。

（三）抓好旅游管理专业学位学生实践教学监督工作

专业学位的教育目标是培养具有较强的专业能力和职业素养、能够创造性地从事实际工作的高层次应用型专门人才。专业实践是重要的教学环节，充分的、高质量的专业实践是专业学位教育质量的重要保证。实践教学是旅游管理专业学位本科生教学体系的重要组成部分，是培养学生基本技能、实践能力、创新精神的有效途径。对旅游管理专业本科生来说，学习的最终目的不在于求知，而在于应用。实践教学能够最大限度地开发学生的应用潜能，培养其运用知识、创造知识的能力。同时，通过实践教学，可以使学生将专业理论知识运用到实践中去，还可以在掌握实验方法、操作规范和技能的基础上，培养学生发现问题、分析问题和创造性地解决问题的能力。因此，实践教学是实现旅游管理专业学位本科生培养目标的重要环节。而实践教学必须要保障教学质量，这就需要加强对实践教学的监控和管理。而保障实践教学条件是保障教学质量的前提，除各培养单位校内已有的实践教学条件外，可以加强与校外实践单位

的合作，为本科生创造良好的校内外实践环境。其次是完善实践教学规章制度，及时建立和更新实践教学各项规章制度，规范实践教学管理。

三、校企共同探索教学效果评价制度

在独立学院的本科人才培养模式中，"校企合作，协同育人"是独立学院应用型人才培养模式改革的基本方向，而实践教学是教学中的重要环节。在校企合作机制下，学生参与顶岗实习，已经成为最主要的实践教学模式，这对学生综合实践能力的培养起着非常重要的作用。因此，在校企合作机制下的实践教学质量的高低，对人才培养质量的优劣有着重要的影响。那么在这种校企共建的人才培养模型下，如何建立教学效果评价就成了重要的研究课题。

在校企合作机制下实践教学质量评价的研究，目前还处于评价体系构建和实证研究的探索阶段。基于学院的学科特点与学校学生的特点，构建了校企共同建立教学效果评价体系的模型，建立了旅游管理专业校企评价体系。

（一）旅游管理专业教学效果评价指标体系的设计原则

建立科学的绩效评价指标体系是完成绩效评价的前提，教学效果评价关乎学校教学质量，关乎学生的学习效果，是个复杂的系统，涉及方方面面的内容。旅游管理专业教学效果评价指标涉及多个层次的内容，如何在众多的指标中挑选出可以合理度量教学效果的指标，也就变得复杂起来。这就要求我们在研究评价指标体系时紧紧围绕教学目标做出判断，从全局出发，同时也需要一些原则对指标的选择做出规范。在参考有关政策评价指标文献的基础上，归纳出以下原则。

1. 客观性原则

客观性是具有主观能动性的人进行意识活动最根本的原则，需要客观真实地评价出政策效果。在寸金学院教学绩效评价中，管理指标、经济指标、社会生态指标等多个层次的指标都需要有客观真实的数据，真正地评价出政策效果。

2. 系统性原则

构建旅游管理专业教学效果评价体系要求遵循系统性原则，能够全面反映政策效果。教学效果评价指标体系涉及较多的因素，但并不相互独立，每个层次的指标作为一个子系统，是相互影响、相互联系的，而各个子系统又相互联系，构成整个指标体系。

3. 可操作性原则

建立评价指标体系的主要目的是通过指标体系的构建，运用自然科学的分析方法得到评价结果。这就要求评价指标体系必须具有可操作性，且数据的获取与计算都不能特别困难。一般来说，指标选取得越多，越容易反映客观事实。但是在实际操作过程中，大量的指标也会带来操作上的混乱，尤其对于旅游管理专业教学效果评价这种涉及多层次的系统来说，选择可操作性的指标可以为评价工作带来很多便利，但这个选择必须基于科学、系统的大局。

（二）旅游管理专业教学效果评价体系的标准

教学效果评价是一项紧紧围绕教学效果开展的活动，其目的就是为了弄清楚教学效果是否达到了预期的目标，是否需要改进或者废止。教学效果评价标准是在对一项教学结果进行分析与评价时应该遵循的准则，是对教学质量价值的判断准则，它是开展教学质量评价的前提之一。没有评价标准，就没有一个统一的尺度对评价内容进行评判。因此，构建旅游管理专业教学效果评价指标体系的选取标准成了构建指标体系的重要环节。

在实际的教学活动中，由于教学环境不同，教学变量因素多，评价标准也大不相同。即使评价内容一样，采取不同的评价标准，评价结论也大相径庭。我们从旅游管理专业教学效果评价的实际情况出发，在以往资料的基础上，确定了以下绩效评价标准。

1. 效益性标准

教学成果效益性标准，主要是指对教学活动在运行过程中应该遵守的规则。主要内容有：教学实施时限，即是否在规定的时间内按照教学授课计划达到教学目标；教学活动落实程度，是否按照政策方案把教学计划落到实处；教学监督是否起作用；教学反馈是否真的执行等。对教学成果的最终评价在一定程度上要落实到对教学效益的评价上。

2. 效率性标准

在当今资源稀缺的社会，学校需要解决的教学问题也越来越多，因此，效率也变得极为重要。教学成果效率主要是指成本与收益的状况，而我们追求的是一种投入的政策成本少、收益最大化的政策效率。教学效率高，在一定程度上可以说这个教学过程是成功的。

3. 回应性标准

教学效果的回应性标准是指教学活动实施后的结果，即是否解决了问题，满足了特定群体的需求。教学效果评价者可以通过目前群体的态度，得到教学过程执行的相关信息，为政策接下来的方向做判断。通过教学效果评价的回应性标准，能够测出教学对象对教学过程的满意度及反馈意见，促进教学过程向着教学目标发展，促进教学效果评价工作的顺利完成，提高效率，减少资源浪费等。

（三）旅游管理专业教学评价指标体系的建立

根据以上建立指标体系的原则，参照寸金学院教学评价的主要内容，在参考现有的对教学效果评价研究的基础上，向经济学、统计学、教育学等相关领域的专家咨询意见，从与校企合作密切相关的三大主体，即学校、学生、企业出发，对独立学院的旅游人才培养所包含的因素整理归类。在意见相对一致的情况下，确定了独立学院本科旅游人才培养绩效评价的各级指标，最终构建了旅游管理专业教学评价指标体系，并将其分为三层：目标层、准则层、指标层。目标层是旅游管理专业教学评价，准则层是目标层的分解层，指标层是影响准则层的因素所构成的指标层。

（四）评价模型的构建

基于学校教学评价的特点，我们采用的是评价方法是 AHP——模糊综合评价法，这是一种方法将层次分析法和模糊综合评价法相结合的方法。

1. 相关理论回顾

模糊综合评判法的理论基础就是根源于这种模糊数学，它运用模糊数学的隶属度理论，把定性评价转化为定量评价，对受到多种因素影响的事物做系统性的评价。用这种方法得出的评价结果清晰，能较好地解决模糊的、难以量化的问题。

对于综合评价的方法，很多因素的评价都需要一个定数。而在实际中，很多因素是无法定量描述的，即使可以描述，也不能仅用一个简单的数字进行评价。例如评价一种食物的好坏，可以通过色、香、味等多种角度去评价。如果以一种评价因素去评价，显然，不同的人根据不同的喜好会有不同的评价结果。因此，为了得到相对公正的、客观的、正确的评价结果，应该采用模糊综合评价方法。

2. AHP——模糊综合评价法的模型构建

AHP——模糊综合评价法模型主要由两个部分组成：第一部分，层次分析法；第二部分，模糊综合评价。第二部分是基于第一部分的运算结果进行的，两者相辅相成，使得评价结果的可靠性有了很大提高。

旅游管理专业教学效果评价 AHP——模糊综合评价法是把层次分析法和模糊综合评价法结合起来，对旅游管理专业政策进行的绩效评价。它有两个特点：其一是旅游管理专业教学效果评价，从根本上说，应该是定量评价与定性评价的结合，描述旅游管理专业教学效果既要有定量的数据分析，也要有定性的语言描述分析；其二是旅游管理专业教学效果评价，是一个需要考虑多种因素的综合评价问题。但是由于各种因素的影响，评价是由不同人的主观判断做出的，而且这种判断在一定程度上不可避免地会带有模糊的评价，因此，要做出客观、正确的、公正的政策评价，就必须找到适合其实际情况的、能够处理多种因素的模糊分析方法。

3. 运用层次分析法确定指标权重

指标体系确定之后，由于各个指标在整个体系中所占的比重不同，就要运用相关方法，确定各个指标在体系中的比重。如前所述，各指标权重的确定采用的是层次分析法。层次分析法的整个问题分析过程是从分解到判断再到综合的过程，使得问题的解决定量化、系统化、科学化。层次分析法确定指标权重的基本步骤如下。

（1）构造评价指标体系的递阶层次模型

层次分析法是基于具有层次的指标体系进行的运算。因此在运用这种方法之前，必须建立问题的评价指标体系，即对评价指标体系进行分层，确立层次分明的指标体系。

（2）构造指标两两比较的判断矩阵

专家根据 1～9 比例标度法，分别对每一层次的评价指标的相对重要性进行定性描述，并用定量法即准确的数字进行量化表达。

（3）运用根法求解判断矩阵

在计算矩阵特征向量时，采用的是对数据精确度要求不高的根法，由于所涉及的判断矩阵特征向量的精度要求不是那么严谨，为了简化计算，选择了用根法计算特征向量和最大特征根。

（4）一致性检验

在实际解决问题的过程中，需要对判断矩阵进行一致性检验，以使其满足总体一致性。

通过检验，才能继续分析结果，因此，这时的判断矩阵才是逻辑合理的。

4.AHP——模糊综合评价法的优势

对于旅游管理专业教学效果评价，采用 AHP——模糊综合评价法，主要是因为其有以下优势：

一是 AHP——模糊综合评价法运用层次分析确定指标权重时，只需专业的评价人员给出各个评价指标之间的两两相对重要性的比较结果，操作简单易行。

二是利用 AHP——模糊综合评价法进行评价，不但全面考虑到影响教学过程的多种因素，整合了专家学者的专业性评价意见，而且可以有效地解决评价过程中出现的模糊性问题，运用模糊性的数学分析，将定量与定性有机结合，使得评价结果更全面、科学。

两种方法结合后建立的 AHP——模糊综合评价模型，能够极大地发挥这两种方法的各自优势，使之相结合，不仅能够从全面的、综合的、整体的角度考虑影响寸金学院教学绩效评价的各种因素，而且可以尽量减少由于主观因素所带来的不确定性等弊端，比其他方法更具有可行性，更贴近实际。因此，评价结果会更有可信性、可靠性。

基于旅游管理的专业特点，在校企合作的情况下，进行理论研究与探索，总结出构建旅游管理专业指标体系的方法与模型构建，通过在实践中不断摸索，不断对这种评价模型进行完善，以此不断增强旅游管理专业的专业教学能力，不断突出旅游管理的专业特色。

第六章　旅游管理教师队伍建设创新

第一节　旅游管理教师队伍聘用机制

旅游管理专业需要什么样的教师，取决于旅游管理专业的培养目标，旅游管理专业培养的是应用型、技能型的人才，因而教师的教育应该"接地气"，应有针对性、适用性。而要达到这一教学要求，教师必须具备较高的技能水平和丰富的行业实践经验，仅有高学历是远远不够的，旅游专业尤为如此。因此，对旅游专业教师的引进，应改变"唯学历是举"的人才引进政策，优先考虑应聘者的行业经历及从业经验，适当放宽学历限制，这应是旅游专业教师聘用制度改革的方向。同时，对兼职教师的聘任，应实行"按需设岗、公开招聘、平等竞争、择优聘任、严格考核、合约管理"的原则，完善聘任与管理制度，确保建设一支优秀的兼职教师队伍。

一、招聘方式多样化

招聘方式影响着"双师型"教师的来源和质量。在保留目前学校等应用型本科院校社会公开招聘、熟人推荐方式的基础上，加强与企业合作，深入企业聘用人才。变"被动"为"主动"。到企业聘请人才能有效改变目前本专业"双师型"教师中公司、企业一线人员匮乏的现状，有利于学校了解公司、企业人员的综合素质和能力，有利于校企双方实现深度合作。

二、制定"双师型"教师任职标准

良好的"双师型"教师认知标准是保证"双师型"教师队伍质量的首要前提。一切招聘"双师型"教师的方式方法，都要符合"双师型"教师任职标准，任职标准包括思想道德、专业能力、工作情况、实践能力等多个方面。思想道德方面，"双师型"教师要热爱教育事业，愿意为高等教育发展贡献力量，为人师表；专业技术水平方面，一般应取得中级以上专业技术职称；专业结构要与学校专业设置相适应；在本专业领域应具有丰富的实践经验，取得一定的成果。任职标准要特别强调对"双师型"教师实践能力的考察，选择真正满足学校实践教学工作的人才。

三、制定"双师型"教师聘用程序

"双师型"教师聘用要按照要求程序进行，防止聘用过程中的随意性和无序性。首先，各用人部门应向学校提出聘任的具体需求，学院通过面向社会公开招聘或者直接到公司、企业聘用人才等方式确定基本符合条件的拟聘人员名单。其次，人事部门收集应聘者资料，并会同各二级教学单位负责人对拟聘教师的综合情况进行考核，考核采取试讲、深入企业考察等多种形式进行。最后，二级教学单位将最终确定的用人名单报人事部门。学院与拟聘教师签订聘用协议书，明确聘任期限，双方权利、义务、工作职责，保障学校和"双师型"教师的权益。

第二节　旅游管理教师队伍评价机制

一般认为，教师评价是对教师工作现状或潜在价值做出判断，它能促进教师的专业发展，提高教学效能；有利于建立激励机制，充分发挥教师工作的主动性和积极性；转变教育思想，推动教育改革与发展；加强科学管理，转换学校内部的运行机制。"培养"与"评价"是教师队伍建设最重要的环节。"双师型"教师的发展基点在于培养模式，可持续发展取决于评价机制。旅游管理培养"双师型"教师的根本目的还在于要改变学校原有的、不适应本专业要求、不适应"培养生产、建设、管理、服务第一线需要的应用型人才"的教师队伍现状。因此，要努力提高人才培养的质量，提升教育教学的新理念和新能力，最终达到推动专业发展的目标。

旅游管理专业教师的双师素质包括以下几个方面。

第一，语言能力。

旅游管理专业教师应具备过硬的语言基本功，语言不仅包括口头语言，还包括态势语言、书面语言和副语言。语言是旅游从业人员在服务过程中必须熟练掌握和运用的一项技能。在旅游服务过程中，口头语言是使用频率最高的一种语言形式，美学家朱光潜告诉我们，一个人"话说得好就会如实的达意，使听者感到舒服，发生美感。这样的说话也就成了艺术"。因此，旅游管理专业的教师应熟练掌握语言表达的基本形式、要领、方法、态势语言的运用技巧及导游语言的沟通技巧。

第二，业务知识水平。

旅游专业教师应掌握旅行社经营与管理、旅游市场营销、旅游政策与法规、导游实务、主要客源国情况、景区服务与管理、旅游财务管理、旅游人力资源管理、旅游电子商务等方面的理论知识，并熟悉国际旅行社和国内旅行社业务流程，了解旅游市场现状及发展趋势，了解旅行企业各岗位的工作职责，掌握各类型团队的操作流程、带团流程及技巧等。

第三，综合实践能力。

综合实践能力包括实训教学、实习指导及就业指导等。旅游管理专业教师不但能胜任理论教学，还应具备一定的专业实践能力，能承担与旅游管理相关的旅行社、旅游景区的实训、实习及就业指导工作，对学生进行相关职业技能培训的岗位培训，从而使他们考取普通话、中文导游员、英语导游员等职业资格证书。

第四，职业技能拓展。

职业技能主要包括理论知识更新、行业调研、课程开发、科研能力等。旅游管理专业教师还应不断学习和掌握旅游业新动态，不断提高专业知识水平与实践指导能力，根据区域经济发展需要，开发与毕业生就业岗位紧密相连的专业特色课程，及时更新教学重点，使培养出来的学生真正具备能适应经济与行业发展的要求，从而避免出现学非所用的现象。此外，旅游管理专业教师要定期去相关企业参加实践锻炼，走访实习实训基地，并开拓校企合作新领域，为学生顶岗实习及将来就业搭建良好的平台。

一、成立监控机构，合理配置督导人员

随着人才培养评估工作的进行，各大院校已经认识到"双师素质"教师培养的重要性。旅游管理专业将成立监控机构，合理配置督导人员。监控机构由人事处及管理系相关领导和相关人员组成，根据本专业需要，制定旅游管理"双师素质"教师培养规划，并上报人事处。该机构负责被培养教师的培养目标、培训内容、培训时段、培训效果信息的记录和分析。督导成员的专业构成要符合旅游管理专业的实际情况，做到知识覆盖要全面、业务要精通、结构要合理，能胜任本职工作，督导人员应包含行政领导、行业专家、一线教师（兼任）等。

二、完善管理制度，建立多元化评价指标体系

（一）管理制度

1. "自上而下"和"自下而上"相结合的管理制度

这里的"上"指管理系，"下"指教师。教师培训的最终目标是培养专业领域内既有扎实的理论基础又熟悉行业内的技术操作和发展态势，回校后能把自己所学的专业知识和操作技能用恰当的方法传授给学生，培养学生成为一出校门就可以与社会对接的合格人才。要想完成这个目标，教师要准确理解任务目标、牢记任务完成时间。在工作进程中，要实时请示汇报任务完成情况；在工作进程中，有任何超出职权及能力

范围的问题，可及时向系里汇报以求得协助。管理系要监管执行、协调、帮助教师完成任务。这样，就形成了一个"自上而下"和"自下而上"相结合的回路沟通机制，提升贯彻执行力，从而达到追求工作高效的目的。

2. 监控与自我监控相结合的管理制度

教师自我监控和学校监控在出发点和目标上是一致的。教师有良好的教育经历，自我约束力强，在"双师素质"能力培养过程中，其自我监控的作用不容忽视，要积极培养教师自我监控的意识，使监控系统的作用得以高效发挥。

3. 过程监控和效果监测相结合的管理制度

"双师素质"教师的培养在重视效果评价的同时，更要重视过程监督，不能等到培养结束了才进行一次性检验，而是要对其培养过程进行严密监控，使培养目标沿着学校既定的方向逐渐完成，培养过程结束，返校检验培养效果。

4. 全面性和长期性的管理制度

前一阶段培养任务结束，检查结果合格，经过一段时间后，可能又进入新一轮的培训环节，这一次的培训目标就上一次来说，培训内容不同，培训重点也不同。接着，还可能进入第三轮、第四轮等培训环节，目的是全面完成和满足"双师素质"教师的内涵，达到预期目的。随着社会经济的发展和对科技水平要求的提高，技能操作不可能是完成一次培训就结束的静态技术，而是在不断更新、不断改进，所以"双师素质"教师的培养制度需长期化。

（二）多元化评价指标体系

1. 评价原则

评价指标合理与否直接影响着评价的客观性，为了使指标体系科学化、规范化，在构建评价指标体系时，旅游管理专业应遵循以下原则。

（1）系统性原则

评价指标体系中的各评价指标看似独立，实则彼此之间有逻辑联系，而且具有层次性，从里向外共同构成一个有机统一的整体，从不同侧面反映教师的能力。

（2）全面性原则

旅游管理教师应具有特殊本领，因此构建评价指标要全面，既要有评价教师基本教育能力的指标，也要有评价教师特殊本领的指标。

（3）动态性原则

对于旅游管理教师的培养效果评价也要在反复训练、反复实践、反复评估中进行，如实反映教师的教育教学能力。

（4）激励性原则

评价指标体系构建的出发点是激励教师积极参与企业行业培训，提高实践教学能力和科研能力。通过评价使教师认识到自身的优势和不足，进而在后续的发展中注重发挥自己的优势，改进不足。

2. 评价群体

（1）学生评价

教师授课效果的好坏，第一体验人是学生，最终受益人也是学生，所以学生对教师进行评价至关重要。鉴于学生本身的条件，不懂教学管理，知识欠缺，所以学生评价只能从教师的职业道德和授课效果给予定性评价。

（2）专家评价

校内督导专家有着丰富的教学经验，在评价旅游管理专业教师能力时，不仅看其专业知识和专业操作技能情况，还要从多个方面评定教师的"双师素质"资格，如科研能力、对本职工作的热情度和对本专业的贡献等，他们的评价说服力更强。

"双师素质"教师培养的目的是提高教学质量，而教学质量提高与否关键是看学生工作后老板对其能力的认可度。所以，用人单位评价在评价群体中占重要的位置，可以评价教师的培训效果及对有关行业的发展贡献。因此可以吸收用人单位参与培训质量评价，逐步完善以学校为核心、社会参与的多元化质量评价体系。

（3）培训系统

旅游管理教师能力的培养，从学院师资发展规划，培养对象的确定、汇总，培训内容的计划、研究、成文，到培训结果的监控、评价、反馈等一系列工作，是一个信息量大、时间长、工作任务重的过程，需要运用系统的思维和手段进行计划、组织、实施，才能提高工作效率，取得最佳培训效果。所以，在科技突飞猛进的信息化时代，必须利用现代化技术手段，建立起完善的管理系统，高效地记录、分析、监控、评价、决策、反馈和处理各种信息和问题，从而提高管理水平和创新能力。

第三节　旅游管理教师队伍激励机制

一、旅游管理专业教师队伍激励机制建设的意义

"激励"是管理心理学术语，主要是指激发人的动机，使人有一股内在的动力，向所期望的目标前进的心理过程。激励机制是分配和管理制度中的重要组成部分，根据马斯洛的需求层次理论，当人的现实状态与需求目标产生差距时，建立有针对性的、有效的激励机制，便能激发人产生追求目标、满足需要的自主意识和内驱动力，这种动力无疑将有效地激发人的潜能，从而大大提高员工的工作效率。

完善的激励机制有利于旅游管理专业教师队伍建设的制度化、科学化和规范化。21世纪是一个科技信息化、经济全球化、政治多极化和文化多元化的新世纪。在这种形势下，社会发展一切为了人，一切依靠人，一切都离不开对人的潜能的挖掘，是一种对人的有效激励。本专业教师属于自主型、创新型的高层次人才群体，更注重追求自我潜能的挖掘和自我价值的充分实现。他们有强烈的求知意识，热衷于专业知识的更新，关注着学科前沿的发展趋势，渴望获得更多的教育提升机会；他们有强烈的成功欲望，愿意接受具有挑战性的工作，渴望自身才能获得广大师生的认可。因此构建以人为本、公平合理、科学有效的激励机制来促进本专业教师的积极性、主动性、创造性的最佳发挥，积极营造尊重知识、尊重人才、尊重劳动、尊重学术成果的良好环境，使教师创业有机会、干事有舞台、发展有空间，有利于"双师型"教师队伍建设制度化、科学化、规范化，更是建立一支高素质、高技能的"双师型"教师队伍的必要条件。

建立旅游管理专业教师队伍激励机制还有利于实现"双师型"教师队伍的建设和本专业的可持续发展。围绕本专业建设发展的目标，建立有效的激励机制，有利于营造积极进取、开拓创新的群体气氛，激发教师的创造性。鼓励教师中符合战略需要的行为和观念，将专业发展目标转化为对所有教师的直接动力，抑制阻碍本专业战略目标实现的行为和观念，逐步将教师的行为和观念导向与专业战略目标统一在同一个轨道上，从而能够促进教师队伍朝着被激励的方向不断优化。同时，要求教师在整体素质与发展目标上趋于一致，使本专业在教育市场中具有较强的竞争实力，实现本专业的可持续发展。

二、旅游管理专业教师队伍激励机制建设的内容

（一）职称评审优先化

在职称评定上积极探索，制定符合专业特点的职称评定制度，以此提高教师工作的积极性和创造性。在同等条件下，优先考虑"双师型"教师晋升专业技术职务，也可考虑将"双师型"教师资格等价于一定数量的科研成果指标。总之，本专业教师将教学能力和实践能力有机结合起来，更有利于旅游管理专业师资队伍的建设，充分体现出院校的特色和办学宗旨。

（二）科研经费保障化

开放的应用型人才培养模式有利于形成"产、学、研"结合的教育运行机制。为了充分展示"双师型"教师群体的丰富实践经验，使他们的才智得到充分的发挥，我系将确立优厚待遇，加大奖励力度，设立旅游管理教师科研奖励基金，从而使优秀的专业教师脱颖而出，组建合理的教学团队，开展学术研究，进行新产品、新教材、新课件的研发，为该专业老师的发展提供经费保障。尤其是对于承担与旅游专业相关的

实践项目和与企业结合的应用课题的专业教师，政府应给予政策性倾斜，这样，教师在参与教改和技术开发的过程中，一方面能够促进学术水平的提高，另一方面能够了解和掌握企业行业的生产、管理实际，为专业教学改革积累第一手资料，不断提高教学实践水平。

（三）学术交流经常化

通过学术交流，可以开阔视野、掌握新知识，借鉴、学习新的教育理念、教学经验以及管理经验，有效地推动教学工作的发展。我校视情况为旅游专业教师提供"学术假"，有计划地分批安排他们外出学习考察，接受最先进的教育理念和最前沿的发展信息，然后通过做报告、办讲座等形式进行宣传推广。同时，还提供本专业兄弟院校或国内外协作学校访问交流的机会，做到学术交流经常化。

（四）基层时间制度化

目前，旅游专业部分老师只是获取了某个资格证，他们是直接从学校走向学校、从课堂走向课堂，缺乏旅游行业工作、实践的经验，这严重制约着高技能实用型人才培养的质量。而旅游管理专业担负着培养实践、管理等第一线应用型人才的重要使命，这要求旅游专业教师既要有一定的理论教学水平，还应该有丰富的实践经验和较强的实践教学能力。因此，我们应切实落实专职教师基层实践锻炼制度，通过积极参与企业实践、培训或应用研究等活动和方式，及时了解、掌握与理论教学相关的实践知识和技能并传授给学生。

（五）能力培养常态化

教学质量是学校教学工作的生命线，提高专职教师的教学能力是学校提高教学质量的根本保证。旅游专业的发展，要求必须建立一支既有扎实的专业基础知识和教育理论素质，又有丰富实践经验和较强专业技能，并且具有教育和管理双重知识和能力结构的教师队伍。职业道德教育能力是根本，教学认知能力、实践操作能力是基础，教学设计能力、教学组织能力和教学评价能力是核心，教学研究能力、面向社会服务能力和教学资源建设与利用能力是保证，教学创新能力是升华。旅游专业教师必须在实践中不断培养和提升职业教育教学能力。因此，旅游管理专业将积极开展教师教学培训、教学改革、研究交流、质量评估、咨询服务等，将培养教师能力作为常态化工作，切实提高教师教学能力和水平。

（六）激励制度全面化

在建立旅游管理专业教师队伍激励机制的过程中，应克服内容设计片面、工作措施单一的弊病，努力构建丰富完备的激励机制。不仅要坚持目标激励、物质激励，还要采用情感激励的方法，充分发挥各种激励措施的优势，努力产生多种激励措施策略优化组合的最大合力。

1. 物质激励

物质需求是人最基本的需求。旅游管理专业应将其当作调动教师积极性的动力，给予充分重视，实行物质激励来调动教师积极性。

（1）积极帮助教师解决工作困难

改善教师的办公、教学环境，提供必须配置的教学仪器设备，丰富图书资料，完善现代化教学手段等，为教师创造较好的物质基础，激励教师坚守岗位，多出成果。

（2）在生活上为教师解决后顾之忧

教师在生活上最大的困难就是住房和子女上学问题，针对这些需要，学校进行"凝聚力工作"建设。实施"安居工程"，解决好教师的住房困难问题和生活配套服务设施，开展送温暖活动，帮助教师解决子女入托、入学等问题。

（3）采取一定的薪酬奖励策略

对于工作出色、教学研究成果显著的教师，给予一定的提成奖励，体现多劳多得的分配原则，最大限度地激励教师勤奋工作。

2. 精神激励

"精神激励"是人成长需要的基本内涵。马斯洛在他的需要层次理论中讲的自我成才的需要中尤其强调：人在较强烈的、高层次的需要没有满足时，会舍生忘死地追求，从而产生强烈的激发力量，且随着自我目标实现的需要，又会给自己增加新的个人理想和崇高的信念。

（1）学校要形成"尊师重教"的良好氛围

树立教师在学生、家长和社会中的威信，使教师能够"自我肯定"，激发教师积极向上的情感。

（2）创建良好的人际关系是营造教师良好心理环境的基础

使教师保持健康的心理状态，从而增加凝聚力和向心力，提高工作热情和工作效率。

（3）专业领导要慧眼识珠、知人善用

提拔与使用是最好的激励，使教师队伍中的有才者有用武之地，发挥最大效能。

（4）专业领导要鼓励和支持教师参与本系的管理工作

让教师参与本系重大问题的决策和管理，可以极大地增强教师当家做主的意识和工作责任心，激发他们的主动精神和创造才能，同时有助于他们产生一种肯定的、积极的态度，进而形成一种内在的驱动力。

3. 目标激励

目标是引发动机的外部条件。对教师而言，目标是在一定时期内完成的工作任务。适当的目标具有诱发、导向和激励行为的功能，能够激发教师的工作积极性、主动性和创造性。

（1）目标的制定要尽可能同教师的各种需要有机地结合起来

把教师融合、贯穿在目标之中，使教师的个人需要和学校的目标紧密相连。

（2）目标的设置要有科学性

目标要难度适宜，最佳目标应该是乍一看似乎很难，但是稍加努力就可以达到。目标应该是既有可行性，又有挑战性。目标若没有挑战性，就没有激励作用。

（3）目标的设置要明确，要具体、有层次

既要有远景的奋斗目标，又要有近期的奋斗目标；既要有学校的目标，又要有本专业各位教师的目标。要尽可能考虑到不同教师的认同感，有针对性地激励教师通过自我努力取得成就，满足需要。

第四节　校企合作人才互通机制

旅游管理专业具有鲜明的实践性、实用性，必须与经济社会紧密联系。因此，旅游管理专业教师传授给学生的知识、技能必须紧跟时代的步伐。校企合作是培养"双师型"旅游管理专业教师的主要途径，其培养模式是利用学校与企业两种不同的教育资源，使企业成为"双师型"教师培养的主要场所，而教师通过在企业的实践，了解行业的新知识、新技能，从而提升教师的专业实践能力。

一、创新校企合作的运营模式，拓展"双师型"教师的培养途径

学校和企业是不同的主体，主管部门不同，追求的利益、管理的思路等也不同，学校和企业要跳好双人舞，就必须要找准两者间的切入点。而结合我国经济发展所处阶段和企业尚在快速发展阶段的实际来看，用社会责任感来要求企业参与校企合作非常"柔弱"。从现实出发，这个切入点对企业来说，是稳定吸收人才的良好途径，可以通过和学校的合作实现技术革新；这个切入点对于学校来说，是依托企业资源培养双师素质的有效途径，还为学生提供了发展平台，形成了良性循环。

（一）实验室进入企业模式

依托企业，园区建立旅游管理与企业共用的实训基地。由企业提供实训场地、管理人员和实训条件，按照管理要求建设实践性实训基地。将校内实验室建在企业，使单纯的实训室转变成工作场地，基地以企业为管理主体，将其纳入企业的生产管理、

经营和计划当中。由企业和学校共同设计学生的实训课程，学生集中到生产性实训基地顶岗实习、实训和生产。教师到企业实践，企业管理人员、生产人员到校任教，实现学生的专业职业能力与企业岗位职业能力相对接、实习实训环境与企业生产环境相一致。

（二）生产场地进驻院校模式

学院引进企业进驻学校，企业按照生产管理要求提供建设生产场地的标准、产品与服务生产的原材料和产品的销售；学校提供符合企业生产要求的环境、场地和设备，建立生产型实训基地。企业选派人员管理基地生产经营，指导师生的生产、实践和实习实训，帮助学校建立实训课程体系；学校按照生产要求，将实训课程体系纳入整个教学体系当中，安排学生到基地顶岗实习，派教师到基地实践，输送优秀毕业生充实企业员工队伍，解决了职业院校缺乏真实生产场地的困难。

二、加强校企合作内涵上的对接，发挥"双师型"教师的作用

校企合作最终要体现在课程体系如何与岗位职业标准对接上，这是实现学生专业职业能力与企业岗位能力零距离对接的关键环节，也是教师专业职业能力与企业岗位能力零距离对接的关键环节，因此教师对接后才能有学生对接。

（一）旅游专业教师与管理人员对接

企业管理人员承担旅游管理专业的合作实践教学任务，与教师共同开发实践教学课程内容，负责学生的技能培训指导；旅游管理教师参与企业的技术革新、设备改造和新产品研发，承担企业员工继续教育的培训工作；旅游专业教师到合作企业顶岗实践，在内涵上真正建立专业教师与企业管理人员双向交流与互动机制，提高旅游管理专业学生的实践能力，也提高企业员工的综合素质。通过校企合作实现专业教师与企业管理人员对接，切实培养、提升"双师型"教师的能力和素质，发挥"双师型"教师的作用，构建校企教学研究团队和技术创新团队，深入钻研技术，研发新产品、新工艺，开发实践教学体系，提高教育教学水平和企业生产效率。

（二）实训基地与企业经营管理对接

学校的实训基地参与企业的营运生产流程，实训基地即企业的经营管理场所，承担企业的营运生产任务，同时承担师生的实习实训任务；企业的经营管理与学校的实践教学环节无缝对接，师生实际参与企业的运营过程，发挥实训基地与企业经营管理场所各自的优势，校企共建产业化实训基地。实训基地和生产场所的对接产业化实训基地直接参与企业生产和经营的全过程，不仅增强了学校的自我造血功能，使实训基地具备了自我更新的能力，同时也解决了实习实训原材料消耗问题，创造了经济效益，

完善了"双师型"教师的培养。

总之，校企合作的核心是共同开发专业职业能力培养体系标准，培养"双师型"教师，发挥"双师型"教师的作用，实现课程体系与职业标准对接。只有这样，校企合作才能最终变成现实，形成校企共建、资源共享、优势互补、利益双赢的人才培养新模式。

第七章 旅游管理的绿色创新

第一节 旅游的可持续发展

一、旅游可持续发展的提出

现代环境退化已成为全球性现象，从天空到地下，从大陆到海洋，人类赖以生存的生态系统面临着严重的危机，人类仅仅靠环境的自我调节已经不能解决问题，必须从根本上调整人类与环境的关系并制约自己的行为，实现双方和谐相处、共同发展。

旅游可持续发展是在全球旅游业急剧膨胀、繁荣背后的危机日益暴露的现实下提出的，并迅速得到了广泛的接受。伴随着旅游业的空前繁荣，世界各地因过度开发而导致的消极效应也开始出现并显示出其潜在的威胁。透过现代旅游业迅速发展的光环，冷静地观察其背后，就会发现旅游在促进社会经济和文化发展的同时，对旅游资源的掠夺性开发、对旅游景区的粗放式管理、对旅游环境的污染、对旅游氛围的破坏比比皆是，结果导致旅游的社会经济和文化作用也在减弱，旅游的消极影响日益显现，并迅速损害旅游业赖以存在的环境质量，威胁着旅游业的可持续发展。

由于旅游业是一个综合性行业，它同其他产业相比，与可持续发展的关系更直接，影响面更广，涉的问题更深。首先，因为旅游业的发展对资源的依赖，对人类历史遗产的依赖很强。其次，旅游的发展会对生态环境、生态系统的稳定和体系性带来一些影响。最后，旅游需求是人类生活的一个重要方面，根据联合国对人类消费需求的排序，旅已经位居第三位。这三个特点决定了旅游业必须可持续发展。实践也证明，旅游业也应贯彻可持续发展，是实现可持续发展的一个优越的产业。可持续旅游实际上是可持续发展思想在旅游领域的具体运用，是可持续发展战略的组成部分，是可持续发展理论的自然延伸，是人们对旅游发展和环境效益不断进行探索的产物。

二、旅游可持续发展的内涵

（一）可持续发展的界定

"可持续发展"就是指人类经济社会发展应该注意可持续性，防止不可持续性，但其实质是要求人们从传统工业文明的发展方式中解脱出来，走人与自然协调发展的新的生态文明的发展方式。由"人类中心论"发展模式向"生态中心论"发展模式转变，建立一种人与自然协同进化的发展模式。生态文明发展观对"发展"概念的理解实现了两个方面的突出变化，一个方面是强调自然界本身具有发展权；另一个方面是强调人类的发展必须考虑自然成本。真正的发展只能属于那种最低限度地消耗自然成本并有效保持了自然持续性的人类社会发展。

可持续发展理论具体包含了三层含义：一是生态可持续性；二是经济可持续性，三是社会可持续性。人类应该追求的是生态—经济—社会复合系统的持续、稳定、健康的发展。

生态可持续性是可持续发展的基础，即指维持健康的自然过程，保护生态系统的生产力和功能，维护自然资源的基础和环境，实现人与自然的和谐共处。要求人们摒弃"人类主宰自然"和"人类可以向自然无限制地索取"的生态观，建立人与自然协同发展的新观念，对可更新资源的利用不能超过其自然更新能力，对不可更新资源的利用应尽可能减少，并通过技术手段开发替代资源，发展不应危害支持地球生命的自然系统。生态可持续同样强调环境保护，但不同于以往将环境保护与人类发展分裂开来的做法，可持续发展强调预防重于治理，要求在发展的整个过程中而不是在发展的末端解决环境问题。

经济可持续性是可持续发展的条件。只有经济持续发展，才能缩小人类贫富不均的差距，才能为科学技术的发展提供必要的经济基础，进而提高资源利用率，实现人与自然的协同发展，人类持续发展才有可能。可持续发展主张在保护地球自然生态系统基础上的追求经济的持续增长，利用经济手段管好自然资源和生态环境。具体地说，可持续发展鼓励经济增长而不是以环境保护为名取消经济增长，因为经济发展是国家实力和社会财富的基础。但可持续发展不仅重视经济增长的数量，更关注经济发展的质量。可持续发展要求改变传统的以"高投入、高消耗、高污染"为特征的生产模式和消费模式，实施清洁生产和文明消费，以提高经济活动中的效益。实现经济增长方式从粗放型到集约型的根本性转变是可持续发展在经济方面的必然要求。

社会可持续性是可持续发展的目标。只有社会持续发展，不同国家、不同地区的人群发展权利才能得到公平对待，人类生活质量才能不断提高，人类社会才能全面进步。可持续发展主张长期满足社会的基本需要，保证资源与收入在当代人之间、各代人之间公平分配。可持续发展强调社会公平是发展的内在要素，是环境保护得以实现的机制。鉴于地球上自然资源分配与环境代价分配的两极分化严重影响着人类的可持续发展，因此发展的本质应包括普遍改善人类生活质量，提高人类健康水平，创造一个保障人们平等、自由、教育、人权和免受暴力的地球社会环境。

（二）可持续发展的原则

可持续发展的原则已为国际社会普遍接受。具体包括五个原则。

1. 持续性原则

要求人类寻求人与自然的和谐。一方面，坚持资源续接原则。人类必须慎重地对待资源问题，冷静科学地制定合理开发资源的战略，对自然资源的消耗不能超过临界值，即在资源更替水平或替代资源能续接的条件下加以利用。另一方面，坚持生态原则。讲求生态效益，不能损害地球生命的大气、水、土壤、生物等自然资源，把发展与生态环境紧密联系起来，在保护生态环境的前提下寻求发展，在发展的基础上改善生态环境。

2. 平等性原则

可持续发展思想的一个核心内容是平等，一方面体现为未来取向的代际平等。强调在发展问题上要足够公正地对待后代人的发展，当代人的发展不能以损害后代人的发展能力为代价。另一方面体现为空间观念的代内平等。强调任何地区、任何国家的发展不能以损害别的地区和国家发展为代价，从而实现人类共同、永久、持续的发展，即充分体现出纵向与横向的公平和协调。

3. 共同性原则

树立一切为人类共同的家园的理念。为此，人们应在伦理上共同遵守"只有一个地球"等观念，承认世界各国发展的多样性，促进全球范围内达到经济、社会、资源与环境的高度和谐、协调有序、平稳运行的良好状态。

4. 精神追求原则

实现人的全面发展。传统的工业文明导致人类过度的物质追求，人们在享受高度物质文明的同时却承受着精神上的空虚、压抑、迷茫甚至痛苦。可持续发展把人类从这种困境中拯救出来，恢复精神生活在人类全部生活中应有的地位。所以，可持续发展不但要满足人们的物质需求，实现社会公平，而且要为人类的精神生活开辟一个新天地，重新塑造一种新文化，促使人们产生更高的精神追求并树立全新的价值观，让人类从"物质"主义和"人类中心主义"中解脱出来，实现整个人类健康、持续、全面的发展。

5. 法治原则

体现法律面前人人平等，这特别体现在约束违背可持续发展理念原则的一切主体及其行为上。

总之，和谐、公正、平等、发展是可持续发展理论的核心内涵和追求目标。人类正在以此为内核，重塑伦理观、生产观、消费观、发展观、幸福观。

（三）旅游可持续发展的界定

目前关于旅游可持续发展的概念的研究十分活跃，一些专家学者根据可持续发展思想，对旅游可持续发展进行了多方面的研究，有了比较全面且深刻的理解。

可持续发展大会通过的《旅游业可持续发展行动战略》草案指出，旅游可持续发展是在保持和增强未来发展机会的同时满足目前游客和旅游地居民的需要。

世界旅游组织顾问爱德华·英斯基普认为，旅游可持续发展就是要保护旅游业赖以发展的自然资源、文化资源、其他资源，使其为当今社会谋利的同时也能为将来所用。

《可持续旅游发展宪章》中揭示了：旅游可持续发展的实质就是要求旅游与自然、文化和人类生存环境成为一个整体；自然、文化和人类生存环境之间的平衡关系使许多旅游目的地各具特色，特别是在那些小岛屿和环境敏感地区，旅游发展不能破坏这种脆弱的平衡关系，考虑到旅游对自然资源、生物多样性的影响，以及消除这些影响的能力，旅游发展应当循序渐进。

世界旅游组织在《旅游业可持续发展——地方旅游规划指南》一书中指出，旅游业可持续发展指在维持文化完整、保持生态环境的同时，满足人们对经济、社会和审美的要求。它能为今天的主人和客人提供生计，又能保护和增进后代人的利益并为其提供同样的机会。

旅游业可持续发展的基本含义：旅游发展要以不破坏其赖以生存的自然资源、文化资源及其他资源为前提，并能对生态环境保护给予资金支持，使其得到可持续利用；旅游资源应能承载日益增长的旅游者数量，动态地满足旅游者日益增加的多样性需求，并能保持对未来旅游者的吸引力；旅游必须能满足当地居民长期发展经济、提高生活水平的需要。

综上所述，旅游可持续发展可界定为旅游发展与社会经济、资源环境和谐发展，不仅要满足旅游者和当地居民当前的生活、文化、精神、享受性的利益和需要，而且要保证和增进人类社会未来发展的机会，从而使全球的生态体系、各国的民族文化、人们的生活质量保持完整性、多样性和有序性。旅游可持续发展与一般可持续发展理论具有本质上的一致性。具体体现在三个方面。

一是公平性。强调本代人之间、各代人之间应公平分配有限的旅游资源，旅游需要的满足不能以旅游区环境恶化为代价，当代人不为满足自己的旅游需求而损害后代公平利用旅游资源的权利，保证从事旅游开发的同时不损害后代为满足其旅游需求而进行旅游开发的可能性，不能给后代人带来不可弥补的损失。

二是满足需要。发展旅游业首先是通过适度利用环境资源，实现经济创收，满足旅游目的地的基本需要，提高旅游目的地居民的生活水平；同时满足旅游者对更高生活质量的渴望，满足旅游者发展与享乐等高层次需要。

三是环境限制。资源满足人类目前和未来需要的能力是有限的，这种限制体现在旅游业中就是旅游环境的承载力。只有寻求承载力的一个最优值并将旅游开发控制在这一范围内，避免对自然资源、生物多样性和生态环境造成负面影响，避免对当地文化遗产、传统风俗和生活方式造成负面影响，才能保证环境系统自我调节功能的正常发挥，进而实现旅游可持续发展。因为丰富多样的自然资源和文化遗产既是旅游业赖以生存和发展的基础，也是旅游产品具有较强吸引力和特色的根本所在。一旦破坏了这些资源和环境，就破坏了旅游业赖以发展的基础条件，破坏了旅游产品特有的魅力，旅游业就不可能持续地发展。

三、旅游可持续发展的目标

根据上述旅游国际会议制定的文件及大量有关的研究论文，可认为旅游可持续发展的目标主要有下列六个方面。

（一）保护旅游环境资源

要使旅游实现可持续发展，关键是对旅游资源进行全面管理，通过管理手段使各类资源免受破坏，通过有效管理使旅游资源的使用速度低于更新的速度。旅游的可持续发展要从利用再生速度比较慢的资源转向再生速度比较快的资源，而且还要为后代留下可利用的资源。所以要保护好资源，关键在全面管理，管理的重点是整体上的保护。

（二）满足旅游者高质量需求

对很多旅游者来说，旅游就是要使自己有一个丰富多彩的阅历。当然，人们的感受往往是不同的，有主观的原因，又有客观的原因。在主观因素上，人的感受最主要表现在生理感受、审美感受以及把握科学知识的能力上。在客观因素上，旅游景点的质量、旅游环境的品位是使人们获得高质量感受的一个基本条件。具有这样特点的旅游资源，才能使旅游具有生命力，才能真正得到发展。

（三）实现旅游业高持续性效率

即要使旅游业能够获得最大的益处，实现高效率的环境、经济效益。即以最小的旅游环境和资源投入要素的使用量来换取最大的经济福利总量。为此，应首先开发高效率的旅游资源，对于现有的科技水平达不到高效率开发的旅游资源，可以暂缓，甚至留给后代。

（四）建立旅游环境可持续发展指标

首先是生态旅游环境参量评价指标的科学水平。影响生态旅游环境参量的因素很多，如大气因素、水质因素、噪声环境因素、生态环境因素等。对于旅游者来说，旅游者在生态旅游中要得到身心健康，一般度假区气温最好为18℃～23℃，空气湿度最佳指标是70%左右。其次是旅游地的最大安全水平。在旅游地开发中，必须采取各种措施，确保游客的安全。否则旅游地就需要整顿，甚至还要关闭。再次是旅游项目可接受的风险水平。提出的旅游项目，一是要有可操作性，二是要有回报。最后是旅游地生态发育的空间水平。它是指旅游区或旅游地旅游资源在空间发育上是否平衡，是否和谐。

（五）保护旅游地生物的多样性

尊重生命、尊重大自然，强调天、地、人是共生、和谐发展的。人和自然是一个整体，能不能保证这个整体的健全，是考核旅游业可持续发展的标尺。在人与自然的关系中，当代人与后代人的需求和谐一致、旅游体系的发展要与生态过程、生物的多样性和生物资源的维护协调一致。

（六）保护旅游地文化公平发展

一个旅游地原有的文化经开发后，外来的文化必然要对当地的文化形成冲击，使原来的文化受到破坏。所以在开发时要公平地发展就要保护其传统文化，这叫文化的相容性。当然，当地的文化不可能全部保护，但可以对原有的文化进行更新，然后产生一种新的地域文化。

第二节　生态旅游实现旅游可持续发展

一、生态旅游

（一）生态旅游的由来及界定

随着旅游可持续发展观念的深入人心，国内外旅游界的专家、学者开始对传统的大众旅游方式进行反思，如只顾眼前利益而忽视旅游资源的可持续利用，只注重经济利益而忽视旅游的社会、生态效益等，已经成为旅游业进一步发展的严重障碍，对东道国造成负面影响，进而力图摒弃传统的大众旅游而演变出一系列新兴的调整性可持续旅游方式。

作为可持续发展思想在旅游领域的具体应用，世界旅游组织将"可持续旅游"界定为："在保持文化完整、保持生态环境进程、生物多样化和生命保障系统的同时，满足人们对经济、社会和审美方面的需求条件下管理所有的资源。它能为今天的主人和客人提供生计，又能保护和增进后代人的利益并为其提供同样的机会。"

可见，可持续旅游是以旅游活动不破坏资源环境为核心目标，关心的是旅游活动的长期生存与发展，强调的是旅游活动的优化行为模式，以传播、培养旅游者具有可持续发展观、伦理观为目的的旅游方式，可持续旅游是在保护和增强未来机会的同时，满足现时旅游者和东道区域的需要。可持续旅游产品是与当地环境、社区和文化保持协调一致的产品，是旅游发展的永久受益者，而不是牺牲。

可持续旅游有很多具体形式，如生态旅游、绿色旅游、责任旅游、低影响旅游、以自然为基础的旅游、自然导向旅游、自然旅游、环境友善旅游、环境朝圣旅游、野生生物旅游、另类旅游、伦理旅游、软性旅游、特定兴趣旅游、适宜旅游等频繁出现于中外有关研究文献中。

尽管人们对这些新兴的旅游方式称呼不一，表达的侧重点不同，每一个称呼都强调旅游活动的某个方面，但它们之间却有一个共同思想串联其中，即这些旅游形式都是对传统大众旅游进行全新思考的结果，是在对传统大众旅游进行修正和调整的基础上提出的崭新的旅游形式，其共同的指向是自然取向，即亲和自然、保护自然，都承认新的旅游形式必须在保护当地生态环境的基础上进行，旅游的同时要考虑生态环境保护。在众多的调整性可持续旅游中，生态旅游作为代表最常被提及，现已得到广泛的社会认可，成为可持续旅游的一种模式。

随着生态旅游的迅速发展，生态旅游对生态环境的影响也日益显现出来。一些学者和管理者开始从一个更高的角度探求真正意义上的"生态旅游"，深刻认识到：生态旅游不完全是一种回归大自然的旅游活动，而应该是一种可持续性的旅游。

进一步说，生态旅游是以欣赏和研究自然景观、野生动植物以及相关的文化特色为目标，通过保护区筹集资金，为地方居民创造就业机会，为社会公众提供教育环境等方式而有助于自然保护和持续发展的自然旅游。

生态旅游的核心思想是倡导爱护环境的旅游，或者提供相应的设施及环境教育，以便旅游者在不损害生态系统或地域文化的情况下访问、了解、鉴赏、享受自然及文化地域。

英国哲学家培根说过："要命令自然，就必须服从自然。"从可持续发展的角度讲，生态旅游就是强调人与自然的和谐。如果人凌驾于生态系统之上，就会出现越来越严重的环境污染和生态破坏。地球资源总量是守恒的，人类的富有靠的是对地球资源的占有与消耗的扩大，只有人和自然处在和谐与平等地位的时候，才能真正实现人类可持续发展。

综上所述，生态旅游就是把旅游和环境保护紧密结合起来的旅游。具体来讲，生态旅游就是可持续发展理论在旅游业上的应用，是以生态旅游资源和生态景观为主要对象，在不破坏环境的前提下，以自然环境为主要活动舞台所进行的一种对生态和文化负责任的旅游。对生态旅游者来说，具有生态环境教育功能，在欣赏、感悟自然的同时获取生态和文化知识，并以自身的实际行动为环境保护做出贡献；对生态旅游开发者和经营者来说，生态旅游是运用生态学原理来规划生态旅游区，设计生态旅游活动，履行保护生态环境的宣传与教育职责，把旅游对环境的破坏限制在最小范围的一种旅游开发方式；强调景区及当地居民、管理者、从业人员和游客共同参与的、对自然生态环境起促进作用的、共同取得利益的，追求社会、经济、环境有机结合和协调发展的，强调社会效益、经济效益、环境效益并举的、可持续性的现代旅游形式。

目前，生态旅游被看作是传统大众旅游的替代品，是旅游可持续发展的具体体现和实现途径，或作为旅游可持续发展的一种实践形式，被认为是世界各国，也是中国实现旅游可持续发展的首要的、必然的选择，因而在世界范围内得到普遍重视和迅速发展，并成为21世纪国际旅游的主流，代表了21世纪旅游业发展的方向。

对中国而言，如何适应国际旅游市场的新需求，如何在旅游区的规划与开发建设中保护旅游资源和旅游环境质量，发掘和体现中华民族的文化精华，展示中国旅游区鲜明的旅游形象，并取得经济效益、社会效益和环境效益的有机统一，将是我国旅游业今后在世界旅游业激烈竞争中立于不败之地、实现旅游可持续发展的关键所在。我国自20世纪80年代宣布建立第一个国家森林公园以来，至今经林业部批准的森林公园已经多达数百处，自然保护区已经建立数千个。这意味着贴近自然、回归自然、保护环境的生态旅游，即将在中国开始波澜壮阔的旅程。生态旅游将会在中国成为一种时尚。生态旅游就像一本人生教科书，教会人们在分享大自然所赐予的美景之余，用自己的实际行动监督并制止对环境的破坏，履行人类对自然所应承担的责任和义务。

（二）生态旅游的特征

生态旅游和一般的观光旅游相比，具有以下六个特点。

1. 自然性

生态旅游活动是以自然环境为主要活动场所，其首要目标是保护自然环境。生态旅游者渴望投入大自然的怀抱，希望在大自然中放松身心，积极主动地去体验自然、了解自然和保护自然，向往的地方一般是奇特迷人的野生自然环境及充满神秘色彩的地区。因此，国家公园、自然保护区、生态农业地区成为生态旅游的主要目的地，这表明了生态旅游活动范围的自然性。生态旅游则主张"尊重"与"倾听"，尊重自然的异质性，而不是按人的意愿强行对自然施加影响。

2. 参与性

生态旅游的参与性表现在生态旅游者不再是走马观花，而是深入自然环境中，用心感受、用耳倾听、用眼观察、用身体去实践，通过步行、骑自行车、骑马、探险、登山、驾驶山地车、漂流、划船、摄影、户外野营等参与性活动来认识自然环境，体验大自然的诸多价值。生态旅游的参与性还表现在当地社区居民的积极参与。生态旅游的目标之一就是要提高当地居民的生活水平和质量。因此，政府应积极鼓励当地居民参与到生态旅游业中，从事导游、解说、护林、巡视、防火、划船、绿色食品生产和加工、手工艺品制作、民俗歌舞表演等旅游服务、管理和资源保护工作。

3. 责任性

生态旅游是一种带责任感的旅游。这些责任包括对旅游资源的保护责任，尊重旅游目的地的经济、社会、文化并促进旅游目的地可持续发展的责任等。也就是说，生态旅游不仅是一种单纯的生态性、自然性旅游，更是一种通过旅游来加强自然资源保护责任的旅游活动。保护生态的责任是开展生态旅游的前提，也是区别于自然旅游最本质的特征。

4. 教育性

生态旅游的教育功能首先体现在生态旅游区，往往要通过标牌、解说、小册子、录像、广播等多种媒体向游人介绍当地的自然环境、野生动植物、生态系统、地学背景、风俗习惯、历史文化等自然和人文知识，提高游人的知识水平和文化素质；同时还寓教育于旅游活动中，通过植树、观鸟等旅游活动，使游人体验人与自然的关系，增强环保意识，提高人们对保护环境必要性的认识，让游客学会将旅游活动对环境的破坏降到最低限度的有效方法。生态旅游的教育功能还体现在对当地居民、旅游经营者的教育。生态旅游的教育计划除了对游客进行环保教育，还包括对当地儿童、青年和成人及从业人员进行安全、卫生和新技术方面的培训。

5. 可持续性

生态旅游是与可持续发展原则相协调的一种最佳的旅游形式。从代际关系来看，生态旅游注重旅游资源在代与代之间的公平，以满足当代人和后代人共同的旅游需求，实现生态旅游资源的永续利用；从经济角度来看，生态旅游注重在生态系统承载力范围内实现旅游经济的持续增长；从生态学角度来看，生态旅游注重人与自然的和谐相处，达到"持续发展"的境界。因此，可持续发展是生态旅游的一个十分突出的特点。

6. 高品位性

首先，表现为生态旅游活动的高品位。生态旅游是使旅游者明确保护生态的重要意义并为之做出自己的奉献，是一种具有强烈环境意识的高品位的旅游活动；生态旅游活动本身具有高含量的科学和文化信息，把丰富的地学、生物学、生态学知识展现给游客，游客通过观察、体验和发现，可获得丰富的科学知识。其次，表现为生态旅游者的高品位。生态旅游者对旅游环境的质量要求很高，同时也非常自觉地、有意识地保护旅游环境，协助旅游部门和管理机构进行资源保护。因此生态旅游者常常是受过中、高等教育，有着较强环保意识的有识之士。

（三）生态旅游环境

生态旅游环境是以生态旅游活动为中心并使生态旅游活动得以生存、进行和发展的一切外部条件的总和。生态旅游环境由生态旅游资源环境、生态旅游社会文化环境、生态旅游经济环境、生态旅游气氛环境四个子系统构成。

生态旅游资源环境是指以生态美吸引游客前往进行生态旅游活动，为生态旅游业所利用，在保护的前提下，能够产生可持续发展的生态旅游综合效益的客体，主要包括森林、草原、荒漠、海洋、湖泊、温泉、河流、田园、风光、牧场、渔区、农林、园林、北极、南极、山岳、冰川、植物园、野生动物园、世界园艺博览园、国家公园、森林公园、自然博物馆、自然保护区、风景名胜区、世界自然文化遗产等生态旅游资源。

生态旅游社会文化环境具体包括生态旅游政治环境、文化旅游环境，如旅游政策、旅游管理及人与自然的和谐、人与自然界互利共生的关系等。

生态旅游经济环境具体包括外部经济生态旅游环境和内部经济生态旅游环境，如基础设施条件、旅游服务设施条件、旅游投资能力、接纳旅游者能力及旅游行业内部政策倾向、管理制度、从业人员等对生态旅游的认识和责任程度。

生态旅游气氛环境具体包括区域生态旅游气氛环境、社区生态旅游气氛环境、旅游者生态旅游气氛环境等，分别反映区域历史生态、地方生态、民族生态气息，居民对生态旅游的观点、看法与行为，以及旅游者生态旅游素质、旅游气氛等。

（四）生态旅游的作用

生态旅游是实现旅游可持续发展的途径，是可持续旅游的有机组成部分。生态旅游在旅游设施规划和发展、旅游运作和营销等方面要全面考虑社会、文化和经济可持续性的标准。正因为如此，生态旅游在旅游业中具有十分独特的地位和作用。

1. 有利于环境保护

生态旅游管理和规划者利用生态学原理，对旅游进行科学规划和合理布局，根据旅游地的环境容量和承载能力，让旅游者在观赏自然风光的过程中，认识自然、普及生态知识。因此，生态旅游与旅游资源的合理开发、环境保护紧密联系在一起，政府部门、旅游管理者、旅游者和当地居民建立紧密合作关系，共同承担起保护自然和环境的责任与义务。

2. 推动旅游区发展

当地社区和当地居民是生态旅游发展中一支不可忽视的力量，生态旅游区建设离不开当地居民的支持。生态旅游能为当地居民创造就业机会和增加收入，改变他们的生存与发展方式，为他们拓展生存空间。这不仅可以发挥当地居民在旅游资源开发和环境保护方面的积极性，而且可以有效地阻止对环境的破坏，从而达到协调环境保护与当地经济发展之间的关系。生态旅游还注重对当地民族风俗和传统文化的保护，减轻传统旅游开发对当地人文、地理环境的破坏，有利于当地经济社会的发展。

3. 促使旅游业合理布局

自然和社会文化相对原始的地区，往往是生态旅游资源较为丰富的地区，这些地区保留了原始、独特的自然景观和风俗文化，但地处偏远、基础设施差、经济相对落后，成为制约当地经济发展的"瓶颈"，丰富的自然、文化资源没能发挥出应有的作用。传统旅游主要考虑经济效益，大量的旅游开发集中在经济发达、基础设施完善的地区，使这些地区的旅游地承受巨大的环境压力。传统的旅游开发不利于旅游业的发展布局。而生态旅游的发展，将使旅游资源得到更加有效的利用，并缓解发达地区的旅游压力。

4. 提高旅游业管理水平

生态旅游要求参与的所有旅游主体具有较高的生态素养。旅游管理者要具有战略眼光，提出生态旅游管理策略，在制订管理计划，实施监测，制定社区参与规划，对旅游者的管理、宣传和教育等方面建立科学的管理体系，协调当地社区的经济发展和生态环境保护之间的关系。生态旅游的发展，将进一步促进生态旅游市场的规范化，保护自然和人文旅游资源，在生态旅游的内容、形式、规划和旅游资源管理措施等方面，建立配套管理措施，达到管理的标准化和规范化。

5. 促进旅游可持续发展

生态旅游强调人与自然的协调。旅游地是一种特殊的生态系统，保持生态系统过程的完整性，应遵循物种相关、物种循环、能量流动、生态平衡和协同进化等自然规律。生态旅游在项目设计、项目建设、项目评价方面，应按照这些自然规律进行生态设计和生态管理，从而促进旅游可持续发展。

二、生态旅游者

（一）生态旅游者的界定

根据国内外一些专家、学者的论述，把生态旅游者分为广义的生态旅游者和狭义的生态旅游者。

1. 广义的生态旅游者

广义的生态旅游者即指到生态旅游区的所有游客。而广义的生态旅游者只是对旅游者行为现象的部分概括，并不能真正体现生态旅游的内涵。将生态旅游与自然旅游等同起来，忽视生态旅游的兴起与发展是人们环境意识增强的结果，没有体现旅游者对保护生态环境方面做出贡献。

2. 狭义的生态旅游者

狭义的生态旅游者即指对生态旅游区的环境保护和经济发展负有责任的游客。根据这个定义，生态旅游者仅指来到生态旅游区并对环保与经济发展负有一定责任的那部分游客。

狭义的生态旅游者反映了生态旅游的内涵，同时也涉及了生态旅游的本质特征，把生态旅游与传统旅游区别开来。生态旅游者不仅是回归自然，即到自然界和生态环境中去享受自然和文化遗产，更重要的是对自然生态环境保护有促进作用。

（二）生态旅游者的特征

生态旅游者除了具有一般旅游者的目的地的异地性、经济上的消费性、时间安排上的业余性、地域上的差异性等共同特点外，还有有别于大众旅游者的特殊特征，其主要特征表现在以下五个方面。

1. 自然性

生态旅游者的自然性一方面体现为旅游对象的自然性。这不但指自然环境形态，还指原汁原味的、人与自然和谐的特色文化，主要包括森林、山地、草原、沙漠、海洋、湖泊地区和以自然风景为主的风景名胜区、自然保护区、森林公园，以及人文生态旅游区。生态旅游者对环境污染的认识越来越深刻，同时对过于人工雕琢的旅游感到乏味、单调，他们热衷于回归到大自然天然本质的"原始"生态环境中去，探索大自然的奥秘，领略特色文化的神秘，并由此感受到其中的美学、科学、哲学等文化价值，体验人与自然的和谐，激发对文化生态的热爱。另一方面体现为旅游服务的自然性。即指生态旅游者在旅游过程中的食、住、行、游、娱、购等环节，对所接受到的服务项目要求原汁原味、自然。生态旅游者力图在大自然的怀抱中享受旅游的乐趣，与大自然对话，增强热爱自然、保护自然的意识，而且参与当地社区民族的经济和文化发展及生态环境保护等活动。

2. 环保性

无论把生态旅游作为一种旅游形式，还是作为一种旅游思想，都强调生态旅游者对环境及资源的保护。生态旅游者明了保护大自然的重要意义，有较强的环保意识，能遵循生态道德，自觉地、有意识地去保护生态环境，并将其贯穿到整个过程中。参与生态旅游目的地的自然与文化旅游的同时对自然与生态文化进行保护，是一种绿色的旅游形式。生态旅游的主体与客体不可分，自身是整个综合生态系统的一部分，自觉参与到生态环境保护中去。

3. 责任性

生态旅游者的责任性是指旅游活动是具有促进环境保护和社区经济发展责任的活动，广袤的大自然与博大精深的特色文化给生态旅游者提供了宽阔的天地，他们既在其中进行丰富多彩的生态旅游活动，又在责任感的驱使下，自觉要求自己的行为不对生态环境产生破坏，尊重和维护人与自然和谐的特色文化，并为所在社区经济和文化可持续发展担负应尽的职责。

4. 特定性

生态旅游者的特定性是指其自身素质要求的特定性，由于生态旅游不仅用来表征旅游区域和对象是自然物，而且更强调被旅游的区域和对象不受到损害，要达到这个目的，生态旅游者必须具备一定的素质要求，包括身体素质、道德素质、对大自然与特色文化充满热爱，有较强的环保意识，认真的体力和情感准备，理解生态平衡的原理，懂得可持续发展战略的内涵、基本思想和重要性等，能自觉地、有意识地参与到保护生态环境和旅游资源的行列中来。

5. 知识性

由于生态旅游区包含着大量的地质、地貌、气象、水文、植物、动物等科学知识体系。这就决定了生态旅游是一种具有较高科学知识和文化含量的高层次、高品位的旅游活动。其参加者主要是学生、教师、知识阶层、环保主义者等。生态旅游者通过观察、体验、分析、研究，可直接感受并获得丰富的科学文化知识，达到科学普及的目的。

（三）生态旅游者的分类

1. 按国境界分类

（1）国际生态旅游者

国际生态旅游者即指暂时离开自己的定居国或长居国，入境到其他国家进行生态旅游的游客。在我国，暂时离开定居国或常住国入境到我国境内进行生态旅游的游客，都可称之为国际生态旅游者。凡是通过中国驻外使、领馆，各国对外友好团体，或同中国旅行机构有联系的外国旅行社及直接同中国国际旅行总社联系，申请办理入境手续后持有"L"签证（其签发对象为来中国内地旅游、探亲或因其他私人事务入境人员）的外国旅行者、华侨、中国血统的外籍人和港澳台同胞，均可凭签证前往我国政府指定的对外开放地区进行生态旅游。

（2）国内生态旅游者

国内生态旅游者即指暂时离开自己的定居地或常住地前往本国境内其他地区进行生态旅游的游客。既可以是取得所在国国籍的居民，又可以是没有取得所在国国籍而长期在所在国学习、工作、疗养、休息或从事其他活动的人。

2. 按组织方式分类

（1）团体生态旅游者

团体生态旅游者又称团体包价生态旅游者，是指参与旅行社或其他旅游组织事先计划、统一组织、精心编排生态旅游项目，提供相关服务工作并以总价格形式一次性地收取旅游费用的生态旅游团体的生态旅游者，其团体一般不少于15人。其主要优点是安全、可靠、方便、舒适，且旅游费用相对便宜。但是，一切活动都需要按旅行社或其他旅游组织的统一计划集体进行，欠缺灵活机动性。

（2）散客生态旅游者

散客生态旅游者又称个体生态旅游者、自助生态旅游者，指个体、家庭或自行车结伴进行生态旅游的人。与团体生态旅游者相比，时间上能够灵活掌握，生态旅游项目的选择上自主独立，且具有灵活性，易于充分实现旅游动机。但由于一切活动都需要自己联系，不够方便，旅游费用也相对较多。

3. 按旅游目的分类

（1）观光型生态旅游者

观光型生态旅游者即指以旅游观赏自然生态系统为主要目的的生态旅游者，如观赏山地、冰山、火山迹地、溶洞、沙漠、湖泊、江河、森林、草地、湿地、海洋、植物园、野生动物园等。主要目的地为"世界遗产"地、自然保护区、国家森林公园、风景名胜区。

（2）参与型生态旅游者

参与型生态旅游者即指积极参与旅游的有关活动的生态旅游者，如直接参与组织的类似植树造林、清理环境、环保宣传之类的生态保育活动，或者登山、骑自行车、野营、漂流、滑雪、垂钓、观鸟、民风民俗活动等寓教于乐的活动。

（3）专题型生态旅游者

专题型生态旅游者即指为某一特殊的动机外出旅游的生态旅游者，这类动机包括参加特殊的科学考察旅游活动，如野生动物与植物考察、地貌奇观考察、名山考察、生态农业旅游等。生态旅游者借助于特殊的旅游资源和生态环境，增长知识、丰富见闻，锻炼体魄。

（4）综合型生态旅游者

综合型生态旅游者即指观光、参与、专题等旅游目的有机组合的生态旅游者，这类人是生态旅游者类型中的主体，主要原因是生态旅游者的出游一般都是多种动机并存，通过多样化的生态旅游项目达到综合效果。

加拿大学者对生态旅游者旅游动机的专项调查表明其旅游动机按重要性从大到小排序为：热带雨林、原生的未受干扰的大自然、了解大自然、鸟类、湖泊和河流、绿树和野花、风景和野生生物摄影、哺乳动物、国家公园和省级公园、体育锻炼。

北美学者对生态旅游者旅游动机的专项调查表明选择某动机的旅游者人数百分比从大到小排序为：享受风景或大自然、新的经历或地方、户外活动、野生生物观光、观看山岳风光、体验荒野的经历、没有拥挤、水上运动、文化吸引物、学习或研究自然或文化。

第三节　生态旅游可持续发展的绿色管理

一、影响中国生态旅游可持续发展的障碍因素

生态旅游作为一种可持续发展旅游在我国开展仅十余年，就初步形成了以森林公园、自然保护区、风景名胜区为主体的生态旅游框架体系。但由于生态旅游的法制建设、管理运作及人们的认识和观念等相对滞后，目前生态旅游实践中出现了一些严重问题和负面影响，阻碍了生态旅游可持续发展的速度和质量。

（一）缺乏生态环境保护意识

旅游管理者没有对当地的生态旅游进行科学规划，即使制定了生态旅游规划，也未严格执行，结果导致了生态旅游业的盲目开发。一些生态旅游开发者把满足旅游者的猎奇、享乐需求放在第一位，将保护生态环境放在次要的位置甚至不予考虑。生态旅游开发与管理尚处于低级粗放阶段。旅游经营者片面追求经济效益，仅仅把生态旅游作为独特的"拳头产品"参与市场竞争，而不考虑环境保护、环境容量和生态承载能力，游客严重超载，从而影响生态旅游质量，对脆弱的生态环境造成破坏。

（二）生态教育的自觉性微弱

无论是传统旅游，还是生态旅游，旅游者均是为了寻求娱乐享受、放松紧张神经、逃脱城市及工作的压力，这些目的的实现离不开旅游者对自然的干扰，而过多的干扰会影响旅游区的可持续发展。为了减少对生态环境的破坏，生态旅游倡导旅游者进行朴素的绿色教育，同时注重实地生态教育，即"寓教于乐"。然而，在生态旅游中，理想与现实存在很大的差距，许多旅游者并不想把辛辛苦苦挣的钱花费在生态道德的学习上，更喜欢舒适与安逸的生活，而不是环境保护。生态旅游没有脱离大众旅游的阴影。

（三）生态旅游管理体制不完善

我国的生态旅游大多由旅游部门负责规划、开发利用和经营管理，很少有环境保护和生态学的专业人员参与。因此在管理上重开发而轻生态环境和资源保护、重经济效益而轻生态效益、重短期效益而轻长远利益等情况较为普遍。而且在旅游收入中，再投入到生态环境治理和保护的比例较低。具体表现在宏观管理上，缺乏统一布局规划，未经科学论证和规划、未经市场调研和预测等，任意进行开发；在微观管理上，更是缺乏严格的规章制度，尤其是在自然保护区中开发生态旅游存在的问题还较多，缺乏有力的机制加以引导，结果导致生态旅游"遍地开花"，质量差，趋同性强，特色

也没有充分挖掘，效率低，甚至造成开发性污染或破坏，损害其自然整体美和淳朴的民风民俗及民族文化。

二、实现生态旅游可持续发展绿色管理

绿色象征着生命与生机、青春与活力、和平与健康、安全与安宁。人类由猿到人的过程是以生活生产方式从树梢绿叶间到地面开始的，所以人类钟情绿色是与生俱来的，奇怪的是智慧化了的人类现今才格外关注这悠远的绿色。绿色管理中的"绿色"并非指颜色，而是基于物理学意义上的社会色，具有合乎生态的、人性与社会规范的、和谐与发展的、健康与安全等诸多含义，是指人类生存的环境必须受到良好和有效的保护，是指达到生态环境保护标准，是无污染的标志。可持续发展造就了一个"人心思绿"的新时代。生态旅游的绿色管理是各层面、各环节全面贯彻和实施可持续发展思想的一种全新的战略管理观，是一种具有广泛民众参与的管理，同时也起着传播可持续发展理念的作用。

（一）微观绿色管理

1. 塑造绿色旅游者

一是通过导游或宣传手段对旅游者进行教育，提高其环境保护意识，将一个普通旅游者逐渐塑造成一个能够自觉维护生态环境，具有良好的生态保护知识，积极参加保护生态的各种有益活动的，能遵守生态旅游特点的负责任的旅游者。二是通过法律、法规、制度等手段对旅游者行为进行制约。一些旅游协会和旅行社制定了生态旅游者应遵守的准则。如美国旅行社协会提供了生态旅游者的十条"道德标准"，值得借鉴。三是旅游技术部门可通过技术手段加强对生态旅游者的管理。如合理划分保护区功能分区，根据不同保护区段的特点采取限制使用、降低使用甚至是封闭的办法，以减少游客不当行为对旅游资源环境的冲击。

2. 创建绿色旅游企业

从可持续发展理论的角度出发，绿色企业就是指企业发展必须建立在生态环境的承受能力之上，符合当地的经济发展状况和道德规范。企业的发展，既满足当代人的需要，又不对后代人满足其需要的能力构成危害。如培育绿色营销观念、开发绿色产品、提供绿色服务、培养绿色员工、注重绿色宣传等一系列企业营销行为。中国旅游业绿色管理任重道远。旅游业绿色管理的实质就是在深刻理解可持续发展的内涵与原则的基础上，重塑旅游业的管理理念、体系和组织，使生产经营活动在更合乎生态与人性的前提下不断发展。

3. 培养绿色当地居民

当地旅游开发部门在生态旅游规划和管理过程中要充分考虑当地居民的利益，以

谋求旅游可持续发展。为此，可通过对当地居民的教育宣传，使其了解生态旅游的价值及会给他们带来的利益。在生态旅游规划的初级阶段就要强调当地居民积极参与，听取当地居民的意见，得到他们的支持，使他们了解旅游规划和发展的进行情况。管理计划也应和居民一起制订。还可以让当地居民参与管理与经营。当地居民应受到尊重，其权益应受到保护，并且应从立法方面加以保护。

（二）宏观绿色管理

1. 实行依法治理

政府应建立健全旅游环境保护的各项规章制度，生态旅游区一切开发建设项目须有包含生态建设和环境保护内容的可行性论证和总体规划制度、旅游区各项建设的审批制度、旅游资源有偿使用和合理收取环境补偿费的规定等，并制定一系列配套的与生态旅游相关的法律法规，对违法者进行必要的法律制裁。

2. 制定并推动生态旅游规划

政府应制定生态旅游规划，包括为生态旅游业的增长和管理制定短期和长期的指导方针与目标，以及设计实现这些目标和战略。与此同时，国家旅游管理机构及有关政府部门应就旅游业的可持续发展的规划以及生态旅游的性质和内涵对旅游业有关部门、企业和从业人员进行培训和教育，以提高认识，强化其旅游业可持续发展的思想和行为。

3. 控制与监督生态旅游业

为防止生态旅游发展过热或不合理的发展而对生态环境造成危害，政府可以采取多种手段来限制或拒绝批准生态旅游发展规划，控制宾馆、饭店等人工设施的过度建设，以保护自然景观的整体美感。政府应建立生态旅游认证管理制度，对所经营的旅游活动确实对环境是友善的经营者，则发给一定的绿色标章或经营许可证；也可采纳"生态旅游经营者分等定级制度"，评定其生态旅游的实质和可靠程度，保证生态旅游货真价实。

4. 援助生态旅游

生态旅游作为可持续旅游发展的一种具体形式，代表了世界旅游业发展的趋势。为促进生态旅游的发展，政府应给予资金上的大力支持。比如，可通过加大征收旅游税作为旅游发展基金，增发旅游企业债券，大力吸收外资和国内私人资本对旅游业的投入。对于生态旅游项目的开发，政府可考虑给予政策性倾斜或提供利息优惠的贷款或拨款资助或争取国际机构的援助。

5. 实施生态恢复和美化

要改变生态资源是无限的、可以大量开发及自然界消纳废物是无限的观点。为此，旅游设施一定要有消纳和处理的装置。对已经遭受破坏的旅游景观要进行生态恢复和美化工作，主要内容包括改造、提高现有设施与景观的相容性，有计划地恢复植被和美化环境。在自然保护区开展一些生物多样性的科技旅游活动，提高知名度和品位。

6.科学监控生态旅游临界容量

生态保护区应该采取定点、定线、定时、定量的管理办法。即规定游客可以到的地方、确定走的路线、明确进去的时间、确定可进去的人数，符合合理旅游容量。生态旅游临界容量取决于生态环境和旅游资源的承受能力，必须通过科学监测和研究确定，否则将对保护区内脆弱的生态系统造成致命的打击。为此，旅游管理部门应会同有关部门研制和确定一套全面、科学的生态旅游发展评估和统计指标体系，建立生态环境质量监测和效应评估体系，并责成有关机构及时监测和评估，定期公布，及时分析，发布预警，以形成一种社会力量，及时地、全民并全方位地控制旅游容量和环境污染，确保生态旅游的经济效益、环境效益、社会效益最大化并长期地、协调地保持可持续发展。

第八章　旅游管理人才的可持续发展

第一节　旅游管理人才的职业生涯规划

梭罗曾说："人是自己幸福的设计者。"通过职业生涯规划，我们可以为自己的未来旅游人生绘制理想的蓝图。

一、职业生涯规划

（一）基本概念

1.生涯与职业生涯

讲到生涯概念的内涵，从经济学的观点看，生涯是个人在一生中所经历的一系列的职位，是个人接受培训教育及职业发展所形成的结果；从社会学的角度看，生涯被看成是人一生中不同阶段所扮演的一系列的生活角色；从职业发展的过程来看，生涯被看成是个人通过从事工作所创造出的一个有目的、延续一定时间的生活模式和不断发展的职业角色。"在个人的一生中，由于心理、社会、经济、生理以及机遇等因素相互作用造成了工作、职业的发展变化。职业的发展是个人发展中最主要的方面，它跨越人的整个一生并涵盖个人和自我概念、家庭生活，以及个人所处的环境、文化等方方面面"。

2.职业生涯规划

职业生涯规划可以定义为这样一个循环过程：先觉知、有意愿、量己力、衡外情、定目标、找策略、重实践、善反省、再调整、重出发。①意识到自己需要制定职业目标；②进行自我探索，重点探索自己的职业兴趣、能力、性格和价值观；③进行职业世界探索，收集并排列备选职业；④综合分析与权衡，结合时代特点，根据自己的职业倾向，确定最佳的职业奋斗目标；⑤按计划实施工作行动；⑥做评估调整，为实现目标做行之有效的安排。

外职业生涯是指从事一种职业时的工作时间、工作地点、工作单位、工作内容、工作职务与职称、工资待遇等因素的组合及其变化过程。内职业生涯是指从事一种职业时的知识、观念、经验、能力、心理素质、内心感受等因素的组合及其变化过程。大学生职业生涯其核心是内职业生涯的发展，是职业知识、观念、经验、能力、心理素质等的培养与提高。内职业生涯各项因素的取得，可以通过别人的帮助来实现，但主要还是得靠自己努力追求而实现。内职业生涯的各构成因素内容一旦取得，别人便不能收回或剥夺。内职业生涯是真正的人力资本所在，提高内职业生涯而取得的工作成绩，会转化为外职业生涯。

3. 职业锚

职业锚的概念是当一个人不得不做出职业选择的时候，他无论如何都不会放弃的、职业中的那种至关重要的东西或价值观。职业锚以一个人的工作经验为基础，有三大作用：一是有助于从业者选择自己的职业发展道路。二是有助于确定职业目标和职业角色。三是有助于提高个人的工作技能，提高自己的职业竞争力。

职业生涯中从业者首先要关注的是自己：自己拥有什么？自己想要什么？人是职业生涯的主动塑造者，个人在不同的生命阶段，会有不同的期望，这些期望会不断地变化与发展，个体也就不断地成长。每个人的职业生涯，都是一种发展、演进的动态过程。

（二）职业生涯规划三部曲

1. 职业生涯三部曲

要选择职业，一要了解自我，二要了解自己身处的职业世界，然后综合两方面进行匹配。

2. 职业发展双通道

双通道职业阶梯是指从业者在组织中发展的两种不同路径，每条路径反映着从业者对使命的不同贡献。第一条路径，管理阶梯，是指管理人员通过监督或知道责任的加重获得升迁机会；第二条路径，专业技术阶梯，则是通过专业贡献的增大，实现专业技术人员专业轨道的上升——这种专业贡献不以监督、管理员工为主要内容。

二、职业生涯规划的意义

职业生涯规划有突破障碍、开发潜能和自我实现三个积极目的。一个人最大的幸福，是能以自己选择的方式生活，择其所爱，爱其所择的结果，会使一个人以己为荣，并呈现出圆融、丰足、喜悦、智慧和充满创业力的气质。通过职业生涯规划，可以把"我想做的事情"与"我能做的事情"有机结合起来，在客观分析自身和外界环境之后，制定出科学可行的、个性化的方案，实施这个方案，将会使自己的优势得到最大化的发挥，需求得到最大化的满足。

（一）掌握自己的命运

一般说来，人的一生中有四大领域需要规划：工作、学习、休闲、家庭。各个环节相互关联，每个环节都需要花费心思、科学规划。当一个人拥有明确的规划时，面对重要选择才不会受他人左右。什么是自己想要的、哪个方向才离目标更近都心中有数，才不会走入弯路。清楚地认识到自己的人生目标和每个阶段的重心，才能成为一个真正掌握自己命运的人。借助职业生涯规划，把握每一个可能成功的机会，认识自我，发展自我，完善自我，培养个人的素质和修养，设计一生职业发展的最优路径。

（二）有利于自我觉醒

职业生涯规划是一个意识问题，对于大学生来说，唤醒主动的自我探索意识，才能让个人掌握和搜索更多的信息。职业生涯规划促使学生去考虑将来成为一名职业人所需的能力和素质，让学生有目的地去汲取知识、加大学习动力。

（三）有利于自我定位

今天站在哪里并不重要，但是下一步迈向哪里却很重要。职业生涯规划的重要前提是认识自我。只有认识自我、了解自我，才能有针对性地明确职业方向，而不盲目化。认识自我是对自我深层次的解剖。了解自己能力的大小，明确自己的优势和劣势，根据过去的经验、经历，选择未来可能的工作方向，从而彻底解决"我想干什么"和"我能干什么"的问题。在此基础上，通过了解行业的特性、所需的能力、就业渠道、工作内容、工作发展前景、行业的薪资待遇等外部环境，理性地确定自己所具备的资本。这是人生所有规划和行动得以成功的基本依据，正所谓"知己知彼，百战不殆"。

（四）找到实现理想的通道

职业生涯规划让我们拥有明确的目标，并围绕目标去学习和提升，即使目标不够明确，也会沿着既定的方向前行，这就是实现理想的通道。实现目标的强烈意愿对于个人而言是非常重要的，意愿越大，成功的机会也就越大，将意愿变成超强的行动力；行动力的根源来自意愿，意愿强烈才可以实现目标。

只有在发现和确定了人生奋斗的大目标之后，围绕这个中心，我们平常的行为才会更有效率和价值。职业生涯规划为我们的人生之旅设定了导航仪，指引我们走向成功。哈佛大学的一项追踪研究表明，只有 4% 的人能获得成功，而他们成功的共同点在于，他们为自己的职业生涯早早确定了明确的目标，并且始终坚持。

（五）实现人与职业的和谐发展

职业生涯规划实现人与职业的和谐，以促进自身的持续、健康、协调的全面发展进步为根本目标，在人职匹配的基础之上，将人的发展与职业的发展有机结合，使职业成为实现自我人生价值、自我人生幸福的工具和内容，让个人的发展成为推动促进职业发展和进步的主力，达到自我与职业的双赢，实现人与职业的和谐发展。

第二节　旅游管理人才的职业选择与决策

一、明确个人自我现状

职业生涯路线的确定，首先需要从自我人生目标、自身优劣及目前所面临的挑战与机会开始思考。即从我想往哪一路线发展、我适合往哪一路线发展、我可以往哪一路线发展这三个问题入手。因此我们必须明确自己现状是什么样的，主要从性格、兴趣、价值观、能力和心理状态五个方面着手，去了解自己的现状。

（一）DISC 分析

19 世纪瑞典心理学家、哲学家卡尔·荣格（Carl Jung）将毕生精力投入在人的行为研究上。经过数十年的统计分析，提出了 DISC 人类行为理论。这套理论对后来的心理学、社会价值观心理学、人类行为学产生了极大的影响。而这套理论对个人经营自己的人际关系、强化沟通技巧、开拓业务、维护长期的客户关系也有莫大的助益。

1.D 型：Dominance 支配型（指挥者）

情绪：易怒。

恐惧：被利用。

作风：

高 D：直接、有压迫感、果断。

中 D：好胜、自信、不摆架子。

低 D：小心、温和。

目标：结果、控制。

说明：支配度高者有自己的想法，且非常想成功，同时极擅长让别人依他们的方法做事，具有支配能量高的人会做全盘考虑，并看情况是否有利，为满足自己的需要，他们会透过直接且压迫性的行为掌控环境，一旦现况不利时，他们通常能压住反对的声音。工作时支配度高者很像生意人。他们的工作环境忙碌、正式、有效率、有组织且功能性高。果断、反应快的人擅长言辞，同时尖锐而不圆融，因为他们以事为主，并要求结果。高自我意识的长处，使这类人经常成为组织的火车头，因为他们好胜、喜欢改变且讨厌现状。身为爱探险的行动派，这类人要的是直接答案，且喜欢马上看到结果。

2.I 型：Influence 影响型（社交者）

情绪：乐观。

恐惧：排斥、失去社会认同。

作风：

高 I ：活力充沛、自我促销、容易交往。

中 I ：稳若泰山、有自信、深思熟虑。

低 I ：自制、悲观、退缩。

目标：人际交往及认同。

说明：高 I 者沟通能力强，并对自己的社交能力很有自信。为了满足需要，具有高影响能量者会先结合他人，说服其进行合作，以团队方式完成预期目标。I 型生性较乐观，会将大多数状况视为有利条件，有别于 D 型的敏感行为，由于他们急于认识他人并获其欣赏，因此这类人的行为，有时是不善社交者很难理解的。他们通常有能力说服他人共同合作。他们的自我意识很强，与 D 型一样口才极佳，但高 I 型者较圆滑，对他人的感觉较敏感。他们非常外向，而且以人为主，同时珍惜关系。他们喜欢人际接触频繁的环境，因为他们在任何时候都可以交朋友。

3.S 型：Steadiness 稳健型（支持者）

情绪：无情绪。

恐惧：突然改变、失去保障。

作风：

高 S ：有耐心、容易预测、立场超然、合作。

中 S ：冷静、通融、步调快、动作快。

低 S ：停不住、性急、即兴、紧张。

目标：保障、稳定。

说明：稳健度处于曲线顶端的人，对大多数组织而言是纯金，因为他们不仅是忠诚的员工，也是可信赖的团队成员。他们是按部就班的逻辑思考者，喜欢为一个领袖或目标奋斗。稳健型偏爱稳定且可预测的环境，而需要改变时，他们希望会事先被告知。他们热爱长期的工作关系，以服务为导向，同时有耐心且和善，是一个能设身处地为他人着想且富同情心的聆听者，他们真正关心他人的感觉和问题，在专案中尤其能扮演幕僚的角色。稳健度高者很谦虚，且大部分情况下，刚开始时他们都不会直接表达。如果不同意他们的想法，并想加以说服，最好带着如山铁证。要他们改变之前，先给他们重新思考的时间和空间。

4.C 型：Compliance 服从型（思考者）

情绪：危机意识。

恐惧：被批评、缺乏标准。

作风：

高 C：精准、尽忠职守、自制。

中 C：重分析、逃避、固执。

低 C：武断、反抗心、不圆滑。

说明：尽忠职守、谨慎、遵守他人之规定。服从型与支配及影响型经营者之间有很大的差异。他们天生精准且井然有序。由于他们思路清晰，只要知道正确的方向为何，就会受到激励，因此他们喜欢规矩和秩序。他们对自己和下属的要求都非常高。这类人遵守纪律，凡事讲求细节且维持高标准，不管做什么都要求完美。从适合工作类型来说，他们是杰出的会计师、程式设计师及脑部外科医师。

（二）MBTI 分析

20 世纪 40 年代，美国一对母女在荣格的心理学类型理论的基础上提出了一套个性测验模型。伊莎贝尔·迈尔斯（Isabel Myers）和凯瑟琳·布里格斯（Katharine Briggs）把这套理论模型以她们的名字命名，叫作 Myers-Briggs 类型指标 MBTI。MBTI 理论提出者荣格和伊莎贝尔母女从纷繁复杂的个性特征中，归纳提炼出 4 个关键要素——动力、信息收集、决策方式、生活方式，从而把不同的个性的人区别开来。MBTI 人格分类模型和理论的意义在于"解释人与人之间的差异现象"以及优化决策，对决策流程"进行理性的干预"。

MBTI 通过了解人们在做事、获取信息、决策等方面的偏好从 4 个角度对人进行分析，每个维度有两个方向，共计 8 个方面，其中两两组合，可以组合成 16 种人格类型。

精力支配：外向 E——内向 I。

认识世界：实感 S——直觉 N。

判断事物：思维 T——情感 F。

生活态度：判断 J——知觉 P。

研究方向：主要探讨各种性格类型与相关职业的匹配程度。

适用范围：主要应用于职业发展、职业咨询、团队建议、婚姻教育等方面，是目前国际上应用较广的人才甄别工具。

（三）霍兰德职业倾向测试

霍兰德职业倾向测试是由美国著名职业指导专家 J，霍兰德（John Holland）编制的，他把职业分为 6 种不同类型，即现实型、研究型、艺术型、社会型、企业型、常规型。霍兰德认为，每个人都是这 6 种类型的不同组合，只是占主导地位的类型不同。霍兰德还认为，每一种职业的工作环境也是由 6 种不同的工作条件所组成的，其中有一种占主导地位。一个人的职业是否成功、是否稳定、是否顺心如意，在很大程度上取决于其个性类型和工作条件之间的适应情况。

研究方向：主要探讨各种兴趣与相关职业的匹配程度。

适用范围：该测评适用于高中毕业生、在读大中专生、应届大中专毕业生，以及已参加工作但渴望转行，需要发现和确定自己职业兴趣和能力特长的人士。

（四）职业能力测试

职业能力测试是指通过出题测试的形式来预测某人的职业定位及适合的职业类型还有性格之类。一般这属于一种倾向性的测试，又称之为职业能力倾向性测试。职业测试最主要就是看我们的职业定位。职业定位是自我定位和社会定位的统一，只有在了解自己和职业的基础上才能够给自己做准确定位。

（五）职业锚

职业锚是强调个人能力、动机和价值观三方面的相互作用与整合。职业锚是我们内心深层次价值观、能力和动力的整合体，它是职业决策时稳定不变的因素。职业锚一般情况下一旦确定就很难改变。职业锚问卷是个人进行职业生涯规划咨询、自我了解的工具，能够协助组织或个人进行更理想的职业生涯发展规划。

二、职业生涯决策的内涵及类型

（一）职业生涯决策

1.决策是一种高级思维过程

所谓决策，是根据所获信息做出选择的过程。任何决策都是承前启后的。决策是一种高级思维过程，是一种高级智慧，其中心环节是选择，即对各种方案做出优劣判断，进行取舍。

职业决策在台湾被翻译为生涯决定，是国外职业心理学、职业辅导、职业指导研究的重要内容之一。目前，心理学界对职业决策的界定不尽一致。国内的《教育大辞典》中这样定义职业决策：职业决策是人们根据自身特点和社会需要做出合理的职业方向抉择的过程，内容包括个人价值的探讨和认识、关于自我和环境资料的使用、谋划和决定过程。

2.职业生涯决策的常见类型

职业生涯决策是一件复杂的事情。在实际生活中，每个人在面临职业选择和决策的时候，有不同的表现。基本上，职业生涯决策可以分为以下七种类型。

（1）冲动型

冲动型决策是基于个人经验上的判断，仅凭感觉未经思考，明显带有个人特征，不仅没有获得充分信息进行决策，也没有时间做详细决策。往往表现为轻易许诺，盲目性大，易情绪激动，没有经过认真调查分析，事后有时会因种种原因而不兑现。所做的决定可能很适当，也可能很盲目。

（2）武断型

武断型决策崇尚感性直观，片面、机械、自主性强，不认真调查分析，缺乏思辨性，只是简单的黑白型决策，即非黑即白、非白即黑的决策，不太考虑中间的其他可能。这种类型的人往往在菜单上只挑第一眼看的菜，这还无所谓，而在生涯选择上如果持有这样的态度，常有大麻烦。

（3）依赖型

依赖型的决策是自己不愿意做决定，把决定的权力交给别人，认为船到桥头自然直，天塌下来还有别人扛着；对亲近与归属有过分的渴求；宁愿放弃自己的个人趣味、人生观，只要能够找到一座靠山，时刻得到别人的温情就心满意足了。这种决策方式使人越来越懒惰、被动、脆弱，缺乏自主性和创造性，总想着让别人替自己决策。由于处处委曲求全，依赖型决策者会产生越来越多的压抑感。

（4）拖延型

拖延型决策是由于信息不充分，不愿意改变现状或者害怕承担决策风险而经常迟迟不做决定，或者要到最后一刻才做决定。自控性差，得过且过。比如，实际状况已经很糟了，但不是马上处理，而是延至明天、后天，甚至把希望寄托在未来，期望有一天得到圆满解决，导致最后不可收拾的残局。

（5）犹豫型

犹豫型决策是在信息很充分的情况下，表现为被动，患得患失，过于在乎利益得失，难以及时做出决策。它与冲动型决策相反，选择的项目太多，无法从中择一而行，经常处于挣扎的状态，下不了决心。其实，做出决策后，当发现决策错误时，还是可以及时应变的，没有不可改变的决策。这种类型的决策者须建立自信，在临选择时，果断决策。

（6）宿命型

宿命型决策表现为被动、自卑，相信命运的安排，认为一切都是命中注定的。决不决策一个样，难以改变自己的处境，将决策结果归因于缘分、命运等。

（7）系统型

系统型决策的质量取决于个人在决策中运用信息的多少，所以系统型决策在做出决策前，会全面考虑多方面的因素，然后才自主地、及时地做出有计划的系统决策。通常做决定时，理性感强，能倾听自己内在的声音，也考虑外在的要求，按部就班，可保证执行效果，是最佳的决策类型。

在以上七种决策类型中，除了系统型决策是有效、合理的决策外，其他的决策类型都存在问题。有的是没有掌握充分的信息，有的是过于依赖环境和他人，自己无所作为等。我们做出的决策可能并不只属于上述的某种类型，而是几种类型的综合。虽然决策是一个复杂的过程，但是我们还是需要在决策时，提前收集充分的信息，当机立断，从被动到主动、从盲目到理性、从依赖到自主、从片面到系统、从机械到辩证、从空想到务实，认真做好每一次决策，不断提高自己的决策水平。

（二）影响职业生涯决策的因素

哪些因素可能会影响职业决策呢？可以认为，个人在做出职业决策时，主要应从以下四个方面来考虑。

1. 当前的经济状况

我们经常可以看到这样的情况，一些人由于经济拮据，又不想再拖累父母家人，于是随便就去了一家向他伸出橄榄枝的单位。

2. 亲人和朋友的影响

有些人缺乏社会经验，有时也缺乏判断力，家人的选择通常会对他们最终的选择产生相当大的影响。还有些人则很喜欢攀比，朋友找什么样的工作，自己也不假思索地跟着去。其实，适当地听取家人和朋友的意见是必要的，但最关键的是要有自己的主见。

3. 社会环境

可能有的专业就业面窄，也可能就业压力确实很大，使学生"没得选择"；当然也许某些职业显得很热门，会不由自主地跟着别人一起选择。对此，特别要提醒的是，就算真的"没得选择"，也要选择一个与目标接近的职业，再静待时机寻求转换。不要盲目追随热点行业，再热的行当都有可能会冷，现在的冷门行业将来也可能转热。当年的会计行业、现在的 IT 行业就充分证明了一点。

4. 个人志向

研究表明，志向远大者，都会有明确的发展目标及职业生涯规划。这些人都会始终关注自己该走什么样的职业发展道路，什么样的选择会对自己更加有利。对于他们来说，前面的三个问题根本不是问题，或说只是暂时的问题。

而没有目标或目标不明者，则多会安于现状，或者说不知道怎么改变。如在择业上，常会是因为没有主意所以就不去选择，于是找个工作就可以了，"就业吧，先！"这类人最需要外力的帮助，特别是在择业这样关键的决策上。

（三）职业生涯决策须遵循的原则

1. 择己所爱

从事一项自己喜欢的工作，工作本身就能给自己一种满足感，职业生涯也会从此变得妙趣横生。兴趣是最好的老师，是成功之母。调查表明，兴趣与成功概率有着明显的正相关性。在设计自己的职业生涯时，务必注意：考虑自己的特点，珍惜自己的兴趣，择己所爱，选择自己所喜欢的职业。

2. 择己所长

任何职业都要求从业者掌握一定的技能，具备一定的能力条件。而一个人一生不能将所有技能都全部掌握。所以在进行职业选择时择己所长，有利于发挥自己的优势。运用比较优势原理充分分析别人与自己，尽量选择冲突较少的优势行业。

3. 择世所需

社会的需求不断演化着，旧的需求不断消失，新的需求不断产生，新的职业也不断产生。所以在设计自己的职业生涯时，一定要分析社会需求，择世所需。最重要的是，目光要放长远，能够较准确地预测未来行业或者职业发展方向之后，再做出选择。其中，不仅仅是要考虑社会需求，并且考虑的这个需求要长久。

4. 择己所利

职业是个人谋生的手段，其目的在于追求个人幸福。所以在择业时，首先考虑的是自己的预期收益——个人幸福最大化。明智的选择是在由收入、社会地位、成就感和工作付出等变量组成的函数中找出一个最大值。这就是选择职业生涯中的收益最大化原则。

三、职业生涯决策的方法和步骤

合理的职业生涯决策的基本过程包括三个方面，一是了解自己，二是了解职业世界，三是运用一定方法进行职业选择和决策。而一个完整的职业决策通常包括以下几个步骤：确立问题、确定备选方案、评估各个备选方案、选定最佳方案。至此，一个职业决策便完成了。下面介绍两个在进行职业决策时比较有用的方法。

（一）职业生涯决策的优选原则：SWOT 分析法

SWOT 分析法是英文单词 Strengths（优势）、Weaknesses（劣势）、Opportunities（机会）、Threats（威胁）的缩写，其中 S、W 是指内部因素，O、T 是指外部因素。

所谓 SWOT 分析，即态势分析，就是将与研究对象密切相关的各种主要内部和外部的优势、劣势、机会和威胁等，通过调查列举出来，并依照矩阵形式排列，然后用系统分析的思想，把各种因素相互匹配起来加以分析，从中得出一系列相应的结论，而结论通常带有一定的决策性。因此，如果运用得当，SWOT 分析法是一种有效的职业生涯决策的方法。

（二）职业生涯决策平衡单

职业生涯平衡单是一个帮助我们进行职业生涯决策的表单，表单包括三栏内容，一是决策时所考虑的因素，二是权重系数，三是面临的几个备选项。

1. 影响决策的因素

影响决策的因素归为四类，即自我物质方面的得失、他人物质方面的得失、自我精神方面的得失、他人精神方面的得失。根据每个影响因子对决策的重要程度给出不同的权数。需要注意的是来访者需要不断地了解信息，澄清概念，影响因素及其权数越真实可靠，则决策越可信。

2. 决策平衡单的使用方法

第一步：在第一行列出所有选择。

第二步：在"考虑项目"一列中，根据个人关注的内容，填入在选择中需要考虑的因素。

第三步：将表的各项加权记分。

每个项目的得分或失分，可以根据该方案具有的优势（得分）、缺点（失分）来回答，计分范围 1 ~ 10 分。

给每个"考虑项目"赋予权重，权重高低性因人、因时、因地不同。之后，可以根据考虑项目的重要性与迫切性，给它们乘上权数，加权范围 1 ~ 5 倍。

第四步：合计每个方案的优点总分和缺点总分，正负相加，算出客观的得失差数。

注意：根据自己的真实想法作答，方可正确评估每个方案对自己的重要性。

第三节　旅游管理人才的实践职业路径

一、撰写职业生涯书

职业生涯规划，简而言之，就是正确认识自己，全面了解环境，合理选择职业目标和途径，利用高效行动去实现自己的职业目标。职业生涯规划是促进大学生择业就业的有效手段，其撰写有一定的规范要求。

（一）《职业生涯规划设计书》的构成

《职业生涯规划设计书》主要包括引言、自我分析、环境分析、职业定位、计划实施、评估修正、结束语几个部分，具体内容和要求如下。

1. 引言

对职业生涯规划的认识，对设计书整体内容的概述。

2. 自我分析

结合个人实际情况，通过职业测评结果，叙述分析自身的职业兴趣（喜欢干什么）、职业能力（能够干什么）、个性特质（适合干什么）、职业价值观（最看重什么）、胜任能力（优劣势是什么）等，自我分析部分须进行小结。

3. 环境分析

分析自己所处的环境，包括家庭环境、学校环境、社会环境、职业环境等，职业分析部分须进行小结。

4. 职业定位

根据自我分析和职业分析，定位自己职业目标，并从优势、劣势、机会、威胁四方面分析整理，以做决策。

5. 计划实施

制订计划实施一览表，结合自身职业定位，对自己大学生活、职场适应及长期发展做出实施计划。

6. 评估修正

结合自身与环境的发展变化，评估、修正职业生涯规划方案。

7. 结束语

总结职业生涯规划方案，展望自身职业发展等。

（二）《职业生涯规划书》撰写的注意事项

1. 职业生涯规划要实事求是

在对自己的兴趣、特长、能力、社会需要等各方面全面了解评估的基础上，进行目标设定，一定要结合自身的特点和情况，不能完全脱离现实。要认清兴趣与能力，能力与社会需求都是存在一定差异的，我们所要做的是要在这诸多因素中找一个结合点，将自己的经历经验、专业技能、兴趣特长都有机地结合起来，这样的职业目标才会有生命力。

2. 结合人才素质测评

有的同学在撰写报告书时，对自我的分析仅凭自我认识及他人评价，这是不全面的，也缺乏足够的理论依据。正确的做法是将个人认识、他人评价和人才素质测评结果有机结合，形成一个较为全面的自我认知，据此设定的目标的信度才较高。当然，由于人才素质测评的效度和信度并不是绝对的，所以也不可完全根据测评结果设定职业目标。

3. 措施要有可行性

针对职业目标制定的措施一定要具有可行性，这是评价报告书的一个重要部分。最好制订出长期、中期、短期计划，并拟定详细的执行方案，规定时间限制。高年级的同学可将重点放在就业 3 ~ 5 年内的职业规划；低年级的同学可将重点放在大学生涯的规划上。无论哪个阶段的同学，在写规划时都应突出为职业发展所做的准备工作。

4. 报告书应有自己的风格和特色

想要出色，就要力争做到创新，无论是行文的风格、叙述的方式、文案的设计，还是职业目标的选择、职业路线的设计等，都要彰显自己的个性与特色。

5.撰写报告书的几忌

忌大，忌空，忌记流水账，忌条理不清，忌文法不通、错别字连天，忌过于煽情、没有理性分析，忌死气沉沉、没有朝气。

二、积极实践行动

美国职业生涯大师雷恩·吉尔森的著作《选对池塘钓大鱼》说的是职业选择的重要性。如果说选对了一个大池塘，而且这个池塘里有许多大鱼，但有"大鱼不一定能钓得上"。这其中的原因，可能就是还不明白这个池塘的鱼如何活动，还没有掌握它们的行动规律。

（一）校内成长机会

（1）专业技能

专业知识的学习与研习。

（2）职业素养

按行业行为的要求，逐渐形成习惯。

（3）人际交往能力

学会与周围的同学相处（同宿舍、同班级、同楼层、同园区、同校区）。

（4）组织管理能力

积极参与校园内的各类活动，提高自身的组织协调能力。

（5）创业能力

学习创业知识，学着创业。

（二）校外实践机遇

（1）视野开阔

参与校内的海外培训计划，拓展国际视野。

（2）行业认识

积极参与企业实习与见习，以及各类行业会议，了解行业与企业的发展趋势。

（3）了解社会

关注国家对旅游行业的相关法律与政策。

（4）岗位熟悉

按岗位匹配的原则，寻找自己适合的岗位，并利用假期与人脉关系了解其岗位对人员的基本素质与能力要求。

（5）人脉积累

积极与学长（校友）们保持联系，创造机会与行业人士认识与交流。

（三）入职适应

员工入职适应的培训其实也应是公司的一项重要职责。公司需要及时做好员工个人与学校的接轨。这个接轨就是及时使学生从学生思维向员工思维转换。这个转换的前提就是工作发展相关信息的传达，一些愿景、蓝图的共享。只有大学毕业生能够看到公司的长远境况，并把自己放在这样一个大的背景下思考的时候，他们才能够真正开始从一个学生转变为员工，他们渴望的自由才能够从"自由主义渴望"转变为公司价值创造的"自由发挥"。

三、坚持与修正

职业生涯规划的反馈、修正与调整过程是个人对自己的不断认识过程，也是对社会的不断认识过程，是使职业生涯规划更加有效的手段。

（一）自我对话

自我对话是一种一闪而过的念头和想法。通俗来说，就是自己在内心对自己说的话。自我对话对我们的行为有很大的影响，它既可以是积极的，也可以是消极的。积极自我对话能产生两点好处：第一，产生一种积极的期待，让个体对即将开始的行动很有信心，也会付出更多努力；第二，强化积极的行为。

（二）自我觉察

自我觉察指个体知道自己正在做什么和为什么做。自我觉察能促进个体成为更有效的问题解决者，可以知道自己的身心状态，能够明确积极或消极的自我对话，然后通过自我监控，对身心状态、自我对话进行调整。

（三）自我监控

自我监控是指对自身和正在做的事情的进展状况进行思考和调控。个体能够监督自己完成决策，控制自己分配给每个时期或阶段的时间，及时调整自己的方式和策略。

第四节　旅游管理从业者的自我管理

一、旅游从业者的时间管理

（一）时间管理概述

时间具有"供给毫无弹性""无法蓄积""无法取代""无法失而复得"等特性，所以时间是最不为人们理解和重视的，也正因为如此，时间的浪费比其他资源的浪费更为普遍，也更为严重。

因此，当人们无所事事，或者忙得晕头转向却不见成效时，应该暂时停下来审视一下自己的时间利用效率，审视一下自己在时间中所处的位置，寻找一条更为合适的途径，实现自己的目标，追求自己的人生价值。

1. 时间管理

（1）时间管理的定义

时间管理是指通过事先规划并运用一定的技巧、方法与工具，灵活、有效地运用时间，从而实现个人或组织的既定目标。在日常生活中始终如一、有的放矢地采用行之有效的方法，组织管理好自己生活的方方面面，最有意义、最大限度地利用自己所拥有的时间，这就是时间管理。

时间管理不仅仅是工作的管理，也包含业余时间的管理；不仅仅指企业管理，同时也包含家庭生活、业余时间、业余爱好的管理。也就是说，时间管理应包含生活中所有时间的合理利用和支配。

（2）时间管理的关键

时间永远不会停止下来，而且，时间本身不能被管理，能够被管理的是个人和个人的选择。

时间管理的关键在于：如何选择、支配、调整、驾驭在单位时间里所做的事情。

具体的做法是做好分析，对各种各样的事物，应该有自己更多的理解。分清该事物中哪些是可控因素，哪些是不可控因素。然后抓住可控因素，最大限度地去利用可控制的那一面，把不可控的因素减到最少，避免在不可控因素上浪费时间。这样区别对待，才能够充分地利用有限时间，产生最大的效益。

做好上述分析，还要有一个详细的工作规划，然后用强大的执行力去贯彻实施。

（3）时间管理有三大观念

一是时间观念，二是效率观念，三是效能观念。对这三大观念的理解和把握，是时间管理的关键。

①时间观念

1小时与3年的关系。建立时间观念很重要，有了时间观念，才能利用琐碎的时间，才能把点点滴滴的时间积攒起来。在人们的理解中，3年是一个很大的时间单位，而1小时则是一个常被忽略的时间单位。实际上，如果每天能节约出1个小时，则70年的岁月中，就可以节约出3年的时间。时间观念的重要性由此可见一斑。

②效率观念

速度能使石头漂起来。所谓效率观念，就是要有速度。石头之所以能漂浮在水面上，如《孙子兵法》所言"疾也"，是因为速度很快。

③效能观念

始终不偏离终极目标和结果。效能观念就是不仅要衡量速度的快慢，还要考虑其他的因素。中国人习惯以效率衡量事物，而不常论效能；人们常常夸奖一个人做事很有效率，却很少夸这个人非常有效能。

效能的概念，用毛主席的话来说，效率是代表"快"，效能代表"多、快、好、省"，即数量多、速度快、结果好、品质高、成本节约。也就是说，仅仅速度快不行，还要方向正确、结果良好、效果明显、成本又低，所以效能的概念始终不偏离终极目标和结果。在时间管理中，时间的效能与人生的奋斗方向、企业的终极目标要相吻合。

效率与效能的关系犹如价格和性价比，效率就好比价格，而效能好比是性价比。在单位时间内，所获得的产值大小就是效率，而在单位时间内所获得的价值和回报的大小就是效能。

要成为 21 世纪的职业精英，不但要意识到时间很重要，要去抓点点滴滴的时间，要注意做事情的数量和速度，同时还要追求价值。

2. 时间管理的发展历程

时间管理的发展经历了四个阶段，人们从认识到时间管理的重要性，到开始进行时间管理，其间也经历了管理方式和管理重点的转移。

（1）第一代：时间增加和备忘录

第一个阶段称为时间的单纯增加和备忘录。时间的增加是指当时间不够用，而工作任务比较多的时候，就单纯地加班加点，延长工作时间。

备忘录就是把所有要做的项目列出来，制作成一个工作任务清单，做一件，勾掉一件，以此种方式进行时间的分配和使用管理。

（2）第二代：工作计划和时间表

第二个阶段称为工作计划和时间表，即在所有要做的工作任务开始之前，把清单列出来，在每一项任务之前定一个时间的期限，如早晨 8 ~ 9 点做什么，9 ~ 10 点做什么，下午 1 ~ 2 点做什么，每一项任务都有开始和结束的时间，在这个时间段中完成规定的某项任务。这个方法有时候也称为行事历时间管理法。

（3）第三代：排列优先顺序以追求效率

第三个阶段称为排列优先顺序以追求效率。当工作任务越来越多，多到在规定的时间里没有办法彻底做完的时候，就要求对时间管理的内容进行一定的更改。第一，对工作任务要做一些取舍。第二，把工作任务按主次排序，如先做哪一件，后做哪一件；重点做哪一件，非重点做哪一件；主要做哪些，次要做哪些；做哪些，不做哪些。描述这个取舍和优先顺序可以采用象限法。

如果按照重要程度的轴来标记横坐标，按照紧急程度的轴来标记纵坐标，可以构成 A、B、C、D 四个象限，A 象限是又重要又紧急的事情，B 象限是重要但不紧急的事情，C 象限是紧急但是不重要的事情，D 象限是不重要也不紧急的事情。

①A 类工作

假设用一个统一的标准把所有的工作任务做明确清晰的划分，然后对 A、B、C、D 四大类的工作进行排序，显而易见，首先应做 A 类工作，因为 A 类是又紧急又重要的，这类工作一般属于突发事件。当工作中出现了突发事件的时候，应该放下手头所有的工作，全身心地扑上去，这种行为被形象地称为救火行动。

②B 类工作和 C 类工作

当重要又紧急的突发事件被处理之后，接下来应该处理 C 类紧急但不重要的工作，还是 B 类重要但不紧急的工作？有人认为 C 类工作很紧急，应先期处理，也有人认为 B 类工作很重要，应先期处理。按照时间占用的顺序来划分，也就是按照时间的紧急程度来说，专家认为应先处理 B 类工作。

为了预估 B 类工作和 C 类工作完成时间及情况，可假设不做 C 类或 B 类工作，分别会导致整个时间管理出现怎样的状况。通过这两种状况的不同比较，就可以清晰地看到两种选择的差别。

B 类工作重要但不紧急，如果不做的话，B 类工作会随着时间的推移，越来越紧急，直到突破一定的极限，变成 A 类工作，所以，B 类重要不紧急的工作一旦被拖延下去，就会变成突发事件。C 类工作如果不断地被拖延，随着时间的推移，它也会变得越来越紧急，当越过一定的极限以后，C 类工作就可能因为失去时机而消失，由此就会遭受一定的损失，承担一定的责任，工作本身也可能会因此而消失。

如果在 B 类和 C 类工作之间做冲突性分析，如下午只有一段时间，只能做一件事，要么做 B 类工作，要么做 C 类工作，两者不可兼得，那时就应该扔掉 C 类工作，保住 B 类工作，因为 B 类工作的价值更大，更为重要。

在两者不可兼得的情况下，如果可以延长工作时间，统筹协调，进行更好的策略性的安排，即在 B 类工作不变成 A 类工作之前，先把 C 类工作完成，再按部就班地处理 B 类工作，这样就可以达到双赢的效果。但是管理专家通过实验发现这种理想状态很难实现，因为 C 类工作的数量太多，单个 C 类工作虽然花费的时间不多，但是 C 类工作的数量层出不穷，所谓"野火烧不尽，春风吹又生"，很多人对于 C 类事件只能疲于应付，致使时间管理者陷入了 C 类事件的汪洋大海之中，迷失方向，只见树木，不见森林。

有关 C 类事件的描述比如著名的帕金森定律，也称为爆米花定律。讲的就是，2 斤玉米看上去不是很大，但是经过膨化以后有可能会变为一箩筐玉米花。由此可见，膨胀、扩大后会导致 C 类工作数量过于庞大，以致无法完全彻底地被解决。

中国旅游管理者面对一大堆繁杂事务的时候，习惯于"急事急办""特事特办"，于是就会践踏原则，不讲时间性，总把最紧急的事情拿来做，从不考虑这件事情的价值如何、重要性程度如何。

对于紧急不重要的事情，可以把它们安排在时间使用的后面，如受欢迎的活动、电话会议、工会抽奖、演唱会等，一定不能占用B类工作的时间。时间就像一根橡皮筋，要设定期限，不要把工作任务变成发面团，像爆米花一样膨胀，占有工作时间和空间。

（4）第四代：以重要性为导向

第四代时间管理的代表是时间管理的二八定律。意大利经济学家帕累托认为，万事万物都可以分为重点的少部分和一般的大部分，这就是通常所说的二八定律，即80%的结果源于20%的努力，也就是80%的结果是因为20%的关键因素所致。

所谓"打蛇打七寸，擒贼先擒王，好钢用在刀刃上"，用最有效率的时间去做20%最有效率的工作。在这些时间段，注意力要高度集中，一口气把事情干完，不要中间停止，从而达到一种高效率。同时，要调整生物钟，控制好工作的节奏，使效能达到最高。

3. 时间管理的六个概念

不管是中国传统的时间管理，还是第四代时间管理，以下六个概念是贯穿于时间管理中最核心的问题。

（1）消费与投资

消费与投资包含多个概念，时间如果用于工作、学习，就是一种投资，因为它是有回报的。如果用于陪家人聊天、外出旅游、无所事事、彻底放松，就属于消费，所以时间管理要多投资、少消费，达到投资和消费的平衡。

（2）机遇与选择

在时间管理中，要主动地选择，而不是被动地等待，主动可以制造机遇，等待则只能处于无奈状态，不能将人生时间使用的可能性发挥到极致。

（3）应变与制变

应变就是当问题发生时，被动地做出反应；制变则是去控制住事情，能够主动地预先做出一些预防，让事情最大可能地朝着确定的方向发展。

（4）效率与成效

在时间管理中，要有很高的时间利用率，而且时间利用的结果是可见的，是优质的，是与奋斗目标相一致的，而不是南辕北辙的结局。

（5）紧要与重要

处理好紧要问题与重要问题的关系，具体做法如下：

①对于重要且紧要的问题立即处理。

②对于重要但不紧要的问题优先处理。

③对于紧要但不重要的问题最后处理。

④对于不重要也不紧要的问题则予以回避。

（6）反应与预应

当问题发生后，能及时做出反应，采取必要的措施。对于未发生的问题，则防患于未然，提前做出预防，使问题有良好的预警处理机制。

（二）时间管理误区与法则

1. 常见时间误区

（1）时间管理万能

时间管理并不像有的人所说的那样万能，它不会增加时间，它只是更好地利用了时间。

时间管理是一套基础的习惯，它对知识工作者（每一天要接触很多信息，要对信息进行获取、保存、加工、分享、创新的工作者）来说是一个首先应培养的习惯。因为他们的知识管理都需要时间，而学会安排好时间则能让他们更好地掌控工作的节奏。

时间管理并不像是医院，出了什么问题，用它就能马上解决；时间管理更像是健身房，它需要不断地成长，养成一个一个的好习惯，让自己慢慢成长，做好时间管理重要的并不是什么工具还是方法，重要的是坚持适合自己的工具与方法，就犹如健身一般。

（2）期待自己理性

人们或多或少都会有完美主义的倾向。在计划时人是理性的，但是在执行的时候是感性与动物性的。所以，计划制订得过高或过低，都将会导致自己的行动夭折，时间管理计划的制订应视自己的实际情况而定，不要过于理性了。

（3）苦思最佳优先级

只管把事情做完，而不是给事情排顺序。只需在每天最精华的时间把那些最难最困扰自己的事做完就可以了。用这样的方法锻炼自己，先从一件事情开始，然后慢慢地两件、三件。所以每天做的事只需分成两类即可，一类是重要的事，另一类是杂事。具体顺序其实并不那么重要了。

重要且紧急的事情（第一象限）——立即处理；

重要且不紧急的事情（第二象限）——纳入行事历；

不重要且紧急的事（第三象限）——委托别人处理；

不重要且不紧急的事（第四象限）——丢入垃圾箱。

（4）过度管理

时间管理是一系列习惯，如果习惯没养成，任何工具都是浮云。时间管理的目的是做事，管理的工具再好，没办法养成习惯都是没有用的。

（5）一切井井有条

时间管理并不是把自己的每天分成每一分钟、每一秒钟规划出来，然后按部就班地做。真正需要管理的只有一天的三分之一左右的时间。

人生并不是只有高效工作而已，除此之外还需要生活。所以，珍惜时间，是因为知道浪费时间，而浪费时间并不是要花费更多时间去工作与学习，而是应该做到工作与生活的平衡。

人都有情绪状态不好的时候，时间管理并没办法解决人的情绪问题。若按部就班地来做事，在情绪不好的时候还做着不想做的事，结果可想而知了。好的时间管理更应该关注的是心情好，效率高的时候人们在干什么。

（6）记录时间

记录自己的金钱，可以了解自己金钱的流向，从而开支节流。记录自己的时间，可以知道自己的"时间黑洞"，从而减少"时间黑洞"的频数。

记录时间是一个好方法，但是坚持下来不容易，所以也不必那么细扣自己花了多少时间，只需要在自己状态不好的时候，做一个礼拜左右的时间日记即可。时间管理应该是一个充满成就感的过程，而不是充满挫败感的过程。

2.时间管理的法则

进行有效的时间管理，必须把握以下十大法则。

（1）细微边界法则

细微边界法则是指时间上的细微差别可能导致最终结果上的巨大差异，即所谓"失之毫厘，差之千里"。

细微边界法则在生活中无处不在，如因一分之差错过了列车，可能要再花几个小时或更长时间等待下一列；抢救危重病人延误一分钟，可能会夺去病人的生命；而在比赛中慢了一秒钟，就可能与奖牌擦肩而过……细微边界法则在经济领域表现得更为突出，现代市场竞争已经由"大鱼吃小鱼"转变为"快鱼吃慢鱼"，企业间在对市场反应速度上的细微差距，可能导致利润率上的天壤之别。

细微边界法则的启示：一个人能否成功，有时不在于其是否比别人付出了更多的辛苦，而在于其是否比别人先行一步。先行一步天地宽，抢先一步，就会领略到别样的风景，就会占尽先机，而办事拖拉、没有时间观念，就可能因一步赶不上，而步步赶不上。为此我们必须增强时间观念，无论做什么事情，都要有时不我待的紧迫感，早谋划、早准备、早着手，这样才会在工作和生活中争取主动；凡事都要打好时间提前量，这样才能避免因一步之差而与成功失之交臂的遗憾。

（2）帕累托法则

帕累托法则又称80/20法则，是由英国经济学家和社会学家帕累托发现的，最初只限于经济学领域，后来这一法则被推广到社会生活的各个领域，且深受人们的认同。帕累托法则是指在任何大系统中，约80%的结果是由该系统中约20%的变量产生的。例如，在企业中，通常80%的利润来自20%的项目或重要客户；经济学家认为，20%的人掌握着80%的财富；心理学家认为，20%的人身上集中了80%的智慧等。具体到时间管理领域是指大约20%的重要项目能带来整个工作成果的80%。并且在很多情况下，工作的头 20% 时间会带来所有效益的 80%。

帕累托法则的启示是：大智有所不虑，大巧有所不为。工作中应避免将时间花在琐碎的多数问题上，因为就算花了 80% 的时间，也只能取得 20% 的成效，出色地完成无关紧要的工作是最浪费时间的。首先应该将时间花于重要的少数问题上，因为解决了这些重要的少数问题，只需花 20% 的时间，即可取得 80% 的成效。

（3）黄金三小时法则

黄金三小时法则认为，早晨 5 ~ 8 点是人一天中效率最高的三小时。一天之计在于晨，早晨头脑最清醒、精力最充沛、思维最活跃、环境最安宁、注意力最集中、心情最愉悦，而且由于刚刚醒来，收集睡眠中的潜意识也最全，在这一时段工作一小时相当于其他时段工作三个小时。当一个人早早起床开始工作时，甚至能在正常的工作时间来临前完成一天的工作，这样即将开始的一天就是多赚出来的。

黄金三小时法则告诉我们，应该利用一天中效率最高的时段去完成一天中最重要的工作，以达到事半功倍的效果。当然，由于生物钟的不同，黄金三小时的具体时段可能因人而异，但这并不影响此法则作用的发挥。我们应该在生活中多体会，以便找出自己的黄金三小时并利用好它，达到一天等于两天的效果。

黄金三小时法则还可以进一步扩展，我们可以把每星期的第一天作为黄金时段，处理完一星期最重要的工作，把每个月的第一星期作为黄金时段，处理完一个月最重要的工作。如果做到了这一点，那么就抢占了时间争夺战中的每一个制高点，并获得了一支强大的时间预备队，无论将其使用到哪一个方向，都会在那里取得压倒性的优势。

（4）帕金森法则

帕金森法则认为，工作在最终期限到来前是不可能被完成的。这一法则实际上是依赖人与生俱来的惰性和对最后期限的潜意识发挥作用，人们会下意识地根据完成时限的远近把工作分为三六九等，完成时限越近，人们对某项工作的关注度越高、投入的精力越大。迫近最后期限的工作，会促使人们挖掘自身的潜能，调动一切资源保证任务按期完成；而那些完成时限较远或可以被无限期推迟的工作往往被束之高阁。

帕金森法则的启示是：为避免拖拉、克服惰性，应该为工作设置尽可能短的完成时限，通过时间的压力保持工作的动力，使每一项工作都能在第一时间完成，以便争取主动；对于那些对未来起重要作用的长远目标和长远规划，则应进行合理分解，将其细化为每一阶段可完成的小目标，并设定严格的时限，以避免这些重要而不紧急的任务在日常工作中被忽视，出现平时不烧香、临时抱佛脚的被动局面。

（5）学习曲线法则

学习曲线法则是指在一个合理的时间段内，连续进行有固定模式的重复工作，工作效率会按照一定的比率递增，从而使单位任务量耗时呈现一条向下的曲线。学习曲线效应是在以下两种因素的共同作用下产生的：一是熟能生巧，连续进行有固定套路的工作，操作会越来越熟练，完成单位任务量的工作时间会越来越短；二是规模效应，生产 10 件产品与 100 件产品所需要的生产准备时间、各生产环节间的转换时间是一样的，因此一次生产的产品越多，分摊到每件产品上的准备时间和转换时间越少，单位生产效率越高。

学习曲线法则告诉我们，应尽量集中处理性质相同的事务性工作，如一次性处理具有相同性质的所有文件，一次性打完所有的沟通电话，一次购齐所需的生活用品，一次性做完所有家务等。这样既有利于提高工作的熟练程度，又能通过批量作业减少准备工作和中间环节占用的时间，从而达到节约时间、提高效率的目的。

（6）报酬递减法则

报酬递减法则与学习曲线法则相反，是指从事某项创新型的工作超过一定时限以后，单位时间内取得的工作成果会逐渐降低。造成时间报酬递减的原因是多方面的：由于长时间从事单调的工作，人的兴趣会降低，创造力逐渐减退；运用大脑的特定区域的时间过长会导致神经紧张、用脑过度，容易使人疲劳；长时间的脑力劳动，会导致脑供血不足和大脑缺氧，思维因此而变得迟钝，工作效率快速降低。

报酬递减法则告诉我们，要提高创新型工作的效率，应注意时间的"套种"和工作任务的合理搭配。从事某项工作一段时间，感觉工作效率开始降低时，就应该及时切换到另一项工作，从而使大脑的不同区域被轮流使用，这样既可以保持对工作的兴趣，又能使工作始终保持在时间报酬递增的区间内，从而提高工作效率。另外，每工作一小时就应该放下手中的工作，起来活动十分钟，通过运动促进脑部血液供应，保持精力充沛。

报酬递减法则还可用于对工作设计的指导。考虑到长期从事单调的工作会导致员工绩效不断降低，应采取工作丰富化设计或通过工作人员的定期交流、轮岗，以保持员工的工作热情，提高员工的工作效率。

（7）反效法则

反效法则是报酬递减法则的进一步发展和极端化，是指当超负荷工作时间过长后，由于注意力不集中、头脑不清醒导致失误发生，造成难以弥补的损失或工作的延误，出现得不偿失的结果。反效法则最典型的例子是因疲劳驾驶导致的车祸，最普遍的例子是在电脑前工作时间过长后发生的误操作，导致重要文件被删除或重要数据丢失。

反效法则告诫我们，必须把控好工作与生活的节奏，做到有张有弛，高负荷工作一段时间以后，必须强迫自己休息。为避免反效法则的发生，应该养成一些良好的工作习惯，如及时备份电脑中重要的数据与文件，设置应急处理系统等。但避免反效法则发生的最好办法还是做好时间计划，对于有时间压力的任务、重要的任务，要未雨绸缪，早做打算，提前入手，争取主动，这样才会避免因赶工造成长时间、超负荷工作的情况发生，从而避免负面效应的出现。

（8）自控法则

自控法则其实包含三层含义：第一，对于能自我掌控的事务，不用再花过多的时间和精力，它会自行朝着既定的目标前进；第二，对于无法掌控的事务，不必为其多费心思，时间会给出一切问题的答案；第三，对于能够而且应该掌控的事务，则须用心去掌控。

自控法则告诉我们，可以通过事物的自我控制实现预定的目的，从而腾出时间和精力去做更重要的工作。如可以在年轻时定期存入一笔钱，让其在银行里自行增值，当退休时就会得到一笔丰厚的财富；管理者可以在严格选拔、认真培训下属的基础上授权下属处理日常事务，从而使自己能集中时间和精力思考对组织发展更为重要的问题。自控法则还告诉我们，应该承认并接受无法掌控的领域，关注可以掌控的领域，并且采取行动。当整天为无法实现的目标而苦恼时，试着把它忘掉，去追求通过努力能够实现的目标，说不定会达到"无心插柳柳成荫"的效果；当对一个问题百思不得其解时，试着把它放一放，让时间和潜意识去解决，说不定会达到"众里寻他千百度，蓦然回首，那人却在灯火阑珊处"的效果。

（9）聚光法则

聚光法则认为，只有把有限的时间聚焦到重要的目标上，才能保证事业上的成功。目标过于分散等于没有目标，把有限的时间分散到众多的目标上，就像把有限的资金在众多的项目上撒胡椒，最终只能导致每一个项目都虎头蛇尾、半途而废。如果一个人把宝贵的时间投资都用来建设烂尾楼和半截子工程，最终将使时间账户彻底破产，导致一事无成。

聚光法则对我们的启示是：专注与执着是成功的关键。在工作中应该养成聚精会神的习惯，避免过多目标的诱惑，一次应只瞄准一个目标。一旦开始某项工作，就应坚持不懈地做下去，直到获得令人满意的结果。不干则已，干则一次把事情做到最好，否则返工将会使所花费的时间成倍增长。行百里者半九十，能否完成最后的工作，是决定一件事情最终成功还是失败的关键。许多人之所以没有成功，就是因为以为大功告成而转移了视线，最终导致工作半途而废，也使宝贵的时间被白白浪费。

（10）时间—资源互补法则

时间—资源互补法则来源于项目管理领域，是指时间与用于项目实施的其他资源之间存在互为补充、互相替代的关系。在项目实施过程中，当某一任务完成时限紧迫时，可通过调剂其他资源，增加人力、资金、物资、设备等投入的方式来加快任务的进程；当某一任务完成时限较为宽松时，可调剂部分人、财、物用于完成时限更为紧迫的其他任务，从而实现项目资源最优利用。

时间—资源互补法则告诉我们，应该站在更加宏观的角度看待时间与其他资源的利用问题，根据实际需要对时间和其他资源进行灵活分配、合理调度。一旦感到完成某项任务时间紧迫、力不从心时，应该首先想到是否还能找到其他资源以加快任务完成的进度。

二、旅游从业者的心理健康

（一）心理健康概述

1. 基本概念

（1）健康

健康既包括生理方面，也包括心理方面。一个人如果心理上不正常，那么即便他身体上没有疾病或缺陷，仍然不能算是一个健康的人。现代意义上的健康包括躯体健康、心理健康、社会适应良好和道德健康。世界卫生组织将健康定义为"不但没有缺陷与疾病，而且要有完整的生理、心理状态和社会适应能力"。

（2）心理健康

心理健康是指一种持续的、积极发展的心理状况，在这种状况下，主体具有良好的适应力，能充分发挥身心潜能，而不仅仅是没有心理疾病。

人的健康状况是一个整体，身体的健康状况与心理的健康状况相互影响，身体的缺陷和长期疾病会影响心理的健康和个性的发展；心理的状况也会影响身体的健康，不当的情绪反应会导致特定的身体症状，诱发疾病。此外，某些特定的性格特点也与某些身体疾病有一定的联系。

2. 心理健康的标准

结合旅游企业员工的心理特征以及特定的社会角色，将旅游企业员工心理健康标准概括为以下几点。

（1）正确评价和悦纳自己

俗话说："人贵有自知之明。"一个心理健康的员工，应知道自己存在的价值，既能了解自己又能接受自己，能对自己的能力、性格和特点做出恰当、客观的评价，并努力挖掘自身的潜能。

（2）正视现实，接受现实

心理健康的人能够面对现实、接受现实，并能积极主动地适应现实、改造现实，而不是逃避现实；能对周围事物和环境做出客观的认识与评价，并能与现实环境保持良好的接触。他们既有高于现实的理想，又不会沉溺于不切实际的幻想和奢望中；同时，对自己的能力充满信心，对于生活、工作中的困难和挑战都能妥善处理。

（3）具有和谐的人际关系

心理健康的员工的人际关系应该表现为：一是乐于与人交往，既有稳定而广泛的人际关系，又有知己朋友；二是在交往中能保持独立而完整的人格，有自知之明，不卑不亢；三是能客观评价别人，以人之长，补己之短，宽以待人，与人友好相处，乐于助人；四是交往中的积极态度（如友善、同情、信任、尊敬等）多于消极态度（如猜疑、忌妒、敌视等），因而在工作和生活中有较强的适应能力和较充分的安全感。

（4）智力正常，行为合理

智力正常是人维持正常生活应具备的最基本的心理条件，是心理健康的首要标准。世界卫生组织制定的国际疾病分类体系中，智力发育不全或阻滞被视为一种心理障碍和变态行为。

心理健康的员工，其行为应该是合情合理的，具体包括行为方式与年龄、性别特征一致，符合社会角色，具有一贯性，受意识控制等。

（5）能控制情绪，心境良好

心理健康的人，愉快、乐观、开朗等积极的情绪体验始终占优势。虽然有时也会有难过、悲伤、焦虑和愤怒等消极的情绪体验，但一般不会持久。他们能保持情绪稳定，善于从生活中寻求乐趣，总是开朗乐观的，并能适度地表达和控制自己的情绪。

（6）具有完整和谐的人格

心理健康的人，其人格结构中的能力、气质、性格特征和理想、信念、动机、兴趣、人生观等各方面能平衡发展。人格作为人的整体精神风貌，具体表现为：思考问题的方式是适中和合理的；待人接物能采取恰当灵活的态度，对外界刺激很少有偏颇的情绪和行为反应；能够与社会的步调合拍，也能融入集体；言行一致，表里如一，襟怀坦荡，实事求是；不偏执怀疑、盲目自恋、无视他人、背离社会常规和规范。

3. 做一个心理健康的人

心理学一般认为，心理健康主要与心理压力、身心疾病、心理应付技能、自信心和社会支持等因素有关，因此，对心理健康的维护和保健，可以从"心理应付技能""自信心""社会支持"三个方面入手。

（1）增强自己的心理应付技能

心理应付技能是指对待麻烦的态度与处理能力。西方有这样一句谚语："麻烦还不算麻烦，如何解决麻烦才是真正的麻烦。"也就是说，"心理压力"本身并不完全是消极的"压力"，关键在于如何去对待这种"压力"。同样一种"心理压力"，对不同的人的影响结果是不一样的。对有些人来说，可能是纯粹的消极压力；对于另一些人来说，也可能会变成某种积极的动力。这就是"心理应付技能"的意义和内涵，面对挫折、压力，运用适当的心理应付技能，就可以把消极的压力变成积极的动力。

（2）提高自信心

自信心包括自我认可、自我接纳和自我价值观。一个人的自信心越强，应付心理压力乃至身心疾病的能力也就越强。自信心是建立在对自己正确、客观的认识基础之上的，一个人对自己的认识和理解越深刻、越积极，也就越有条件来处理自己所面临的心理压力和身心疾病问题。

（3）扩展自己的社会支持系统

"社会支持"是一个内涵较为广泛的概念，它包括一个人的社会交往能力，也包括一些针对心理健康问题提供帮助的社会服务系统。一方面，如果一个人在社会中能有几个患难与共的朋友，在家中有体贴、理解自己的父母，在单位有支持、关心自己的领导，那么当他遇到心理压力的时候，就有强有力的支持和依靠。另一方面，有良好的心理咨询和辅导的社会服务系统，也能为遭遇身心疾病和心理压力的人提供及时而有效的帮助，从而降低身心疾病和心理压力对其产生的消极影响。

（二）旅游从业者常见的心理问题

1. 挫折感

（1）挫折的定义

挫折是指个体从事有目的的活动时，遇到障碍或干扰，导致其需要和动机不能获得满足的情绪状态。

（2）挫折的自我调节方法

在遭受挫折之后，向专业心理人员咨询以寻求辅导是一种快速有效的方法。此外，还可以发挥自身的潜能来应对挫折。具体来说，可以采取以下步骤来进行自我调节。

①正确认识挫折，客观分析挫折产生的原因。

②运用合理的心理防卫机制（如合理化作用、幽默、转移等），以减轻心理压力和伤害。

③调整自己的抱负和目标。

④改善挫折情境（如暂时离开挫折情境、避免消极的自我断言、与亲朋好友交流沟通等）。

⑤进行自我鼓励，积极寻找和尝试解决问题的途径和方法。

2. 压力感

（1）心理压力的定义

所谓心理压力是指个体为了适应外界环境中的某些因素而产生的压迫、紧张感。心理压力会影响个体的情绪和工作效率。

（2）正确认识心理压力

心理压力是魔鬼与天使的混合体。说它是魔鬼，是因为它会给人带来身心上的双重伤害；说它是天使，是因为在有些情况下，它是动力的源泉。

①在心理压力之下，我们能够保持较好的觉醒状态，智力活动处于高水平，可以更高效率地处理生活中的各种事件。生活中的很多事情，只要是做成的，基本都与外

界的压力有关；没做成的，多半是因为没有压力。

②在心理压力没有大到我们不能承受的程度时，它可以是一种享受，而且可能是最好的精神享受。所有的竞技活动，都是在人们的心理压力太小时"无中生有"地创造出来的，其目的就在于丰富我们的精神生活。

完全没有心理压力的情况是不存在的，没有压力本身就是一种压力，它的名字叫空虚感，为了排解这种空虚感，很多人采取错误的行为来寻找压力和刺激。因此，正确对待心理压力，将有益于整个人生。

（3）心理压力的应对

应对压力的策略分为两种，一种是问题应对，另一种是情绪应对。

①问题应对

通过努力克服困难、排除障碍、达到目的，称为问题应对。将问题解决了，压力便消除了。问题应对主要涉及确立适当目标、制订周密计划、讲究科学方法以及合理运筹时间等方面。

②情绪应对

我们在解决问题的过程中会产生喜怒哀乐等各种不同的情绪，会感受到成功的喜悦和失败的懊恼。只有调整好心态，才能更好地解决问题。这种对情绪的自我调控和管理，谓之情绪应对。在实际生活中，当我们遭遇压力时，采用问题应对的策略未必会获得成功，而且可能大部分是不成功的。例如，很多人竞争一个职位，不管问题应对水平多高，只能有一个人成功，而其余人都不能成功，他们都将面临竞争失败的情绪应对。因此，情绪应对更为重要。

情绪应对的方法有宣泄法、转移法、放松法、幽默法、脱敏法、代偿法、暗示法、自慰法、升华法、辩证法等。古希腊哲学家苏格拉底有句名言："真正带给我们快乐的是智慧，而不是知识。"何谓智慧？智慧是科学的世界观和方法论，是辩证法。把知识看成是绝对真理，会比无知痛苦更多。应对压力的治本之策是学会积极向上的正向思维方式，养成辩证的思维习惯。

3. 自信感

卢梭曾经说过："自信对于事业简直就是奇迹，有了它，才智可以取之不尽，用之不竭。而一个没有自信的人，无论他多么有才能，也不会有成功的机会。"自信是每一个人内在自我的核心部分。要知道许多心理问题的产生往往是因为个体的"自信心"出现了问题。自信心的强弱，在某种程度上决定和制约着心理压力对个体的影响。

（1）自信心的定义

自信心是一个人对自己的积极感受。"积极"意味着一种态度，一种自我认可、肯定、接受和支持的态度；"感受"则包含对自己的情绪、感觉、认识和评价。可以说，"自信"是一个人感受自我的方式，它包括自我接受的程度，自我尊重的程度。

（2）自信心的培养

作为旅游从业人员，每天要接触来自四面八方、形形色色的陌生人，面对各种意想不到的情境和挑战，增强对自己的自信心以及对职业的自信心，不但可以更好地抵御心理压力的影响，还可以帮助我们从容地应对各种问题和困难，获得成功和喜悦感。要培养自信心，可以从以下几方面着手。

①正确认识自己，接纳自己

每一个人都是特殊而独立存在的个体，正如古希腊哲人所说："天底下没有两片相同的树叶。"同样，天底下也没有两个完全相同的人。要培养自信心，首先要认识到自己的特殊性，并且开心接受自我的本性。认识自己，悦纳自己的方法有几种：①发现并接纳自己的优缺点。多看自己的优点和长处，可以增强自我价值感。②和过去的自己作比较。我们可以比自己的昨天有进步，这样比较会产生成就感。不要总和别人去比较，那是不明智和无意义的。③控制自我形象。一个人的自我概念归根到底是由自己的思想、认知和判断来决定的。所以人们有改变自我形象的能力。不要让别人来设定自己的生活标准，自己是自己命运的主宰者。

②对自己实施积极的心理暗示

一个人对自己的评价，会影响其自信程度。自卑的人往往看不到自己的优点和长处，把成功归结为运气好，把失败归结为自己的无能。对自己进行积极的心理暗示能够提高人的自信心，有助于能力的发挥。当我们面对困难和挫折时，要采取积极的自我暗示来激发自己的潜能。要相信"天生我材必有用"，坚持每天鼓励自己，让自己对未来充满信心和力量。

③调整不现实的生活目标

有理想有目标是好事，但是，理想与目标的设定一定要实事求是，要从自己的实际情况出发。有些人习惯对自己提出"高标准"的要求，凡事都要做到最好，力求完美，这样每当愿望不能实现时，自己的自信心就会受到打击。所以，我们建议旅游从业者要立大志，定"小目标"。实现一个个具体的"小目标"，有助于我们不断地建立和强化自己的自信心，而随着一个个小目标的实现，美好的愿景一定会实现。

④开放自己，积极乐观与人相处

相信自己才能相信别人。自信心不足的人往往会看不起自己，总认为自己低人一等，不敢与人交往，或者因为不信任别人，怕受到伤害，把自己封闭起来。这种消极的自我保护意识只会看不清自己，也看不清别人，更加不能客观地评价自己。孤独感会让自信心不足的人更加不自信和自卑。而积极与他人交往，能帮助我们走出自卑的低谷。人际交往是一个互动的过程，真诚对待他人、接纳他人，也会获得他人的接纳和认同，从而增强我们的自信心。

⑤努力尝试并提高自己的能力

归根到底，自信的感觉源于一个人解决问题的能力。可以说，自信的基础是能力。要增强自信心，就必须敢于大胆尝试，使自己多做、多做到、多因做到而被肯定。

（三）培养良好的职业心态

1. 职业心态的概念

（1）心态

心态是人的内心思想意识和外在行为仪态的总称。心态影响着一个人的精神境界，制约着一个人的行为举止，左右着一项事业的得失成败。

（2）职业心态

职业心态是指人们从事某种职业的心理状态。良好的职业心态对于从业者来说是非常重要的，具备良好的职业心态，将会使自己感觉到工作与生活的极大快乐，产生强烈的价值感和幸福感。旅游业是创造幸福和快乐的行业，作为旅游从业人员，首先自己应成为拥有良好职业心态的幸福快乐的人，这样才能用自己的积极、乐观、热情去感染旅游者，带给旅游者幸福和快乐。

2. 良好职业心态的作用

（1）有良好职业心态，能正确认识自己的职责

"没有卑微的工作，只有卑微的工作态度"。具有良好职业心态的人，能以积极的态度对待工作，客观地接受工作的全部，牢记自己的责任和使命。对旅游从业人员来讲，就是承担起对中外宾客的责任，为客人服务好，让每一位客人都满意。

（2）有良好职业心态，能正确行使自己的职权

如何使用我们手中的权力？是用来方便别人，还是难为别人？有良好职业心态的旅游从业人员，懂得与人为善，懂得给宾客方便就是给自己方便的道理，他们在帮助宾客的同时，也收获工作的快乐。

（3）有良好职业心态，能正确对待自己的利益

心态不好的人，总在利益上斤斤计较、耿耿于怀，他们总觉得自己的既得利益没达到心理要求，没能体现自己的价值所在。而有良好心态的从业者，他们没有把工作当成为了谋生才做的事，而是当成要用生命去做的事。正像许多优秀旅游人所说的："为宾客服务不仅是我的职业，更是一种事业。"

作为旅游从业人员，必须学会不断地调整自己的心理状态，以良好的职业心态对待工作、对待生活。

3. 如何获得阳光心态

积极、健康、进取和充满关爱的心态是阳光心态。那么，旅游从业者怎样才能拥有阳光心态，下面提供几种有效的方法。

（1）不能改变环境，就适应环境

很多时候，我们无力去改变环境，我们也不必去改变环境，学会适应环境才是最重要的。我们常说"适者生存"，就是说"适"是生存的基础。要知道无论社会如何发展，环境都不会因个人而改变，越早认识到这一点，我们就可以越早地去适应环境的变化，才能避免被残酷的环境打败。如果我们和身处的环境格格不入，那么我们的心情自然是阴郁的、压抑的，我们的工作热情、工作效能自然受到影响；而当我们适应环境，因事而为，我们的心态就会变得积极、开朗，我们的工作效率和工作质量就会得到极大的提升。

（2）不能改变事情，就改变对事情的看法

美国心理学家埃利斯认为，是我们内心的想法或者说心态决定了我们的情绪。所以，不要把一切情绪都归于现在的事件、现在的人、现在的关系。表面上是这些因素决定了爱恨情仇以及种种情绪，事实上，导致负面情绪的罪魁祸首是对事情的想法和观点，而这是完全可以用积极的心态去改变的。从这个意义上说，我们完全有能力左右自己的心情。

（3）不能改变别人，就改变自己

改变别人很难，改变自己很容易。与其将时间耗费在努力改变别人身上，不如从现在起，改变自己去适应别人。

如果别人不喜欢自己，那是因为我们还不够让人喜欢；如果无法说服他人，那是因为我们还不具备足够的说服力；如果顾客不愿意购买我们的产品，那是因为我们还没有生产出足以令顾客愿意购买的产品；如果我们还无法成功，那是因为我们暂时还没有找到成功的方法。要想事情改变，首先得改变自己，只有先改变自己，才会最终改变别人；只有先改变自己，才会最终改变属于自己的世界。山，如果不过来，那就让我们过去吧！

（4）建立"五好"心理

在每个人的生活与工作中，总有好的事情，也会有不好的事情，有得到，有失去；有成功，有失败；有赞美，有批评……乐观的人与悲观的人最大的区别是：乐观的人永远看到自己得到的，自己拥有的。如果一个人在生活与工作中，永远能够做到想好的、看好的、听好的、说好的、做好的，拥有这"五好"心理，那就一定能成为一个拥有阳光心态的幸福快乐的人。

第九章 旅游教育国际化的发展

第一节 旅游教育国际化的内涵与意义

一、经济全球化背景下的世界旅游业

随着世界经济的发展和人们生活水平的提高，旅游已经成为人们休闲度假、社会交往、审美娱乐的主要方式之一。旅游不再是纯粹的经济活动，而成为现代社会中一种重要的社会现象，它包括了人员往来、商务贸易、政治活动、文化交流、体育比赛、学术会议等多方面多层次的内容，是一种涉及经济、政治、文化、科技等各个方面的社会活动。显而易见，旅游作为各国和各地区人民之间重要的社交活动，不仅有助于增进各国人民之间的了解和友谊，而且有助于促进国家、地区之间的友好联系，维护国际形势的和平与稳定。

随着旅游业的发展，旅游在国民经济中的作用和地位日益重要，旅游不仅给许多国家的人民提供了大量的就业机会，而且还为其带来丰厚的外汇收入，因此，旅游业受到各国政府的高度重视。随着经济全球化进程的逐步加快以及我国旅游产业国际地位的不断提升，培养适应国际化运作、熟悉国际惯例的复合型旅游人才已是当务之急。

（一）世界旅游业发展的特征

1.旅游方式的多样化

在旅游方式的选择上，一些国家采取以"新""异"取胜的战略，除了一些传统旅游项目，还有文化旅游、商务旅游、生态旅游、休闲旅游和自助旅游等特色旅游以新颖、别致、时尚等特点吸引游客，取得了很好的经济效益。另外，受世界经济因素的影响，国际旅游市场的竞争也是越来越激烈。

旅游方式的多样化与旅游产品的多样性是密切相关的。由于旅游活动的普及性和娱乐性，消费者参与的越来越多。不同的游客有不同的产品需求，为了适应游客的不同需求，就要进一步细化产品，以产品的多样性迎合游客需求的多样性。

在产品开发中，更加注重主导性和多样性的结合，形成产品体系。在旅游市场经营中，主导产品类型决定着目的地旅游业的性质和特点，而多样的产品体系也影响着旅游业的发展前途。事实上就是完成旅游产品从单一到完整的过渡。

2. 旅游经济的全球化

随着世界经济一体化，特别是信息、金融、贸易、交通等的全球化，世界各地的联系越来越便捷，越来越紧密。在世界经济全球化的过程中，社会消费观念也发生了革命性的变化。在生活的基本需要得到满足之后，人们自然而然地开始追求心理和精神上的需要，而旅游活动和消费就可以满足这种社会需求。经济越发达，旅游越兴旺。读万卷书，行万里路，旅游全球化扩大了人类的视野。因此，旅游业全球化发展的一个必然态势就是旅游人数持续增长，旅游产业持续扩大。

如何更好地开发旅游资源、吸引更多的旅游者、增加本国的外汇收入和就业机会，已经成为各国共同面临的问题。许多国家通过颁布旅游法、直接投资或者减税、设立旅游发展基金、制定休假制度、实行"低门槛"入境和"低门槛"收费政策等，保证和支持本国旅游业的健康发展。

3. 旅游需求普及化

随着社会生产力大幅提高、社会财富迅速增加、个人收入提高、工作时间缩短、闲暇时间增多、现代交通工具发展、现代旅游设施的大量建设，旅游正在从一个高端的享受型产业，发展成为人类生活的一种基本需要和高层次的消费活动。

同时，旅游供给水平也达到了一个新的水平，可以较好地实现这种需求。计算机的普及以及互联网的发展，使旅游预订系统形成世界网络；交通便捷使全球范围内可以实现朝发夕至；信用卡通行世界；出入境手续日益简化。这些都给旅游者出行提供了更为便捷的条件，使旅游者的自由度大大增加。

4. 旅游发展的可持续化

可持续发展是旅游业发展的重要内容和重要目标。无论是从对自然禀赋和社会遗存的依赖，还是从旅游业与环境的辩证关系来看，旅游业都需要可持续发展。

可持续发展是既满足当代人的需要，又不损害后代人的利益。所谓旅游业的可持续发展，是指在保持和增强未来发展机会的同时满足当代旅游者和旅游地居民的需求，并通过现有旅游资源的可持续经营管理，在确保文化完整性、基本生态过程、生物多样性和生命保障系统的同时，实现旅游经济效益和社会效益的统一的发展模式。旅游业的可持续发展系统是经济系统、生态系统和社会系统的交集，涉及生态经济、生态社会和社会经济的各个领域。旅游业可持续发展的核心理念在于以旅游资源环境可持续发展为前提，以旅游经济持续增长为手段，以旅游地社会的持续进步为目的，使旅游地社会、旅游经济与旅游资源环境系统协调发展。

总之，世界旅游业能如此迅速地融入世界经济浪潮，与旅游业自身的发展历程和特点分不开。目前的旅游业正在经历翻天覆地的变化。世界旅游组织（UNWTO）的统计资料指出，进入21世纪，旅游业已经取代石油工业和汽车工业，成为世界上最大的创汇产业。

同时，旅游企业跨国经营的不断扩张，带来并强化旅游业经营的国际化趋势，势必要求未来的高等旅游教育必须以国际视野来组织教学，向培养国际型人才的目标拓展，不仅要让学生关注、了解和比较国际旅游需求以及旅游业投资和经营环境的特点与差异，更要让学生了解有关旅游发展问题的国际共识和旅游业经营中的国际惯例，而不能仅仅局限于本国甚至当地的认知与实践。

旅游的产业化和国际化发展趋势对高等旅游教育的人才培养提出了新的挑战，培养具有国际竞争力的旅游人才成为高等旅游教育的首要任务。

（二）国际化旅游人才是实现我国由世界旅游大国向旅游强国迈进的重要保障

中国现已有20多个省区提出了"旅游强省，旅游建省"的发展战略，把旅游作为优先发展的行业。中国要实现由世界旅游大国向旅游强国迈进的宏伟目标需要数量足够、素质一流的国际化旅游人才作为保障。但是，目前旅游业的蓬勃发展却面临人才严重短缺的"瓶颈"。

我国旅游教育还存在旅游人才培养质量与旅游业发展需求不完全适应的突出问题。旅游院校需要考虑的实质问题就是研究培养什么、培养多少、怎么培养、为谁培养等。一方面，中国要从旅游大国真正变成旅游强国，必须具备相应的国际人才竞争力，而过去主要抓的是人才的数量，对人才质量的问题重视不够；另一方面，在整个旅游教育体系中，高等旅游教育是薄弱环节，没有很好地结合专业特点来制定相应的培养目标与模式，没有很好地进行课程与教材体系的设计，同时，有国际合作背景的旅游院校也屈指可数。如果高等旅游教育不能真正培育出接轨国际的高质量人才，旅游经济的发展必然会受到制约，高等旅游教育之路也就难以持续走下去。

（三）国际化旅游人才的培养是高等旅游教育发展的必由之路

我们的旅游业发展同国际相比存在一定差距，如国际竞争起点较低、旅游人才规格层次较低等，这也限制了我国高等旅游教育向纵深发展。我们需要整合部分国外教学资源，加强与旅游教育较完善的国家在高等旅游教育领域内的交流，进一步学习其他国家的经验，从而提升我国高等旅游教育的整体水平。因此，国际化是我国高等旅游教育发展的必由之路。

二、旅游教育国际化的内涵

（一）旅游教育国际化具有的双重含义

国际化是现代旅游业发展的特征之一，旅游业的国际化具体表现为：旅游出入境人数的迅速增加；旅游客源国及旅游目的地国家的不断增多；各种各样的旅游市场运作、旅游产品种类以及旅游文化等，在国际交往的平台上相互交融，不断丰富和演进。随着旅游市场进一步开放，一方面，外资全方位进入我国旅游业，急需大量高素质的旅游业本土化人才；另一方面，随着旅游业的国际化发展，国内旅游企业也需要大量高素质人才。然而，长期以来，我国旅游教育无论在教育理念还是在教学实践方面都落后于旅游业的发展。旅游教育没有充分认识旅游、旅游业的特点，也没有由此而形成与之相适应的旅游教育的方法和规律，而是用传统的教育分类、学科教育以及教育思想指导旅游专业办学。因此，大批旅游管理专业的毕业生未能进入旅游行业工作，从而旅游行业缺乏高素质专门人才的现状长期得不到有效解决。旅游产业和旅游市场的发展是不会"坐等"人才齐备的，关键是旅游院校如何认清国际化旅游人才培养的紧迫性、重要性。正是基于这样的担忧和责任，上海师范大学旅游学院较早地尝试了旅游教育的国际化。

1. 旅游教育国际化内涵的讨论

在对高等旅游教育国际化的理想模式进行深入研究后，我们发现对旅游教育国际化的本质和内涵在社会中尚有歧义，对"什么是教育国际化？""怎么做才是国际化？""教育国际化到底是教育模式的国际化还是人才培养的国际化？"等问题不弄清楚，就很难认清旅游教育国际化的本质，容易使人们在国际化进程中对办学理念、课程体系、师生交流、学术交流、办学模式等一系列问题产生模糊的理解。因此，我们首先要厘清"旅游教育国际化"的内涵。

国际上对于高等教育国际化的含义有三种观点：第一种观点把高等教育国际化看作一个发展的趋势与过程，高等教育的国际化是把国际的意识与高等学校的教学、科研和社会服务的职能相结合的过程；第二种观点倾向于高等教育国际化就是高等教育的国际交流与合作活动，包括课程的国际内容、与培训和研究有关的学者和学生的国际流动、国际技术援助与合作计划；第三种观点强调形成国际化的精神气质和氛围，认为国际教育与教育的国际化是同义语，包括全球的意识、超越本土的发展方向及发展范围，并内化为学校的精神气质和氛围。

国内学者对高等教育国际化的定义则分歧不大。欧阳玉认为，高等教育的国际化是高等教育面向世界、面向未来，以具体多样的高等教育国际交流与合作为载体，吸收、借鉴世界各国的高等教育办学理念和办学模式以及它们的文化传统、价值观念、行为方式，从而达到提高人才培养质量、推动本国高等教育现代化进程、促进本国和世界经济发展、实现人类相互理解与尊重的目的的过程。韩延明认为，教育国际化是指一个国家的教育或某所具体的学校在国际意识、开放观念的指导下，通过开展国际性的多边交流、合作与援助等活动而不断促进国际社会理解、提供国际学术地位、参与国际教育事务、促进世界高等教育改革与发展的过程或趋势。近年来世界各国高等职业教育在保留和发展本国高等职业教育个性的基础上，生源、教育队伍的构成呈多元化倾向，人才培养模式有取长补短、趋向整合的趋势，教学、科研与开发合作交流加强。

从上述对高等教育国际化的理解中可以得出以下结论：

其一，高等教育国际化是一个动态发展的过程，对于不同的国家或学校，其含义和目标是不同的。

其二，高等教育国际化反映出当代高等教育在时间、空间上大大超越传统的高等教育，一国的高等教育唯有面向世界开放才能获得生长的活力，在面向国内的基础上加强跨国界、跨民族、跨文化的交流与合作是高等教育发展的重要途径。

其三，高等教育国际化是在世界形势急剧变化时期高等教育发挥其社会职能的反映，通过运用世界经济、科技、文化的最新成果培养人才，让当代人具有全球视野，走进世界，正是高等教育肩负的使命。

进一步讨论教育模式。"模式"一词的本义是指某种事物的标准样式或让人可以效仿学习的标准样式。在教育活动中探寻其模式，反映了人类努力认识客观世界，试图把握客观事物发展规律的愿望。人们总是期待能在纷繁复杂、变化万千的教育活动中发现一种有效的模式，从而通过变化与推广，达到节约教育资源、实现教育效率最大化的目的。但是，人们在对教育模式概念的理解和使用上存在着显而易见的分歧。对教育模式的定义有三种代表性的看法。第一种定义是："某种教育和教学过程的组织方式，反映活动过程的程序和方法。"第二种定义是："模式是一个弹性相当大的概念，小而言之，一种教学方式就可以称为教学模式；大而言之，可以指一个国家，甚至一个文化类型中教育的基本特征、基本风格。"第三种定义是："模式作为一种科学方法，它的要点是分析主要矛盾，认识基本特征，进行合理分类。"一体化的教学模式已经非常完善，值得我们借鉴。

但这仅仅只是一种模式，不同国家有不同的教育模式。模式的最终目标是培养适合所在国的专业人才，即所谓的"产品"。我们的旅游院校根植在中国，只有将西方的教育模式有效地吸收、消化、利用，与中国的教育实践有机融合，才能最终培养出符合中国国情的旅游人才。教育模式可以多种多样，但培养出来的旅游人才须保持相同程度的高质量。基于此，要实现旅游教育国际化，不同的院校可以探索和实践不同的教学模式或教育模式。例如，建立教育国际化的市场，要有科学合理的、与国际接轨的课程体系和教学内容，构建国际化的课程体系和课程结构，培养具有国际视野的师资队伍等。

综上所述，旅游教育模式国际化只是培养国际化旅游人才的重要手段之一，我们的最终目的是要培养出具有诚实守信的责任能力、跨文化交往的沟通能力、国际视野的创新能力和可持续发展的学习能力的旅游人才，重心落到"人"的身上。

2. 旅游教育国际化具有的双重内涵

（1）教育模式的国际化，包含了高等教育国际化的所有属性和特点

回顾国内外对高等旅游教育国际化的研究，基本上都是在高等教育国际化或职业教育国际化的概念下进行的。显然，高等教育国际化是适应经济全球化而产生并形成的，是经济全球化背景下的衍生概念，它不仅是一种教育理念，更是一种正在全球范围内展开的教育实践活动。世界是复杂多样的，高等教育国际化的概念也因各国政府、教育工作者认识的不同而需要更缜密的、多元视角的检验。随着生产力的发展和科学技术的进步，高等教育国际化进程进一步加快，尤其是世界发展到今天，经济出现了全球化的态势，赋予了高等教育国际化更深、更广的含义、内容和使命。

高等教育国际化的基本意义是指在适应经济、政治发展需要的前提下，使本国的高等教育融入世界教育轨道上的过程，通过跨国际的、跨民族的、跨文化的高等教育交流、合作和竞争，把国际的、全球的理念融合到学校的教学、科研、服务等功能中，使本国的高等教育更加完善，同时走向世界。更通俗地讲，所谓高等教育国际化，就是要加强国际高等教育的交流合作，积极向各国开放国内教育市场，并充分利用国际教育市场，在教育内容、教育方法上适应国际交往和发展的需要，培养有国际意识、国际交往能力、国际竞争能力的人才。

上述概念的属性和特点无疑全部落实到旅游教育国际化的内涵中，此外，旅游教育国际化还表现为高等旅游院校在国际意识、开放观念的指导下，通过开展国际性的多边交流、合作与援助等活动，运用世界经济、科技、文化最新成果培养出能不断适应旅游行业发展的旅游专业人才。

（2）培养国际化的人才，最终目的是要实现培养国际化的旅游人才

在经济全球化的今天，旅游业国际化的发展速度越来越快，各国间的交往也越来越紧密。旅游业的国际化发展要求旅游专业教育同国际接轨，要反映国际化特征，培养素质全面、具有国际视野和国际竞争能力的旅游专业人才。旅游业的飞速发展极大地推动了我国旅游人才教育事业的发展，对旅游人才的基本要求也快速提高。但传统旅游教育理念、模式和方法与旅游人才市场需求相脱节，这在我国旅游高等教育中表现得尤为明显，也是国内众多旅游高等院校至今未能解决的问题。

这些问题的解决，必须通过国际化来实现。国际化是全方位的国际化，是一个综合的、系统的旅游人才培养工程。它涉及培养目标、课程体系、教学内容、培养模式、教学手段、师资队伍等全方位、整体性的国际化。某一方面的国际化并不等于旅游教

育的国际化。旅游教育国际化还有一个重要的目的就是培养学生广阔的视野和接纳世界多元文化的胸怀。为此，作为外向型服务程度很高的旅游业，其人才的培养、课程设置和教学内容的组织尤其应当考虑与国际接轨。从这个意义上说，有选择地借鉴国外先进的旅游教育理念、模式、方法、教材等人才培养方式来帮助我们培养符合旅游行业特点的旅游人才，是高等旅游教育国际化的根本目的和最终目标。换句话说，旅游教育国际化就是要更好地培养高素质旅游专业人才，更好地服务于旅游行业，实现旅游产业和旅游教育的互动发展。

（二）旅游教育国际化的途径

1. 教育目标的国际化

旅游业是 21 世纪世界上发展最快的产业之一，旅游业的发展是一个国家生产力水平和社会文明进步程度的重要标志。伴随着后金融危机时代全球经济复苏的诉求和产业结构调整，旅游业的产业地位被国家提到了一个崭新的高度，是中国旅游供需实践和旅游研究发展的必然。据此，在旅游教育中，既要加强本土文化修养和民族文化自豪感的培养，培养具有旅游管理专业知识，能在各级旅游行政管理部门、旅游企事业单位从事旅游管理工作的高级专门人才，又要顺应国际化和全球化的趋势，强化学生的国际化意识、加强国际知识和能力的培养，培养适应旅游全球化、信息全球化，具有国际竞争能力的国际型旅游管理人才。

2. 教师队伍的国际化

师资队伍是专业教学的基础。培养国际化旅游管理人才，首先必须保证教师要有国际化和跨文化视野，努力打造具有国际化经验、多元文化知识结构的教师团队。从国外各院校及科研机构引进具有丰富教学和科学研究经验的国际化人才充实教师队伍，促进旅游管理专业师资队伍国际化建设，创造条件并提供经费，鼓励教师报考攻读海外博士学位、获取各种与旅游行业相关的高等级国际认证资格证书，以及参与各种高规格的海外学术交流、培训活动、国外学校的交流活动等，努力创造教师到境外培训、实习的机会。引导和激励教师积极参加校内外的课程国际化活动，通过内部协调教学工作、给予经济补偿等方式，为教师外出访问、进修、攻读博士提供和创造条件。

3. 教学课程的国际化

课程国际化是旅游高等教育国际化的重要内容。世界经济合作与发展组织（OECD）归纳出 9 种类型的国际化课程。包括:具有国际学科特点的课程（如国际关系）、传统课程通过国际比较与借鉴的课程（如国际比较教育）、培养学生从事国际职业的课程（如国际商务和国际营销）、外语教学中的跨文化交流与外事技能课程、外国某一个或某几个区域研究的课程、培养学生获得国际专业资格的课程、跨国授予的学位课程或双学位课程、海外教师讲授的课程、专门为海外学生设计的课程。

旅游管理课程设置不能满足行业对高素质专业人才的培养要求是导致毕业生低质量就业的重要原因。面对国际化旅游人才需求，要遵循世界经济合作与发展组织归纳出的9种类型国际化课程，整合现有课程，促进课程结构综合化，并为课程国际化提供资金保障。加大现有课程中国际知识、国际理解和外国文化的比重。对现有课程从内容和体系上进行整合，删除陈旧内容，避免简单拼凑和低水平的重复，构建融会贯通、紧密配合、有机联系的国际化课程体系，增强专业教学的国际性。增设具有国际学科特点和注重国际问题（有关旅游的国际法规、国际关系和地区文化）的课程。开设外语或双语教学课程，引进国际先进的原版教材，积极利用海外教育资源，开设选修课，促进旅游管理课程的国际化。

4. 教育合作的国际化

重点选择合适的合作伙伴和专业、院系，通过发展留学生教育、师生互换、合作办学、合作研究、举办国际会议等多种形式加强国际合作与交流；不断拓展面向国际化的人才培养和高水平的学术交流；参与大学国际组织和联盟，推进双边及多边合作；与跨国旅游公司建立产学研一体化的教育模式；策划和推进重大海外文化和学术交流活动，推动中国旅游业不断与国际接轨。

三、旅游教育国际化的意义

我国的旅游业发展迅猛，已具有相当的产业规模，与国际旅游市场的关联度加大，中国要实现由世界旅游大国向旅游强国迈进的宏伟目标，需要大量的国际化旅游人才作支撑。我国国际化旅游人才的培养需要旅游教育作保障，高等旅游教育也需要充分利用国际市场和资源，要以科学发展观为指导，加快提升高等旅游教育国际化的整体水平，形成经济全球化条件下参与国际竞争与合作的新优势。

（一）融入世界

在全球经济一体化的潮流中，中国市场几乎被所有经济体认为是21世纪最有潜力的市场，部分国家制定了长期、积极的发展战略，有组织地推动与中国各界的合作。在这样的背景下，我国更需要高素质的涉外人员来谋求进一步发展，也需要更多的国际化人才，因此现在是旅游高等教育融入世界发展潮流的最佳时机。

（二）特色兴校

目前，国内诸多旅游院校纷纷在凝练特色、创建品牌方面竭尽全力。由于旅游业是国际化程度很高的产业，高等旅游教育的国际化无疑在中国职业教育的国际化进程中有着重要的示范和引领作用。

（三）创新模式

通过国际化办学，有利于打破原有的墨守成规、闭门造车的办学模式，使教育者更好地了解高等旅游教育的发展趋势、旅游业发展对人才的新要求。通过学习国际先进的办学理念和办学模式，学以致用，形成一套符合中国实际、行之有效的国际化人才培养模式。

所以，高等旅游教育必须尽快与旅游业国际化趋势接轨，让国内的旅游教育真正走向国际化，培养国际化复合型人才，让我们的学生不仅能在竞争中取胜，而且具有国际旅游市场的拓展能力。

第二节　国际合作的多元多样

在国际化人才的研究方面，学术界对国际化人才的定义大同小异。一般认为，人才的国际化主要表现为人才构成的国际化、人才素质的国际化、人才开发的国际化、人才流动的国际化和人才环境建设的国际化。

国际化人才不是一个地理意义上的概念，而是文化、心理层面的概念。国际化人才一般都具备良好的道德素养，具备国际视野、先进知识、较强的创新能力和国际竞争能力。他们的优势还在于熟悉国际规则和多元文化，具有良好的跨文化沟通能力及自身可持续发展能力。

近年来，上海师范大学旅游学院在国际化旅游人才培养上进行了有益的尝试，学院在国际化进程中主动交互与融合、探索和创新，在办学途径、教学手段、课程建设、实践教学、学术交流和管理模式等方面取得了显著成效。

一、办学途径的创新——中外合作办学

《中华人民共和国中外合作办学条例》明确指出，国家鼓励在高等教育、职业教育领域开展中外合作办学，鼓励中国高等教育机构与外国知名的高等教育机构合作办学。在经济全球化的今天，通过中外合作办学，吸收、引进国外高等职业教育的先进经验，走合作办学之路，对于提高高等职业教育的办学水平和人才培养质量，满足教育需求多样化的要求将起到积极的推动作用。

中外合作办学是引进国外先进的教育理念和教学内容、方法、手段以及教育技术、管理机制，聘用外国教师授课的一种新的办学形式。它补充了我国教育资源的不足，对我国培养国际型人才起着独特的作用。高等职业教育作为一种新的高等教育类型，重在培养高素质、技能型人才，通过中外合作办学可以将职业教育培养的人才输出到

国际市场，参与国际竞争，使我国高等职业教育走向国际。

联合国教科文组织将人一生中的学习分成学会求知、学会做事、学会共处和学会生存四种，中外合作办学对国际化人才的培养需要将这四个方面融会贯通在教学中，加强对中外合作办学项目有利于学生终身学习能力的培养和全面素质的提高，从而培养出合格的国际化人才。在对中外合作办学中国际化人才培养的诠释上，学会求知，是培养学生积极主动的学习能力和敏锐的洞察能力；学会做事，是培养学生善于开展国际合作与交流的能力，熟悉国际规则和境外的政策法规，具有国际竞争能力、主动的应变和挑战能力以及创新能力；学会共处，是培养学生的团队精神，培养学生的组织内部沟通能力和跨文化沟通能力；学会生存，则是学会不断地完善自己，培养全球化视野和思维模式。

加强与国外院校合作办学是当前高等旅游职业教育实现跨越式发展的突破点。中外合作办学项目的开展不仅提高了学生的综合能力，拓宽了学生的国际化视野，促进了教师队伍的专业化建设，更重要的是，学院通过中外合作办学项目拓宽了思路，借鉴了成功的高等职业教育办学经验，从而带动了学院整体办学水平的提高。

二、教学手段的创新——广义情境教学

情境法就是利用模拟情境作为练习语言项目的方法。与其理论相适应的教学模式为：以学生为中心，教师在整个教学过程中起组织者、指导者、帮助者和促进者的作用，利用情境、协作、会话等学习环境要素充分发挥学生的主动性、积极性和创造精神，最终达到让学生有效地实现掌握所学知识的目的。具体说就是在教学中创设一段情境，导入教学以引起学生的思考，或者让学生模拟一段情境，使学生处于生动、具体而有趣的情境中，将感情投入课堂。情境教学处理得好，学生们会在不知不觉中获取新知识，做到寓教于乐。

情境教学法被广泛应用于各个学科的教学领域。这里所说的广义情境教学，是指将学生置于特定的教学情境之中，引起学生的情感体验，激活其思维，使其积极参与教学活动，提高教学实效。比如，通过聘请外籍教师，为学生营造一个现实的外语交流环境。

情境教学创设必须遵循这样的原则：所设置的情境要与学生所学内容、学生的生活实际以及社会生活实际紧密联系，并以自然真实的方式呈现出来。

情境教学法在实施时应注意以下问题：与以教师为中心的教学相比，以学生为中心的情境化教学会使教师的工作量更大、更辛苦，教师的教学方法应灵活多变，更适应学生学习的差异，调动他们学习的兴趣。教师在实施情境教学时要把握好"度"，学生在整个过程中都处于主体地位，教师只是情境的设计者，只需要引导学生通过实践、

讨论和合作来实现知识的认知。教师通过展示实物、图片，放映幻灯片、教学电影等途径，尽可能让学生运用各种感官去充分感知学习内容，获得最大量的信息，从而加深对学习内容的印象，把课程内容与实际情境、事物联系起来，以帮助学生形成正确的、深刻的概念。情境的设计必须符合学生的实际水平，必须能够很好地培养学生的交际能力。在运用情境教学的过程中，教师应引导学生把注意力放在学习对象这一主要方面，不要使其注意力分散到一些细枝末节上。教师应该分清主次，并且创造和谐愉快的氛围，这样学生才能够真正轻松有效地学习。

情境教学为传统教学增添了新的活力，对提高学生兴趣、开发智力、拓展想象、开展自主学习等方面确有独到之处。情境教学法为教学提供了准确的指南，情境为语言提供了充足的实力，并活化了语言知识。运用情境教学法，学生处于生动、具体而有趣的情境中，感情投入、思想活跃地去感知所学内容，从而获得知识，受到教育。因而，运用情境教学方法，突破常规的灌输式教学方式，朝着有利于学生实际操作能力培养的方向发展，从而提高了教学质量，进一步地顺应了当前发展高等职业教育的精神，真正做到了融"教、学、做"为一体的模式，培养了学生的职业能力。

三、课程建设的创新——优质资源共享

旅游职业教育要培养国际化的高素质旅游人才，必须构建与国际旅游发展潮流以及国际教育发展潮流相适应的教学内容，其核心就是抓好课程建设。课程国际化的重要手段和途径之一是积极推进双语教学。实施双语教学是我国高等教育向国际化方向发展的需要，是培养具有全球眼光、国际合作意识、国际交流与竞争能力的高素质人才的重要手段。

在课程结构和形式改革的表象下，反映的是教育理念的转变。其核心是对高等职业教育的本质及师生关系的重新定位，其方向是引导学生在知识的传承与创新、探究的深度与广度、学习的阶段性与终身化、个体的发展与人类的命脉之间找到平衡与契合。

（一）结合外方课程，调整课程体系

将课程分为三个模块：基础理论、技能课程和毕业设计。基础理论模块浓缩本专业典型课程的精华；技能课程模块以国际最领先的信息技术为核心，以国内信息技术为基础，训练学生如何进行跨文化的沟通交流等；毕业设计模块是指学生入学时就"带着问题来"，在学习过程中与教师密切合作，寻求解决之道，其毕业设计通常贯穿整个学业过程。

（二）以学生为本，合理安排双语课程的比例和难度

中外合作办学中相当一部分课程是全英文教材，学生在学习过程中必然会遇到困

难,这就需要精心规划中英文课程在教学过程中的比例,逐渐提高外方课程(英语课程)的比例。

同时,在外方课程(双语课程)教学中,要求教师随着学生英语水平的不断提高逐渐增加英语讲授的比例,让学生有一个循序渐进的适应过程。

(三)引进国外的原版教材,订阅外报外刊

中外合作办学项目均采用部分引进的原版教材,原汁原味地吸收国外的专业教学资源。

四、实践教学的创新——留学研修并重

高等职业院校学生校外实习是教育教学过程的一个重要组成部分,是培养学生理论联系实际能力,提高专业技能和操作水平,适应现代社会发展需要,完成由学生到企业员工转变的重要途径,是学生迈入社会的第一步,也是学生立业、创业的开端。鼓励高等职业院校学生到海外实习,是放眼世界,以国际先进水平为标准,加强职业教育国际交流与合作的重要体现之一。

我国院校要特别注重实践型和应用型人才的培养。职业教育的定位是培养具备良好的职业理想、职业道德的劳动者和技能型人才,社会也需要这种人才,这就要求我们强调学生的劳动技能的培养,要让职业学校的学生敢动手、爱动手、能动手。这种意识和能力从哪里来?要从实践当中来。而工学结合、顶岗实习是最重要的实践方式。职业学校学生的兴趣、优势和强项主要是在动手、操作和掌握技能工艺方面,问题是这种人才怎么培养?关键是要让学生真刀真枪地去实践。光是在校内接受教育,不让学生到岗位上去真正地工作和实践,是培养不出技能型人才的。因此既要加强校内实训,也要加强校外实习,而且要以校外实习为主。我们的教育实践是务实的,积极开展面向全球的职业教育。我们的理念职业教育是面向市场的教育、面向未来的教育,真正考虑社会特别是企业的教育需求,"用明天的技术培养今天的学生"。特别是校企结合,课程设计征求企业的意见,请企业工程师来校讲课,让学校教师到企业工作,让学生在海外实习以了解各国不同的文化、教育、习俗等,并对他们给予尊重和理解,同时可以领略东西方文化的精华。严明的纪律、专业的培训、优良的条件,在学生一生的成长中将起到非常重要的作用。几个月乃至一年的独立生活经历将帮助学生塑造自我约束、自我管理的能力和独立面对问题、解决问题的能力,启发思路,拓宽视野,为他们今后的学习和就业打下良好的基础。从学院学生就业情况的反馈看,有海外实习经验的学生,毕业分配时与一般毕业生相比更容易被用人单位提前预订和接收,他们的专业水平及自身素质能被充分肯定,而且在工作岗位上能更好更快地适应,使他们成为同龄人中就业的佼佼者,极大地增强了他们的就业竞争力。

旅游学科是一门应用性极强的学科，尤其是在旅游高等职业院校，学生职业技能的学习和应用是人才培养的重点。为学生提供更多、更优质的海外实习机会，让学生走出去，了解世界，开阔视野。

五、学术交流的创新——双向互动提升

学术交流活动是学校活跃学术氛围、开展学术交流、进行学术环境建设的重要方法和形式，它的主要形式包括：举办学术报告会、科技讲座、学术会议以及专家学者的讲学、进修学习、社科考察、合作研究、参加学术会议等。大力加强学术交流是高等院校不断提高办学水平的重要途径，是促进高等教育发展的关键。广泛的国内和国际学术交流是提高办学质量和高等教育水平的重要因素。

根据学校的发展目标、学科专业建设、教学质量等实际情况，做好学术交流计划，定期邀请国内外知名专家学者来校讲学和交流，也可以将学校的教师派出去进行学习、考察、研究等活动，把外界的先进思想和理念带回来。营造一个良好的学术交流环境，对学校的学科建设、科学研究、人才培养有着至关重要的作用。

高等学校教育科研部门经常不定期召开学术交流会和信息发布会，可以促进本校优秀教育科研项目成果的推广应用和提高学校在学术界的知名度；经常性地邀请国内外著名专家学者来本校举办学术交流讲座，能拓展本校教学科研人员的学术视野，营造浓厚的学术氛围，推动人才培养和科研发展；以学术交流为媒介，让优势学科、特色学科、重点学科和重点研究基地主办或承办全国性、国际性的学术会议或派出教师出席国内外学术会议，可以拓展学术交流范围，把握学科发展前沿，提高本校的知名度和影响力。

随着中国旅游业的发展，中外旅游学术的交流必将更加频繁。中国旅游教育的学术交流不能仅仅停留在参加一些国际学术会议、发表几篇外文论文等浅层次的阶段。旅游高等院校要积极和国外的旅游院校或机构一起合作举办国际学术会议，塑造自身的品牌并提升知名度，打开国际市场，把我们的教育资源推销出去。

六、管理模式的创新——部门多元一体

学校要发展，内因是关键。旅游院校的内部管理是学校自身发展的关键，在致力于旅游教育国际化的进程中，及时组建专门负责国际化事宜的国际教育学院，结合系（院、部）和学校外事办的工作职能，创建多元一体的管理模式，是旅游院校实现国际化发展的机制保障。

我国高等院校中外合作办学常见的管理模式主要包括项目集中式管理和专业归口式管理两种基本办学模式。集中式管理在组织形式上就是将全校所有中外合作办学项

目合并在一起，组成一个独立的系或二级学院。而归口式管理则是根据项目所属专业的不同，将项目交由相关系、院分散管理。项目集中式管理与专业归口式管理各有特点和优势，孰优孰劣不能一概而论。

对于准备开展中外合作办学以及开办时间不长的院校，集中式管理有利于学校集中精力处理复杂的涉外联络沟通工作，及时掌握项目学生的动态，统一安排普通专业学生接触较少的额外语言培训、外方院校及国家环境介绍、出国准备等工作。还能够避免专业系、院因不懂国内外相关政策、法律而出现的对外沟通障碍、对外不当承诺等问题。

而对于开办中外合作办学有一定经验以及专业跨度较广、项目较多的院校，专业归口式管理更有利于项目的长期发展。学校可将新项目的拓展、合作谈判及协议文件工作归口外事部门统一管理，而将项目的日常管理放至相关专业系、院，以充分调动系、院的积极性，节约经费，提高资源的综合利用率，真正实现充分利用国外先进教育资源，从而提高国内院校教学水平、科研水平和管理水平的目的。

目前，高等职业教育国际合作的主要内容包括师生的国际交流、合作办学和办班、共同举办国际会议等方面。随着高等职业教育国际化的普及，国际合作将趋于多元、多样。

第一，师生的国际交流成为常态，相同或相似专业的课程学分互认成为可能，国与国之间的学历互认阻碍消失。这不仅意味着学生、教师和研究人员的国际性流动更加顺畅，而且表明信息资料的国际共享和国际意识的培养，以及包括学位制度在内的各种相互兼容的高等教育制度的建立，使得"地球村"的概念成为现实。

第二，新知识、新技术、新工艺、新方法交流快捷、方便。合作开发新技术、新工艺成为可能，共同把握世界高等职业教育的教学和科研方面的新成果，努力构建有利于国际理解的学术话语，达到教育技术、设施等资源的国际共享。

第三，国际合作模式的创新。预期在不久的将来，类似的国际多学校之间的合作、学校与企业之间的合作、学校与国际旅游组织之间的合作都会产生。

第四，合作、共赢成为国际合作的主流。在旅游教育的国际化进程中，由于国与国之间经济社会发展、文化背景、自然和社会环境、价值观等的差异，可能导致合作中一些不愉快的事情发生，未来要在彼此宽容和尊重的基础上，进一步研究在国际合作中如何实现共赢，相信旅游教育在国际发展中的合作、共赢将是主流。

第三节　国际教育市场竞争加剧

旅游职业教育国际化的竞争力主要体现在三个方面，即人才培养模式的竞争力、旅游教育品牌的竞争力和教育产品（学生）的竞争力。

一、人才培养模式的竞争力

传统的旅游专业人才的培养模式一般为"2+1"模式，即学生通过在校两年的课堂教学，掌握基本的专业理论知识，然后参加为期一年的教学实践（顶岗实习），掌握一定的专业技能，进而成为应用型的旅游专业人才。它的基本特征是以学科为基础，以知识为本位，实行"三段式教学"（按基础课、专业基础课和专业课的顺序进行教学），突出"三中心"（教学活动以课堂为中心、教师为中心和教材为中心），虽然很多学校都有一年的实习期，但是效果大多并不理想，是一种相对封闭的培养模式。传统的旅游人才培养模式运行了很多年，虽然也为我国培养了不少旅游专业人才，但它仍存在不少弊端。

（一）课程体系设计缺乏特色性、针对性和先进性

由于对旅游业缺乏前沿性的深入研究，目前大多数旅游专业的课程设置既缺乏特色性、针对性和先进性，也没有体现出办学方向、专业特色和人才培育模式。其突出特点表现在整个专业课程的设置缺乏旅游教育的特色，重点不突出，现有教学计划、课程设置针对性差，"因人设课"的现象较多。教学计划是由一些旅游类课程、饭店类课程以及技术类课程堆积而成的，部分内容重复、交叉，部分内容分散、缺乏实用性，不利于课程教学水平的整体提高。

（二）教学内容更新慢、教学方法陈旧

旅游业的发展日新月异，但我国旅游专业的教学内容不同程度地存在着陈旧、脱离社会需求的问题，专业、课程、教材、教法无法体现最新成果和实际现状，不能体现行业的新知识、新技术、新工艺、新方法，片面强调学科的系统性，忽视了对学生综合能力的培养和岗位对旅游人才规格的要求，课程内容缺少弹性，缺乏设置合理的选修科目，不利于教学安排。

（三）行业需要与学生能力的脱节

随着我国旅游业的不断发展，出入境旅游、国际交流合作日益增多，旅游行业对相关从业人员的各方面要求，包括外语水平、对外交流能力、沟通能力以及对国外相关文化背景的了解等都有很大幅度的提高。然而按照传统的旅游人才培养模式，这些方面的能力往往得不到较好培养，尤其是沟通、交往、稳定的心理、国际拓展等方面的能力都是教师在课堂上难以教授给学生的，只有让学生在社会中、在行业里、在国际化的大背景下潜移默化地领悟，才能逐渐培养。

旅游职业教育国际化的竞争力首先体现的就是人才培养模式的竞争力，通过我们的人才培养理想模式去确立旅游职业教育国际化的先进理念，将旅游职业教育融入国

际旅游教育的大环境，构建多层次、多形式、全方位的人才培养模式，培养具有国际竞争力的高素质旅游专业人才。

二、旅游教育品牌的竞争力

对于发展中国家来说，高等教育品牌是国家和社会的稀缺资源，是衡量国民教育水平高低的标志。教育品牌是学校的名称、标志和为教育消费者提供的教育服务，是培养教育消费者的各要素（师资、校园文化、教学设施等）的总和，是外延和内涵的统一。教育品牌的建立包括很多方面，如办学特色、师资力量、校园文化、办学设施等，是一个系统的工程。高等职业教育品牌是一种无形资产，它若能发挥作用，就会给高等职业院校带来实质性的附加值，并形成品牌效应。品牌一旦形成，给学校、地区乃至整个行业带来的连锁利益是无法预估的，这不仅表现在经济效益上，还表现在良好的社会效益上。

作为职业教育，行业的社会地位也是教育品牌创立的一个重要方面，是实现社会效益的基础。行业的环境好了，行业地位提高了，整个行业人才的需求量无形中也会增加。旅游业是服务业，虽然中国旅游业在国民经济中的地位已今非昔比，但从生源量、就业待遇、服务工种等方面来看，仍无法与金融业、交通运输业、电力行业等直接涉及民生的行业相比。在日益开放的今天，旅游从业人员的服务对象不单单是中国民众，更有大量的外国友人。从这个意义上讲，旅游院校培养出来的学生不仅代表了整个行业的形象，还在一定程度上代表了国家的形象。它虽然不是直接涉及民生的行业，但是它的发展能给人民的生活品质带来巨大的提升。要实现这种社会效益，我们必须提高旅游院校的竞争力，创建旅游院校的教育品牌。这条路该怎么走呢？答案就在走国际化的道路上。

三、教育产品的竞争力

旅游职业教育国际化的竞争力归根结底是我们培养出来的人才（学生）的竞争力，只有通过旅游职业教育国际化，培养出适合旅游企业需要、适合旅游业发展趋势需要的毕业生，旅游职业教育国际化的道路才算成功。学生的竞争力是我们人才培养的核心竞争力。

传统旅游职业教育注重对学生相关旅游基础知识的传授，相关旅游行业职业技能的教导以及相关职业道德、敬业精神的培养。但是随着现代旅游业的发展，这些基础的知识水平、技能水平已经不太适应现代旅游业的需要了，因此我们在国际化旅游人才的培养模式中提出了国际化旅游人才的四项核心能力，即诚实守信的责任能力、跨文化交往的沟通能力、国际视野的创新能力和可持续发展的学习能力。其中，诚实守信的责任能力是对原有旅游职业教育关于从业人员职业道德、敬业精神的继承和发扬；跨文化交往的沟通能力是以对旅游者文化背景的了解和旅游目的地社会文化的熟悉为基础，合理运用基本的沟通技巧，以灵活、务实的态度，协调国际旅游活动及交往中的各种关系的能力，是对原有旅游基础知识的补充；国际视野的创新能力是在全球经济一体化的国际竞争背景下，需要我们的学生对旅游专业技能、旅游服务水平不断进行创新，是对原有旅游职业技能的创新；可持续发展的学习能力是适应目前知识经济社会的需要，使他们具备不断追踪旅游专业的世界前沿和不断学习、吸收、消化国际先进文化和知识的能力，做一个可持续发展的人，这是对原有旅游职业教育的突破。"发扬、补充、创新、突破"是对国际化旅游人才的四项核心能力的高度概括和准确诠释。通过旅游职业教育国际化，我们培养出来的旅游专业人才具备这四方面的能力，其竞争力将会大大提升。

国际上旅游教育的快速发展，特别是中国旅游教育的崛起，可以预期若干年后中国将出现若干所具有国际水准的旅游院校。一方面，我国的旅游院校为了促进文化交流、教育交流，将吸引和招收更多的国际学生；另一方面，国外的旅游院校由于种种原因，也在积极招收中国留学生。

第四节　国际化成为旅游教育工作者的自觉行为

高等教育国际化是当今教育发展的趋势之一。为此，世界各国的不同学校对旅游教育国际化给予了不同期望，但各种期望的实现，首要的是一个国家高等旅游职业教育本身的发展，而旅游教育的发展又归结于国际竞争力的提升。目前，高等旅游职业教育国际化还缺乏人才绩效评价的思维，传统教育质量标准的惯性同社会需求相脱离。从人力资源管理原则来讲，人才培养的目标确定人才培养的方法，而人才培养的目标是与时俱进的，它有十分明确的社会性和时代性。从理论上讲，当高等旅游职业教育定位于为社会输送具有国际竞争力的高素质旅游人才的平台上时，就注定其紧密衔接于整个旅游业发展的进程之中，就同市场、竞争、供给与需要、人力资源价值等概念相关联。

一、国际化旅游人才培养绩效评价核心

世界经济论坛（WEF）和瑞士洛桑国际管理学院（IMD）将国际竞争力评价体系分为核心竞争力、基础竞争力和国际化程度。据此，对于国际化旅游人才培养水平的测定，总体上就是以高等旅游职业教育国际化的内容（或举措）对其国际竞争力的提

升度为分析基点进行绩效评价，国际竞争力是国际化旅游人才培养绩效评价的核心，主要分为优势、能力、吸引力和收益四个方面，从这些方面来考查国际化旅游人才培养的水平。

（一）高等旅游职业教育国际化的优势

任何国家开展国际交流与合作首先都要有一定的物质（人才）基础，但由于各国社会经济、制度不同，发展水平也不尽相同，这一物质基础具有较大的差异性，从而形成了各自的优势或劣势。一个国家在某方面优势越大，其在这方面的国际活动范围就越广，竞争力就越强，国际化水平相对也就越高。正因如此，有些西方学者就把竞争力等同于各种优势。但作为发展中国家，我国在高等旅游职业教育的国际化进程中，由于自身所拥有的优势条件较少，所以总体处于劣势地位。而正是这种劣势地位，促使我国必须加强与世界各国的交流，积极与其他国家采取多种形式的合作，进一步学习其他国家的优势与经验。就整体而言，教育优势，或者更准确地说教育物质文化基础是衡量高等旅游职业教育国际化的前提指标，它包括投入的办学条件、人力条件和体制条件。办学条件包括如固定资产数、资金的定向投入数、国际化教育、合作交流经费、国际化办学设施水平以及信息交流的技术水平等指标；人力条件既包括参与人员观念的开放性和国际思维水平，也包括教师的教学水平、科研水平和学生的生源质量等；体制条件首先要看是否具有鼓励国际化的政策以及其科学性和可行性程度，其次要考察其管理水平、社会声誉等。

（二）高等旅游职业教育国际化的能力

高等旅游职业教育国际化的能力是其国际竞争力提升的核心部分，基本含义是其对现有教育资源转化、支配、使用的能力，即对利用现有教育资源开展实质性的国际交流活动以及活动产出结果的评价。对教育资源的利用主要包括教学过程的国际化程度、合作项目和合作办学数、接收留学生和外国文教专家聘用数、海外留学生规模和学者人数、参加和主办国际学术会议（人）数；高等旅游职业教育国际化的产出主要有人才和品牌产出，这就要考查他们在国际范围内的竞争力，如学生的国际化程度、社会美誉度、就业质量、创新创业成就等；充分发挥高等旅游职业院校的有形资产和无形资产的品牌效应，积极跨出国门，把我们先进的、成熟的教育理念和优秀的传统文化带到国外去，开展境外办学，迈好出国办学这一步。

高等旅游职业教育国际化的能力是衡量其人才培养水平的重要指标，是国际化对提升其国际竞争力所做的实质性贡献，也是国际化的主要表现形式。就目前我国高等旅游职业教育而言，由于改革开放和旅游产业的快速发展，高等旅游职业教育国际化的能力有了长足的进步，但与一流旅游院校相比，我们还有很大的进步空间。

（三）高等旅游职业教育国际化的吸引力

高等旅游职业教育国际化水平最直观的反映是其在国际化过程中对外来资源和人才的吸引能力和凝聚能力。国际化并不是单纯有目的的合作与引进过程，而是要同时具有国际吸引力，让国际上最优秀的资源受自身的条件所吸引而自觉流入本国高等旅游职业教育国际化的体系之中。这些资源包括国外专家学者、留学生、国际奖学金、教育培训设施、国际课题项目等。在这一过程中，高等旅游职业教育国际竞争力的提升将直接外化为财富的积累，这是衡量高等旅游职业教育国际化水平的最高层次。对于我国而言，当前高等旅游职业教育缺乏的就是这一层次的能力，甚至出现资源逆流、人才流失和文化交流失衡等问题，这其实并不是真正意义上的国际化，更不是国际竞争力的表现。

（四）高等旅游职业教育国际化的收益

高等旅游职业教育国际化的收益是指高等旅游职业教育的外显功能，即在国际化过程中所获得的政治经济甚至文化收益，它在概念上不包含在高等旅游职业教育国际化的国际竞争力中，但这是高等旅游职业教育国际化水平和其国际竞争力提升的直接结果，具有最后的说服力。因此，为保持评价标准的完整性，作为外化尺度，我们将高等旅游职业教育国际化的外显功能纳入评价体系。就我国而言，在政治上期望通过高等旅游职业教育国际化的战略，提升自身的实力和国际竞争力，以此保持高等旅游职业教育的独立性并提升国际地位；经济上主要体现为高等旅游职业教育国际化带来的直接经济收益以及其对经济的隐性拉动作用；同时，旅游人才国际化的发展也有助于弘扬我国优秀传统文化和民族精神。

二、国际化旅游人才培养绩效评价标准

一个科学的评价体系一般涉及评价者、评价对象、评价标准以及评价方法等，而该体系是否科学，关键在于是否符合评价对象的特点。就国际化旅游人才培养的评价而言，是指是否符合国际化旅游人才的特点，核心问题就是要明确国际化旅游人才的评价标准是什么。确立了评价标准，其他相关问题的讨论就有了基准。因此，确定国际化旅游人才的评价标准是对国际化旅游人才培养进行评价的关键。

（一）确定国际化旅游人才评价标准的依据

所谓评价标准，可以理解为规格、要求、条件，也就是旅游人才经过培养，作为具有国际化特点的毕业生所应达到的品质的规定性、符合的要求、具备的条件。确定这个评价标准必须同时考虑以下几个方面的因素：（1）旅游人才的素质构成，即作为旅游人才而非其他类别人才所必须具备的知识和能力；（2）国际化的特点，高等旅游

职业院校培养的国际化人才与非国际化人才之间的相对差异，两者在培养目标上的差别；（3）企业与市场对国际化旅游人才的需求。

综合考查三个因素是确立一个比较合理的国际化旅游人才评价标准的出发点。

（二）以国际竞争力为核心的绩效评价标准

根据以上评价标准制定的依据，一般而言，在对旅游人才培养进行绩效评价时，我们无法脱离两方面的评价标准：一是课程学习的标准，即在校学习的评价标准；二是企业用人的标准，即旅游行业或某个具体企业对人才要求的标准。然而，当我们把国际竞争力作为国际化旅游人才培养的评价核心时，我们将不得不面对社会绩效评价的竞争标准，即旅游院校在确定培养目标时，针对国际市场需求所表现出来的教育特色。

以上三者是从学校、企业、社会竞争三个不同的维度对国际化旅游人才提出的评价标准。一方面，这三者之间具有很强的独立性和不可替代性：学校标准是根据知识体系要求对人才提出的评价标准，企业标准是根据具体用人要求提出的评价标准，社会竞争则是基于社会关系提出的评价标准。学校不可能依据某个具体企业的标准完全脱离理论来培养人才，企业也不可能替代学校产生完全的教育功能，而竞争标准则是在比较其他教育组织（其他学校）培养同类专业学生的过程中完成的。另一方面，在具体实行人才评价时，三者又是互相整合、交错而生的，用单一的标准来衡量势必导致人才培养的片面化和单一化，因此，这必然是一个整合型的绩效评价标准。我们可以把学校标准作为评价标准的基础，把企业标准和竞争标准引入学校环节中，这是对学校和学生的高层次要求。

三、国际化旅游人才培养绩效评价要素

鉴于高等旅游职业教育承担着为企业和社会输送合格人才的任务，在知识经济与"地球村"时代，根据以上评价标准，我们可以在横向上从思想、知识、能力、素质四个要素界定国际化旅游人才培养绩效评价的体系，即国际化旅游人才必须具备的四种"核心能力"。

在思想道德方面，突出具备以诚实守信为核心的责任品质。这是因为一方面诚实守信是中华民族的传统美德，另一方面其又是个人或企业获得长远发展的必备品质。

在知识结构方面，除了专业的旅游知识以外，要突出具备以广博的国际视野为核心的知识结构。这不仅是因为旅游业的发展需要依托深厚的文化积淀，更是因为国际化发展需要旅游人才进一步拓展视野，站在全球化的高度看待旅游业的发展。

在专业能力方面，突出具备以跨文化沟通能力为核心的交往能力，这是国际化的必然要求，也是国际化的前提条件。没有跨文化的沟通能力就没有国际化旅游业的发展。

在个人素质方面，突出具备以可持续发展的学习能力和创新意识为核心的人文素养。在国际化背景下，知识更新就是财富积累，创新思维就是解放生产力，创新能力的高低决定着人才培养的绩效水平。

需要说明的是，虽然国际化旅游人才的培养以诚实守信、国际视野、跨文化交往和创新意识为核心，但并不是说仅仅具备这四项内容就足够了。国际化旅游人才培养的绩效评价体系是一个完整的、全面的评价体系，只是由于其他要素不那么明显，从而突出"国际"及"旅游"人才的特点。

从纵向上，以绩效评价为手段，我们可以将经济效益和社会效益作为纵向评价的要素。

四、国际化旅游人才培养绩效评价指标

评价指标体系是反映评价标准的一种最主要形式。从评价学的观点来看，指标是一种具体的、可测量的、行为化的评价标准，是根据可测性的要求而确定的评价内容。从素质上说，它是对评价目标的细化和具体化。国际化旅游人才绩效评价的目标就是对国际化旅游人才的质量进行价值判断，找出问题，提供反馈信息，促进国际化旅游人才培养模式的不断改进。一般而言，表达人才培养的标准具有概括性和抽象性，综合表达了许多方面的质的规定，包括培养条件、培养过程和人才输出等各方面。因此，必须借助评价指标把这些概括性、抽象性的目标细化成具体化的、可测量的、行为化的标准，将评价的标准转化为对评价内容的具体系列化的指标集合。

（一）国际化旅游人才培养指标体系的构成

根据国际化旅游人才评价的纵向、横向两大领域要素，在设计指标体系时，我们可以把基本规定分解到六个层面进行评价。这六个层面是：思想道德、知识结构、专业能力、个人素质、经济效益和社会效益。需要注意的是，在这六个层面中，后两个和前四个不处于同一水平、同一层次。

每一个层面对应一个一级指标，一个一级指标分解为若干个二级指标，即测评要素，而测评要素必须"直接可测"。

（二）评价体系的权重设计

国际化旅游人才培养绩效评价指标体系的构建，可以为高等旅游院校在培养目标的确定、培养方案的制定与实施等方面提供一定的借鉴，也可以为用人单位乃至社会确定人才价值提供一定的依据。

自觉行为是内化的自然性行为，随着教育国际化的发展，特别是我国经济社会的发展，教育国际化的理念也随之潜移默化、自然而然地深入师生的日常生活与教学中，我们每一位老师会逐渐把国际化变成一种自觉行为，变成育人工作的必需。这样，我

们的教育国际化就得以可持续发展。

国际化成为旅游教育工作者的自觉行为是一个艰巨而漫长的过程，只有在认识自己的文化、经历接触多种文化的基础上，才有条件在这个多元文化的世界中逐步使国际化成为我们教育工作者的自觉行为。

在不远的将来，中国将成为世界上最大的旅游目的地国和最大的旅游客源地国之一，中国的旅游教育也必将为世界旅游业做出更大的贡献。

参考文献

[1] 王丽华. 旅游服务礼仪 [M].3 版. 北京：中国旅游出版社，2021.

[2] 唐颖. 酒店服务运营管理 [M]. 武汉：华中科学技术大学出版社，2021.

[3] 欧朝蓉. 智慧旅游 [M]. 北京：中国林业出版社，2021.

[4] 李娟文，王红国. 中国旅游地理 [M].7 版. 沈阳：东北财经大学出版社，2021.

[5] 黄鑫. 旅游管理与旅游管理专业人才培养研究 [M]. 北京：中国纺织出版社有限公司，2020.

[6] 梁永国. 旅游统计学 [M]. 北京：中国旅游出版社，2021.

[7] 廖钟迪，马勇. 旅游市场营销 [M]. 武汉：华中科学技术大学出版社，2020.

[8] 李建春，王雪梅，吴祥. 旅游概论 [M]. 北京：中国轻工业出版社，2020.

[9] 李喜燕，王立升. 旅游法规 [M]. 武汉：华中科技大学出版社，2020.

[10] 袁鹏，高校旅游管理专业学生创新能力研究 [M]. 北京：中国水利水电出版社，2020.

[11] 田长广，王颖. 现代旅游策划学新编 [M]. 南京：南京大学出版社，2020.

[12] 向从武，刘军林，马勇. 旅游管理教学案例 [M]. 武汉：华中科技大学出版社，2020.

[13] 窦志萍. 导游技巧与模拟导游 [M].3 版. 北京：清华大学出版社，2020.

[14] 潘长宏，潘宝明，刘娜. 旅游文化 [M]. 长沙：湖南师范大学出版社，2020.

[15] 丁国华，王玉霞. 旅游心理学 [M]. 北京：中国轻工业出版社，2020.

[16] 王志电，付景保. 中国旅游地理 [M]. 郑州：郑州大学出版社，2020.

[17] 马勇，李应军，唐慧. 旅游服务质量管理 [M]. 武汉：华中科技大学出版社，2019.

[18] 朱晓晴. 中国旅游文化 [M]. 西安：西北大学出版社，2019.

[19] 石美玉. 旅游营销策划 [M]. 北京：中国旅游出版社，2019.

[20] 唐云松. 旅游资源学 [M]. 西安：西安交通大学出版社，2019.

[21] 隆玲，袁理锋. 旅游职业素养 [M]. 上海：上海交通大学出版社，2019.

[22] 余芳. 旅游客源地与目的地概况 [M]. 武汉：华中科技大学出版社，2019.

[23] 王迎新. 文化旅游管理研究 [M]. 北京：现代出版社，2019.

[24] 汉思 . 旅游管理创新理论 [M]. 长春：吉林文史出版社，2019.

[25] 吕春莉，曲艳丽，关八一 . 旅游管理综合实训教程 [M]. 济南：山东人民出版社，2019.

[26] 汤利华 . 旅游管理是什么 大众休闲时代的变迁与治理 [M]. 北京：中国旅游出版社，2019.

[27] 陈钢华，孙九霞，保继刚 . 现代旅游消费者行为学 [M]. 广州：中山大学出版社，2019.

[28] 柴勇 . 旅游人力资源管理 [M]. 长沙：湖南大学出版社，2019.

[29] 金涛 . 旅游行业管理优化路径和对策研究 [M]. 北京：原子能出版社，2019.

[30] 孔邦杰 . 旅游安全管理 [M].3 版 . 上海：格致出版社，上海人民出版社，2019.

[31] 王昕，张海龙 . 旅游目的地管理 [M]. 北京：中国旅游出版社，2019.